U0023109

國際航空
票務實務
The Practices of International
Airlines and Ticketing
張瑞奇◎著
PASSPORT

序

航空及電腦科技縮短兩地之間的距離，也加速觀光旅遊的發展與休閒品質。航空工業受到電腦科技之衝擊尤甚，它促使航空飛行提供更便捷、舒適的交通服務，也提供人類更多旅遊選擇機會，讓我們深入與體驗許多陌生的世界、教育自己、開拓視野、學習接納不同文化，讓自己更具有世界觀。

台灣四面環海，對外交通以航空運輸爲主，隨著人們出國頻率的增加，航空與票務知識也逐漸與我們生活不可分離，相信在未來對此學科了解的需求將會增加。對旅遊專業人員而言，航空運輸與票務這一門知識，不可不知。由於機票規定細節繁多，票務人員及領隊服務人員的小小錯誤，可能使旅客遭受巨大的損失。從事旅遊業者必須小心謹愼，熟知機票特性及限制條件、城市地理位置、機場代號、飛機特性、飛機及機場相關服務與規定，以確保旅客安全。

最近幾年對航空業而言，也是多事之年。馬來西亞航空波音777失事原因仍未明。馬航MH17班機在烏克蘭慘遭擊落。台灣復興航空ATR72機型於馬公空難。波音公司737MAX接連發生兩起空難。2019年發生華航及長榮相繼罷工事件。2019年12月中國武漢市爆發的新型冠狀病毒感染造成飛機停飛停航，這些事件造成許多航空公司倒閉或重整，對航空運輸市場相當不利，也影響到航空公司員工工作士氣。

《國際航空票務實務》這本書提供初學者基本航空運輸概念以及與機票相關之基礎認識。本書內容參考國內學者專家著作、航空相關訓練教材及國外參考資料，結合理論與實務。爲了讓學習者能學以致用，書中盡可能提供英文專有名詞及中文解釋，讓學習者能具備實務基礎，充分了解如何實際運用並與國際旅遊接軌。

張瑞奇 謹誌

於靜宜大學

2022年6月

目 錄

第二篇　航空票務　161

第一篇

航空業務

ВЫЛЕТ
DEPARTURE
CANADA
JAPAN
ITALY
MEXICO
SOUTH AFRICA
CHINA
AUSTRALIA
ARGENTINA
PASSPORT
PASSPORT
BOARDING PASS
BOARDING PASS

Chapter 1

航空概論

- 我國民航主管機關及航空公司設立條件
- 航空業的分類
- 航空事業職務簡介
- 空運的特性及需求

航空黑暗年——2020

沒有人料到2020竟然是航空業史上最慘的黑暗一年，疫情會持續多久，無人可準確預測，整個旅遊產業都受到嚴重影響，各國為了避免疫情擴散，關閉邊境，嚴禁旅客出入境，遊客取消度假、商務旅行減少，航空公司削減航班，國際旅遊幾乎停滯。

2019年12月中國武漢市爆發的新型冠狀病毒肺炎（Coronavirus Disease，簡稱COVID-19），至2022年6月底，已造成全球確診人數近5.5億，超過633萬人死亡。根據國際航空運輸協會（International Air Transport Association, IATA）公布預測報告，全球航空業受到COVID-19疫情大流行衝擊，預估航空載客量至少要到2023年，才能恢復疫情爆發前的經濟模式。自疫情爆發以來，飛行國際航線之航空公司影響最嚴重。歐洲和美國的航空旅遊需求已減少90%以上，退票率飆升，停飛停航，即使有飛也「幾近空座」。隨著疫情在全球傳播，國際航空運輸協會估計航空公司營收減少1,130億美元。有些公司為了繼續經營，拋出了「盒飯價」的超低價機票，至於原本經營不善的航空公司，則在疫情衝擊中宣布關門。

空中巴士公司面對新冠肺炎危機，計劃裁員15,000人。德國漢莎航空、荷蘭皇家航空等航空公司啓動節流措施，包括無薪假與凍結聘僱等。許多航空公司則期待政府紓困計畫，例如香港國泰航空宣布啓動50.32億美元資本重組計畫，以應付疫情所造成的財政壓力，計畫包括接受香港特區政府入股與貸款。

COVID-19疫情將會影響許多航空公司股東易人，股東重整資本額增加，舊公司消失，新航空公司出現，但長久觀察，航空市場仍會繼續成長，飛機數量仍會持續成長。雖然國際機師、空服員成為高風險的族群，但也不至於影響其未來就業市場。

台灣民航局是我國負責民航運輸的主管機關，負責規範航空公司設立資格、業務範圍與經營模式；航空公司的經營可分爲數種，其中以定期航線業務爲業務主軸；航空公司事業的職務又可分爲空勤及地勤，其光鮮的外表及可遨翔世界各地的機會，吸引著許多年輕人追求；此外，空運產品有許多特性，其消逝性之特質與一般產品有相當大的差異。

第一節　我國民航主管機關及航空公司設立條件

運輸可分爲陸上運輸、海上運輸及空中運輸。空中運輸即是利用各種空中運輸工具，將人及貨物由一地運送到另一地，它克服了陸上及海上運輸所無法完成的缺點。空中運輸以航空器及機場爲主軸，航空器包括氣球、飛船、飛機及其他能飛航於空中的運輸工具。空中飛行、地面管制均須有主管機關負責，我國負責民航運輸的主管機關是民航局。

一、我國民航主管機關

(一)民航局組織

交通部民用航空局（簡稱民航局）是中華民國民用航空事務的最高主管機關，隸屬於交通部。民航局設企劃、空運、飛航標準、飛航管制、助航、場站、供應等七組，以及資訊、政風、人事、會計、秘書五室。

民航局2019年將台灣航空站分甲、乙、丙、丁四級，附屬機構除了桃園中正國際航空站、高雄國際航空站之外，包括台北國際航空站（松山機場）、台東、馬公、台中、嘉義、台南、金門、蘭嶼、綠島、七美、望安、南竿、北竿、恆春及花蓮等16個航空站，以及飛航服務總台、技術人員訓練所，分掌航站管理、飛航服務與訓練、機場興建及空運貨物等業務。另有航空警察局、航空醫務中心、財團法人航空器設計製造適航驗證中心爲附屬監督管理機構。

(二)交通部民航局主要職掌業務

民航局主要職掌的航空運輸業務包括下列各項：

1.民用航空運輸業：係指以航空器直接載運客、貨、郵件，取得報酬之事業。
2.普通航空業：係指以航空器經營民用航空運輸業以外之飛航業務而受報酬之事業，包括空中遊覽、勘察、照測、消防、搜尋、救護、拖吊、噴灑、拖靶勤務、商務專機及其他經核准之飛航業務。
3.航空貨運承攬業。
4.空廚業：係指爲提供航空器內餐飲或其他相關用品而於機坪內從事運送、裝卸之事業。
5.航空貨物集散站。
6.航空站地勤業。
7.自由貿易港區。
8.業者申辦資訊。
9. WTO/GATS相關資料。

二、航空公司設立條件

經營民用航空運輸業者，應向民航局申請轉交通部核准，如營業項目包括國際運送業務者，並應先向海關辦理登記。根據我國交通部發布之「民用航空運輸業管理規則」（民航法），將民用航空運輸分為甲（國際航線）、乙（國內航線）兩種，並有別於「普遍航空運輸業」。普遍航空運輸業乃指經營航空客貨、郵件運輸以外之航空事業，其範圍包括農、林、漁、礦、水電、照測、狩獵、消防、搜救、教練、跳傘、拖吊、遊覽及其他經專案核准之營業性飛行。

(一)民用航空申請資格

申請經營民用航空運輸業之固定翼航空器運輸業務，應具備下列資格之一：

1.國際航線定期或不定期航空運輸業務：

(1)經營國際航線包機業務二年以上，公司財務、維修及航務組織制度健全，最近二年未曾發生財務或股權糾紛影響公司正常營運，每年經營達六十架次以上，最近二年未曾發生重大飛安事故，具有第二級以上維護能力及足夠之合格航空人員者。

(2)公司董事長及董事逾半數為中華民國國民，公司之資本總額或股份總數逾百分之五十為中華民國之國民、法人所有，屬股份有限公司組織者，其單一外國人持有之股份總數不得逾百分之二十五。公司具新台幣六十億元以上財力證明者。

2.國內航線定期或不定期航空運輸業務：公司設立五年以上，財務及組織健全，董事長及董事逾半數為中華民國國民，公司之資本總額或股份總數逾百分之五十為中華民國之國民、法人所有，屬股份有限公司組織者，其單一外國人持有之股份總數不得逾百分之二十五。公司最近三年未曾發生財務或股權糾紛致影響公司正常營運，每年營業收入達新台幣六十億元以上者，得申請經營國內航線定期或不定期航空運輸業務。

(二)民用航空實收資本額

申請經營民用航空運輸業在實收資本額方面有下列規定：

1.經營國際航線定期或不定期航空運輸業務者，實收資本額不得低於新台幣六十億元。

2.經營國際航線包機運輸業務者，實收資本額不得低於新台幣三十億元。

3.經營國內航線定期或不定期航空運輸業務者，實收資本額不得低於新台幣十五億元。

4.以固定翼航空器經營國內離島偏遠航線定期或不定期航空運輸業務者，實收資本額不得低於新台幣七億五千萬元。

5.以直昇機經營國內航線定期或不定期航空運輸業務者，實收資本額不得低於新台幣七億五千萬元。

6.航空貨運承攬業實收資本額不得低於新台幣五百萬元。

第二節　航空業的分類

航空業大致可以經營項目、經營區域及經營方式三個面向來涵蓋其業務範圍，本節將詳述其內涵。

一、以經營項目區分

航空公司依照經營的項目可分爲客運及貨運，絕大多數的航空公司以經營客運爲主，或者客運與貨運同時經營，只有少部分航空公司專營貨運，例如美國之聯邦快遞最爲有名，貨物運輸網遍及世界各地，爲全球最大的快遞公司。

二、以經營區域區分

以經營區域不同來區分，可分爲離島航線、國內航線、國際航線；所謂「離島航線」乃指一國疆域內飛行本島至離島或離島之間的航線，例如我國之台灣航空公司、美國之阿羅哈航空公司（Aloha Airlines）；「國內航線」指一國疆域內各城市之間的航線，至於「國際航線」則飛行於不同國籍領土之間。

三、以經營方式區分

以經營方式不同來區分，可分爲航空貨運、包機航空運輸、不定期航空運輸及定期航空運輸，全世界的航空公司仍以定期航線業務爲主。茲詳述如下：

(一)航空貨運

航空貨運以往只是航空業附屬業務，如今有不少航空公司專營貨運，如聯邦快遞及Flying Tiger均有不錯的利潤。有些航空公司使用客貨兩用飛機運送貨品，有些用貨運專用機運送，如波音747廣體貨機一次運送量大，其運送方式與客運一人一個位子極爲不同，並只限單程運輸。貨品大小體積相差甚大，由小包裹到數千公斤貨品，性質也很不同，有些須特別保護或包裝，有些須存放於冷凍櫃。其計價方式以越大件，平均每公斤單價越低，此外，貨物運抵速度越快費用也越高。航空貨運經常是透過貨運代理商承辦，此計費方式給貨運代理商一個經營的好機會——向航空公司以低價承租一個大體積的固定櫃子，再將各小單位貨品集中於櫃子運送，以賺取每公斤差價。

航空貨運費率除了有貨櫃費率、貨運代理商費率外，一般可分爲三種：

1.一般貨品費率：依照重量等級收費，不因貨品不同而收費不同。
2.特別貨品費率：依貨品類別不同及需求收取不同費率，並應用於特定路線，也依照重量等級收費。
3.例外費率：收費較一般貨品費率高，如需要特別照顧的動物或保護的貴重物品。

(二)包機航空運輸

包機，是指出租整架飛機，主要分爲指定行程、目的地和時間等三種。包機不是定期班機，租戶與機主訂立出租合約，除了客運包機之外，還有貨運包機。包機航空公司最主要是順應顧客的特殊需求而興起，可以不拘搭機時間、搭乘人數，只要能飛的航線，均可以提供服務，它比定期航空彈性大、價格低、受約束少，容易滿足特殊團體旅客之需求，最適合假日及度假地區的市場，但缺點是座椅較小，座位之間的距離也縮短，機上服務不如定期航線。

包機航空公司的經營可分爲兩方面：

1.由數家旅行社或團體包機，風險自理。
2.由包機公司自行規劃路線先行試飛，風險由航空公司承擔，營運到達一定量後，再申請爲定期包機或定期航班。包機業務對定期航線造成很大的威脅，尤其是在歐洲地區經營得很成功，且逐漸擴及到海外度假市場，其中以北歐到地中海地區度假包機成長最大。

包機航空在經營方面的優勢如下：

1.由於不是國際航空運輸協會的會員，不受有關票價及運輸的條件限制。

2.其運輸對象是團體旅客或特定單位，業務較定期航空單純。

3.不管乘客多寡，按照特定租金收費，營運上的虧損風險由承租人負擔。

4.依照承租人與包機公司契約，約定其航線及時間，並無定期航空公司的固定航線及固定起降時間之約束。

5.彌補沒有直達航班的不足，且不用中轉（減少貨損或丟失的現象）。

6.可緩解在空運旺季航班緊張狀況。

(三)不定期航空運輸

指除了定期航空運輸業務以外之加班機及其他運輸。航空公司爲了因應市場需求或配合政府政策，有時會在特殊狀況下增派飛機，如旺季時增派加班機以紓解大量湧入的旅客，或者因戰爭及人道因素臨時加開之班機。

(四)定期航空運輸

定期航空公司無論乘載量多少，必須定時提供空中運輸的服務，且須在取得飛行服務的地區或國家的政府許可後，才得簽合約取得航權，採固定航線、固定班次方式飛行，可分爲國營及私營定期航空。國營航空公司須考量政治利益及社會服務，私營航空的股東則關心營利能力及投資報酬率。爲了因應市場的變化，也有航空公司使用短距離往返（shuttle）的飛行方式，在商業交通繁忙的兩地經營定期班機服務；旅客不需事先訂位，但一定保證有位子，隨時有加班機可以載運增多的旅客。這種shuttle的服務最早出現在1960年代的美國，英國在1975年即在倫敦和格拉斯哥實施，美國西岸的大城舊金山與洛杉磯也有shuttle的服務。

◆定期航空運輸的特質

經營定期航線的特質爲：

1.必須遵守按時出發、按時抵達所飛行的固定航線的義務，絕不能因爲乘客少而停飛，或因無乘客上、下機而過站不停。
2.大部分的國際定期航空公司，均加入國際航空運輸協會的組織，即使未加入亦能遵守IATA所制定的票價和運輸條件。
3.除了美國外，大多數國際定期航空公司爲政府出資經營，公共事業特質較濃厚。
4.由於航點多、航線不同，旅客須涉及換機、轉機之問題，故其運務較爲複雜。

◆定期航空公司之單位及相關業務

無論國內外航空公司，除了飛行離島航線、小型航空公司外，其組織結構大致如下：

1.市區辦公室：業務部、訂位組、票務部、旅遊部、總務部、貨物部及公關。
2.機場：客運部、貨運部、貴賓室、維修部、空中廚房。

各單位之業務內容如下：

1.業務部（Sales/ Marketing & Service）：包括訂定營業配額，監控及評估航線營運績效及年度營運規劃，擬定價格策略並訂定市場價格、銷售獎勵等，規劃行銷通路與管理機位配銷（如機票銷售、旅行社信用額度之設定），處理旅客申訴事宜，研擬廣告推廣方針等事宜。
2.訂位組（Reservation）：團體及個別訂位、飛機起飛前機位管制等。
3.票務組：機票訂位、開票、改票、退票等。

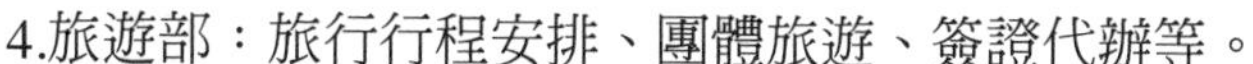

4.旅遊部：旅行行程安排、團體旅遊、簽證代辦等。

5.總務部：營收、報稅、薪資、人事等。

6.貨物部：貨運承攬、裝運、保險等。

7.公關（Public Relations）：業務職掌分爲對內公關及對外公關兩部分。前者可利用內部刊物（如newsletter），達到所有員工對公司的政策走向及各項訊息有更清楚的了解。後者包括發表新聞稿（news release）給媒體，與各媒體記者保持良好互動。

8.客運部：含報到櫃檯（Check-in Counter）、登機門（Boarding Gate）及行李遺失（Lost & Found）等單位。

(1)報到櫃檯：負責處理旅客機場報到的各項相關手續、辦理登機手續、劃位、行李承收、臨時訂位、開票、緊急事件處理。

(2)登機門：負責在候機室提供旅客相關服務。

(3)行李遺失：航空公司行李組爲負責尋找旅客遺失行李的單位。

9.機場貨運部：負責航空貨運裝載、卸運、行李運輸、動植物檢疫等。

10.貴賓室（V.I.P. Lounge）：貴賓室主要是在登機前或過境轉機時，提供頭等及商務艙旅客休息的處所。

11.維修部：飛機安全、零件補給等。

12.空中廚房：指機上餐點之供應，在台灣的空廚市場中，目前較具規模的空廚公司含：華膳空廚、長榮空廚、復興空廚和高雄空廚。華膳空廚目前是台灣最具規模的空廚。

1981年，美國的民用航空局爲了資料分類，放棄以經營區域區分方式，開使採用營業收入多寡方式來區隔航空業。根據此系統，每年營業收入超過10億美金稱爲主要航空公司，收入在10億與1億美金之間稱爲全國性航空公司，收入在1億與1,000萬美金之間稱地區性航空公司。所謂全國性航空公司及地區性航空公司並非指飛行於一國家內或一特定區域的航空公司。

空中廚房

空中廚房（Sky Kitchen或Catering，簡稱空廚），是提供飛機上旅客與機組人員飲食的中央廚房，一般設在機場附近。根據航班需求，餐點大多在起飛前二十四小時內於空中廚房做好，保存於冷凍庫內儲藏，再利用大型貨車送至飛機機艙中。當需要發餐時，機組服務人員在機內將食物加熱，分發到旅客的手中，基於飛航安全及方便性，食物不會使用明火在機艙內煮食。

我國目前有華膳空廚股份有限公司、長榮空廚股份有限公司、高雄空廚股份有限公司、復興空廚股份有限公司等四家空廚公司，主要供應國際航線之餐飲及相關用品。

華航及太古集團所投資的華膳空廚，除了提供飛機上的空中餐點外，也積極尋求其他商機，供應商品至咖啡連鎖店、學校機關、便利商店與大型活動的餐飲服務。

第三節　航空事業職務簡介

航空服務業的工作繁雜，需要各式各樣的人才服務旅客，台灣隨著社會的需求，相繼與國外通航，再加上國內開放天空政策，新的航空公司紛紛成立，使得台灣的航空事業呈現高幅度成長，無論國外或國內航空均求才殷切，對空勤及地勤人員的需求日益增多，一家大型的航空公司成立需上千名員工來服務，以美國西北航空爲例，目前就僱請四萬七千多名員工。

航空事業的職務可分爲兩大類：空勤人員及地勤人員。空勤人員包括操作飛機的人員及在機上提供服務的人員，地勤人員則包括那些使飛機保持能飛狀況及安排旅客上機的人員。

一、空勤人員

(一)駕駛艙人員（cockpit crew）

以往飛機駕駛艙通常有三個人，包括：(1)機長：負責開飛機，指揮所有機上人員；(2)副機長：規劃飛行路線、計算飛行時間等；(3)飛行工程師：負責飛機起飛前及降落後的儀器檢查及飛行中的儀器作業。新的機種如B747、B777有自動化設備，只需二位人員操作，因此就不需要飛行工程師了，我國民航機師的來源許多是由空軍退役，本身具有豐富的飛行經驗，或者由外國聘請具有豐富飛行經驗的機師，尤其是正機師。近來我國籍的航空公司也積極自我培訓，由民間應徵，然後送到國外接受飛行訓練，如華航將培訓人員送到美國的北達科塔州受訓。

一位機師培訓不易，尤其是大型飛機的機師，至少需有一千五百小時的飛行經驗，往往要花上一、二十年的時間才能升到正機師，同時還要保持良好的身體狀況，每半年需作一次例行的身體檢查，還需接受各項考核，以確保機師的身心狀況良好，以目前的航空市場狀況，機師的職位是被看好的，由於各家航空公司都在增加機隊，對機師的需求量大，未來女性機師也會出現。

(二)機艙人員

機艙內的服務人員依飛機的大小及頭等艙、商務艙的座位數而有不同，一架飛機可能有高達十六位的空服員，其中有一位是座艙長，負責機艙內的空服員工作安排及指揮調度。他們提供機內餐飲、安全、醫療等服務，由於與旅客面對面接觸，最能代表公司的形象，因此個人的服裝儀容、應對進退的禮儀非常重要。以中華航空為例，在招考空服員時除了要求身高、儀態及英文能力外，女性於應試時必須穿短袖上衣及短裙，以確保沒有疤痕或刺青，並確認空服員的儀態讓旅客看起來舒服。我國的空服員俗稱空中小姐或空中少爺，頗受年輕人歡迎，但市場需求以年輕女性居多，美國、澳洲的航空公司所聘請的空服員不再以年輕女性爲主，有許多是年長或已婚的女性，又稱飛行媽媽。在沒有加入勞工組織的航空公司裡，空服員也需負責地勤人員的工作。

空服員的工作性質由初創期至今日有許多改變，在1930年聯合航空首先僱請八位有執照的護士充當空中服務員，在空中值勤時她們穿白色衣服照顧旅客，並得時時注意旅客去洗手間時不會誤將逃生門打開，或將未熄滅的菸蒂掉出機外；在地面上時，空中服務員改穿綠色毛織的斜紋制服，頭戴扁圓柔軟羊毛小帽，幫忙下行李、清潔飛機、加油，甚至於有時候得幫助駕駛員推飛機進入機庫。

雖然大多數人承認空中服務員只是外表光鮮、讓人崇拜的服務員，但其職務卻吸引許多人追求，根據東方航空公司的說法，每一個職務空缺時約有八十人來申請，可見早期在美國空服員的工作很受年輕人嚮往。至今在亞洲，空服員的工作一樣受年輕人青睞，中華航空於2019年舉行客艙組員招募，約六千人報名，預計錄取約七十名，錄取率約1%。

但此行業也有不少缺點，長時間飛行由於時差關係，影響身體健康，對女性而言，由於常處於減壓的機艙中，對皮膚、生理狀況均有影響。同時又須面對飛機一旦失事時高死亡率之心理威脅，因此空服員的流動率也不小，平均每年離職率約7～8%（以中華航空爲例），於空難發生率高的年度，離職率也相對提高不少。國內空服人員的平均年齡約二十七歲至二十八歲，平均服務年限約五年。

隨著航空市場的競爭壓力，航空公司對空服員的服務能力要求增加，訓練趨向嚴格，其中以亞洲籍的航空公司表現最好，其訓練項目如：國泰航空要求空服員每天須練習凝視別人的眼神十分鐘，新加坡航空的空服員則學習以微笑、謙順、和氣的態度對待旅客。在各家航空公司競相提高艙內服務品質的壓力下，空服員不但須扮演酒保的角色，工作也變得吃重，忙著在飛機降落前服侍所有的旅客用完餐點，甚至販賣免稅品。

初期的女空服員受到歧視待遇，一旦結婚或懷孕將被迫辭職，工作權不受保障，因此空服員大部分加入勞工組織以保障薪資及工作權。1971年，泛美航空因爲拒絕接受男性申請成爲空服員而被告，自此以後許多大型航空公司開始聘請男性空服員，但目前男性空服員仍屬少數。

開放天空、市場自由競爭後，有更多的航空公司進入空運市場營運，機票價格下跌，航空公司利潤減少，爲了維持競爭能力，只好減薪及減少機上服務人員，雖然此舉引起旅客抱怨服務品質降低，空服員以罷工方式來爭取福利，但成效不彰，畢竟航空市場已不再如往昔的風光榮耀。茲將空服人員的待遇、福利、報考資格與條件、招考流程等，詳述如**表1-1**。

表1-1　報考空服人員

待遇	約5～12萬元台幣（含飛行超時）
一般福利	1.醫療保險。 2.免費機票、親屬同享優惠機票。 3.年假、年終獎金、紅利。 4.優惠退休制度或轉任地勤。 5.語言培訓、月休平均約十日。
招考對象	應屆畢業、高專上不限科系、未婚、男需役畢或免役。（男女皆需親和力佳、英語略通） 男：身高165公分以上。 女：身高157.5公分以上。（各家航空公司不完全相同）
招考流程	1.通訊報名：中、英歷照傳。 2.資格審查：身分證、畢業證書、退伍令或免役證明。 3.儀容評審：男—西裝領帶；女—正式套裝。 4.筆試：英文、專業知識、航空概念、適職測驗。 5.面試：航空概念、專業知識、英語應對、儀態。 6.體檢：身高、體重、視力，各航空公司規定不同。

空中服務員

空中服務員（flight attendant、cabin crew、steward/ stewardess or air host/ air hostess），又稱空服員；女性稱空中小姐、空姐；男性稱空中少爺、空少）。

空中服務員是民用航空中在機艙內為乘客提供各項服務的勤務人員，主要工作為確保飛航安全、供應飛機餐等餐點、指導乘客使用機上安全設備、維護機艙環境整潔，以及在緊急情況下引導乘客安全離開機艙等。由於近年來恐怖活動和劫機活動的威脅，維護客艙內的保安也成為現在空中服務員的職責之一。

◎訓練

空服員在錄取後，要先接受航空公司的密集訓練考核，合格後才可正式上任。訓練包括乘客服務、儀態、化妝、游泳、機艙設備使用、餐點器具使用及流程、飛機安全、各種線上飛行機型逃生出口程序應用、陸地及海上逃生、急救甚至接生常識等。依不同公司訓練課程長達六週至六個月。

其中，飛安訓練通常包括：緊急疏散措施、充氣逃生梯和救生筏的使用、機內滅火筒消防技巧、海上求生、各種環境的生存適應（叢林、海、沙漠、冰原）以及種種的急救措施與運用。

◎語言

除了母語之外，空服員也被要求會說其他語言以應付來自不同國家的旅客需求，目前較常使用的語言是英語。某些航空公司會招收不同國籍的空服員，以增加國際市場競爭力及服務、有些會依照服務航線的不同，配置不同國籍或語言能力的空服員。如新加坡航空會招聘不同國籍的空服員，以強化機上旅客服務。部分的西方航空公司，為打進華人市場，也會

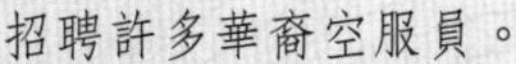

招聘許多華裔空服員。

◎身高體重

基於飛安及服務的理由，如需協助旅客放置或關閉上方行李箱及在緊急狀態時拿取安置在高處的逃生配備等，航空公司有身高的限制，如中華航空女空服員當雙手往上平舉，必須達到碰觸212～220公分的高度；長榮航空則是限制160公分以上的身高。若基於勞工法規規定，一般航空公司要求是碰觸208～212公分。

◎薪資

各航空公司薪資及福利不完全相同，訓練及工作要求也有些差異，如2018年新加坡航空來台招募空服員，考生要具備大學學歷、流利的中英文，錄取將獲得五年的聘僱合約，薪水每月約新台幣9.9萬到11萬元，但需定居新加坡五年。

資料來源：維基百科。

二、地勤人員

(一)訂位、票務人員

旅客或旅行社最先接觸的是接受訂位的工作人員，他們回答旅客有關飛行班次、空位及訂位事宜，同時也接受旅客開立機票，隨著航空公司訂位系統的電腦化，訂位、票務人員更顯專業，但人員也在減少中，漸爲旅行社所取代，他們絕大部分工作地點在市區的辦公室。

訂位組除了主管之外，一般尚含：

1.訂位Agent：接受訂位。

2.Queue Agent：專與外站辦公室聯絡處理機位事宜，如追蹤機位。

3.團體Agent：負責團體訂位。

4.Departure Control：飛機起飛前機位管制。

5.Telex Handle：如旅館之代訂。

票務組除了主管之外，尚含：

1.個別客人票務服務與開票。

2.旅行社個人開票。

3.旅行社團體開票。

4.會計。

5.出納。

6.退票。

(二)業務人員

業務人員主要負責機位之銷售及相關事宜，例如：旅行社之年度訂位、業績獎金之協議、機位之授權代理、旅行社信用額度之擬定、優待票之申請以及個別客戶之臨時訂位。

(三)機場運務人員

主要工作地點在機場內。辦理登記劃位人員之工作範圍包括販售機票、處理旅客登記、行李託運、宣布飛機起降及登機門的登機服務；至於旅客服務人員則協助旅客的特別需求，如殘障及單獨旅行的小孩，以及處理旅客行李遺失事宜；至於行李搬運人員則負責將旅客行李送上旅客搭乘的飛機。

(四)維修人員

可分為航空公司的機務維修人員及機場當局負責機場維護的人員，航空公司的維修人員負責飛機安全的檢修、零件補給、載重調配等。

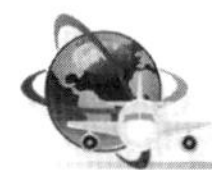

第四節　空運的特性及需求

一、空運航空業產品的特性

空中運輸由於性質特殊，運輸功能較易受限，其產品也較複雜，需求與供給易受經濟景氣及政治影響，其產品特性可歸納為以下各項：

(一)抽象性

航空運輸所提供的產品非常抽象且種類繁多，顧客在購買前無法看到，也不能試用，只能假設一切服務在正常運行下得到滿足，如果產品缺貨或有瑕疵，也無法退貨或換貨。

(二)不安定性

貨品製造商在正常條件下雖然可暫時確保產品的安全，但卻無法保證產品永久的安全，由於航空公司飛行受政治因素、天候變化、人為操作、機械運作、機身結構及儀器操控等不確定因素影響，雖然其意外事件比率不如其他交通工具高，但一旦發生意外，人員存活率低，死傷人數非常高，對搭乘飛機的旅客形成強大的壓力，不少人會產生所謂的「搭機恐懼症」或「密閉恐懼症」。

(三)消逝性

航空產品不像一般產品可以保存或儲存。當航空產品一旦製造，就必須按照製造時間同時去消費，若班機中的座位沒有賣出，就永遠無法賣出，形同損失，所以損益平衡點及平均載客率是每一條航線的經濟性評估重點，以確保這條航線沒有座位過剩或不足的現象發生。

(四)勞務密集性

航空產品有服務業的特性，必須提供大量的人力以滿足旅客的需求。其產品特別重視人的品質及訓練，旅客由買機票、辦登機、機上餐飲享用到抵達後行李之領取，均需良好及密集的人力服務，其中任何一個環節脫落，馬上會造成顧客的抱怨。

(五)嚴控性

安全是空運的最高指導原則。在飛航中，只要有微小的失誤都可能造成重大生命及財產的損失，所以任何國家對其航空公司的核准及監控非常嚴格，航空公司及飛機製造商爲自己利益考量，對安全措施也有很高的要求，駕駛員在操控飛機時必須完全依照飛行安全檢查及程序小心操作，飛行員也必須定期接受身體檢查，以確保身體狀況良好。

(六)價格彈性

航空公司的成本以固定成本爲主，加上少量的變動成本。固定成本含人事費、飛機折舊費、管銷成本、燃料成本、機場租金、起降費。變動成本含每增加一位旅客所產生之邊際成本，如旅行社佣金。航空公司必須試圖將所有機位賣出以降低總成本，乃利用折價來吸引不同背景的消費者及提早購票者，同時，空運產品季節分明，淡旺季明顯，業者不能坐以待斃，價格一致，須提出有效率方案，將產品劃分，針對市場機能，將產品價格作彈性調整，以低價促銷淡季機位，在旺季漲價以彌補淡季的虧損。

(七)季節性

航空的需求受到時間季節影響，很難有高平均的載運率，定期航線以固定假日、春節期間及七、八、九月爲旅遊旺季。在每週的七天中，因國情不同，需求也各有不同；在商務旅行盛行的地區，以週一至週五的需求最盛，週末及週日反而少；在度假地區的航線正好相反，度假的旅客以週末爲度假旺季，機位反而難求，至於每日的需求，以早晚爲多。航空公司基於服務原則、大衆利益以及社會要求，仍須於淡季時段提供定期班機，雖然不符合經濟效益，但政府相對地也會核准航空公司提出較高的票價。

(八)難以取代性

距離越近，旅客改搭其他交通工具的機會越高，但距離遠，則非空運莫屬。空運講究時效、快速，距離遠已不再是阻礙旅行之問題，空中交通可將任何人或物送到地球的任一角落，使地球的面積變小，國與國之間的疆界消失，人與人的接觸增加，雖然通訊科技的進步可讓人類藉由電子傳訊面對面洽談，但仍無法降低人員空中交通的需求，也非速度緩慢的陸上、海上交通所能取代。

(九)供應僵硬性

航空公司所提供定期航線的數量不具彈性，即使訂位人數不多時，仍有義務按時飛行，不得和別家航空公司合併或使用小型飛機。在旺季時，對需求量的大增調整能力差，主要因爲飛機的載運量僵化，在短時間較難改變；換機型增加座位會造成機隊的調整困難及機場設備的不足，如跑道長度太短；增加飛行班次則找不到起降空間及時段讓飛機起降。

二、經營客運國際航空考量的因素

經營國際航空交通有其經濟及政治考量，各國政府在提供國際空中交通服務時有其既定方針與目標，但此方針與目標須外國政府及其航空公司的同意，因此往往會因彼此利益而有所衝突，如我國與菲律賓之間因各自之堅持招致終止互飛。以下是經營國際航空考量因素：

1.可贏得自尊並增加國家尊嚴。

2.對落後國家而言，可帶動國際貿易、觀光旅遊及投資開發。

3.可藉此加強與他國之政治聯繫，拓展外交關係，如以往歐洲國家與其殖民國之維繫、李登輝總統時期台灣藉長榮航空與巴拿馬之維繫。

4.國營航空的營收可幫助外匯收入，尤其是一些小的國家，例如荷蘭。

5.可藉此發展航空製造業並向他國輸出，例如美、英及前蘇聯。

6.必要時可協助軍事發展及國家緊急運輸。

7.提供雙邊協定，國與國間空中往來運輸需求。

Chapter 2

國際航空組織與航空運輸之認識

- 航空運輸組織
- 解除航空市場管制開放天空
- 空中航線、航權與航空運輸區域

國際航空運輸協會（International Air Transport Association, IATA）是國際航空運輸組織中最重要的機構，其擬定之規定仍被各國遵行，同性質的Airline Reporting Corporation（ARC）則是美國國內航空公司重要組織，其影響力只限於美洲。為因應國際市場需求，增加航線，開放天空政策乃由美國率先實施，衝擊到世界各國的航空政策，無論大型的或小型的航空公司均受其影響；空中航線與航權的開放使得航空公司的經營空間擴大，也加速了國與國之間的交流。

第一節　航空運輸組織

為了促進國際間旅遊之發展，不同類型之航空運輸組織相繼出現，其中，國際航空運輸協會、ARC及國際民航組織（International Civil Aviation Organization, ICAO）對國際航空運輸市場有相當大的影響。

一、國際航空運輸協會

國際航空運輸協會（IATA）原創於1919年，由一群歐洲的航空業者所組成，1945年重新改組，其功能有如美國之航空組織ARC，主要功能是簡化及統一國際航空交通運輸及與之相關事宜。這是個世界性的商業航空組織，以航空公司為其主要會員，會員可分為正式會員及準會員；正式會員以經營國際航線之航空公司參加，準會員則以經營各國國內定期航線之航空公司參加。目前全世界約有290家航空公司加入，是世界上最重要的國際航空組織，總部設在加拿大的蒙特婁市，該組織基本上由歐洲會員所掌控。

IATA的其他功能包括：建立飛航安全標準、飛行時間班次、旅客行李處理、運費之擬定與相關規則之設定、協調聯合運輸、統一飛航設施等，而IATA所設計的機票是一種標準格式，適用於各家航空公司使用的機票已廣受歡迎，大幅地簡化開票手續。IATA自2008年起，不再對其下所屬的會員航空公司提供紙本機票，完全改用「電子機票」（E-ticket）。

IATA的影響不限於其會員，許多非會員之航空公司亦接受其指導並遵守其規定，IATA雖是私人組織，但有一半的會員都是國營航空公司，運作起來卻有官方機構的特性，許多航空公司都與之有合作關係。此外，世界上有許多旅行社亦接受IATA的認證，並因此而得以被授權販賣及發行機票；航空公司無法在全球各地建立直售點，必須依賴旅行社代理銷售，IATA為了使其會員航空公司與旅行社交易規則化，特別建立一個國際航空運輸協會認可之旅行社代售機票計畫，訂立經認可之旅行社應具備的資格，讓IATA會員航空公司與旅行社間之交易更有效率。IATA為了便利清帳，在倫敦設有IATA清帳所，旅行社每半個月將所銷售之機票結帳一次。

二、Airline Reporting Corporation

ARC就如同IATA，成立於1984年，是美國國內航空公司組織，該組織的成立主要在建立美國國內航空交通標準的空中運輸規則與機票銷售制度，該組織會員包含航空公司與旅行代理店，航空公司會員有200家。ARC的功能包括：

1.針對販售機票業務之旅行代理店，建立一標準工作要求。

2.替有代理販售機票之旅行代理店，印製、分配並維持基本機票庫存量。

3.針對訂位、計算票價及開立機票，建立一套標準工作程序。

4.扮演清帳中心的角色，透過地區性Settlement Plan之運作，旅行代理店每星期結帳一次。

三、國際民航組織

另一個重要的航空組織名爲「國際民航組織」（International Civil Aviation Organisation, ICAO），1944年在芝加哥成立。它是聯合國的附屬機構，官方的國際組織，每三年至少召開一次會議，主要目的在建立一套國際標準航空設施以及訓練、計畫、操作程序，同時舉辦會議協助解決會員間的爭議，其職責包括：(1)發展航空導航的規則和技術；(2)預測和規劃國際航空運輸的發展以保證航空安全和有序發展；(3)制定各種航空標準以及程序的機構，以保證各地民航運作的一致性；(4)制定航空事故調查規範，這些規範被所有國際民航組織的成員國之民航管理機構所遵守。

國際民航組織的總部在加拿大的蒙特婁。2019年共有193位國際民用航空組織會員。該組織希望在2010年時，全世界各國都能使用機器辨識的電子護照，一方面可以縮短旅客登機時間，一方面亦可防止恐怖分子攻擊。中華民國是此組織的創始會員國之一，但在1971年中華人民共和國取代了中華民國的中國代表權，目前中華民國並未參與國際民用航空組織。

第二節　解除航空市場管制開放天空

航空市場的發展與政府的政策有密切關係，其中影響航空市場最深遠的莫過於航空公司解除管制開放天空的政策。

一、解除管制開放天空的爭執

解除管制開放天空（deregulation）的精神在於市場的自由進出及票價的自由化，政府減少干預。1978年，美國國會通過解除航空公司管制法案，美國國內市場遭到巨大衝擊。開放天空、解除航空公司管制的政策也影響到世界各國，雖然許多國家為了本身利益仍採取保護政策，但許多航空公司卻認爲法令所提供的保護反而阻礙了經營效率，它們希望政府能減少法令對航空事業的干擾，讓市場自由化。於是在美國採行開放政策十年之後，世界各國才紛紛效尤，歐洲於1992年，澳洲於1991年，台灣也於1987年實施。

(一)國營航空運輸的考量因素

此開放政策支持與反對者皆有，部分國家仍對此政策採取審慎態度，乃因航空運輸有以下數點特性，政府不能加以保護，因而影響到空中市場自由化的腳步。

1.航空運輸被視爲有關國家利益及國家形象：世界各國除了美國的航空公司全爲民營外，其他國家的主要航空公司不是國營就是私有化後仍有官股在內，接受國家補助，因此政府要有法令來管理及保護這些航空公司，以保障其獲利性與獨占性。此外，藉由空中迅速的運輸功能，政府可有效地拓展外交或執行公家事務，建立國家在國際上良好的形象。

2.飛航安全的考量：設立航空公司必須有雄厚的資金，政府擔心一般民間企業財力不足以維護飛航的安全標準，政府限制競爭，提供原有業者穩定的經營環境，維持獲利能力，使業者能遵守安全法規。

3.公共運輸需要：航空運輸有公共服務之責任，以協助人民行的需要，在政府保護、支持下，可讓航空公司以較低的價格對部分民眾提供可靠的空中運輸，尤其是對偏遠地區，政府可以補貼方式來彌補其經營虧損。

(二)開放天空自由競爭的好處

儘管在保護本國產業的政策下，許多國家不願開放天空，但隨著市場的需求增加及國與國間利益交換，開放天空也有許多好處：

1.航空業者有自由發展的空間，增加經營上的效率，在競爭壓力下，不得不求新求變，提升服務品質。
2.航線、航點及飛行頻率增加。航線闢增，提供非大都會地區的航空交通；飛行頻率的增加，除了增加較好的到、離時段外，也可以低價鼓勵民眾使用較差的時段，達到營運及紓解交通擁擠的問題。
3.機票價格降低帶動觀光市場。旅客有較好的機會買到低價的機票進而帶動空中交通，促進商業往來，對觀光客而言也是一大福音，尤其是許多國家的外匯收入是依靠外國觀光客，價廉的機票往往可以吸引許多外國觀光客前來消費。
4.新的航空公司加入經營，創造出許多小型航空公司，帶動商業契機，增加就業機會。

二、競爭使價格下降

價格競爭是開放天空必然的結果，最大的受惠者是消費者。業者明知如此會降低獲利但也有其因應之道。由於競爭者可以自由進出航空市場，為了減少競爭者進入市場的威脅，將航線的票價訂得比成本稍高一

軸輻式系統（hub-and-spoke system）

基於市場競爭，大型航空公司在長程線上為的增加載客率，由點到點（point to point）的飛行服務演進到軸輻式的飛行模式。此模式是先設定樞紐機場（airline hub），樞紐機場是航空公司用來中轉旅客至下一個目的地的中停點。藉由軸輻路網理論（hub and spoke model）的概念，航空公司航線多由樞紐機場為中心，向外聯結各地。小航空公司將旅客從次要機場送達樞紐機場後轉搭下一航班前往最終目的地。

例如丹佛（Denver）和洛杉磯（Los Angeles）扮演是樞紐機場，航空公司將由Milwaukee、Kansas City、Atlanta等地方送來之旅客集中於丹佛，再一起用較大型之飛機載運到洛杉磯。

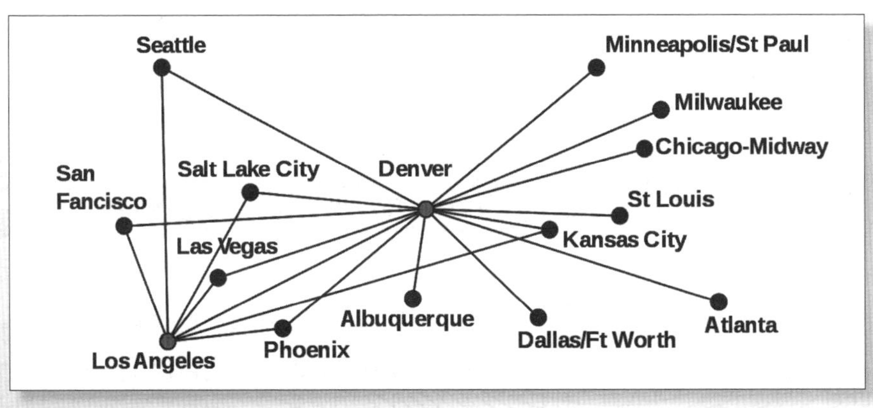

資料來源：維基百科。

點，使其他航空公司因無高利潤的誘因而打退堂鼓，如此在價格降低的情況下，可刺激更多需求，利潤雖然不高但可因需求量的增加而穩定成長，業者在提高價格行不通的情形下，只好朝降低成本方面努力，反而使得經營更有效率。

價格戰一旦開打，很難再將價格回漲。在數家航空公司經營的市場，一航空公司若將票價提高，甚少競爭者會跟進，其市場占有率將因此而下跌，除非是旺季，供不應求，否則不會漲價；但是若有一家航空公司降低票價，其他競爭者勢必跟進，以維持市場占有率，此時整個市場價格會全面下降，率先降價者之市場占有率僅會稍微上揚，並未有太大好處，日後除非聯合漲價，否則市場價格很難回到原有水準，所有航空公司均受其害，因此一般業者也不願以價格爲競爭手段，而以增加服務、提供非價格之優惠來維持旅客忠誠度，但對於新加入的業者而言，若不以價格作號召，實難占有一席之地。

過去航空公司的運行模型以點對點（point to point）爲主，大型航空公司航線多，短航線使用小飛機，在長程線上通常使用大型飛機，爲了增加載客率，必須思考與其他航線合作以增加效能，於是有幅射式飛行模型出現。樞紐航線網路能給大型航空公司帶來明顯的經濟規模及國際載運效能。

第三節　空中航線、航權與航空運輸區域

國際航空市場的拓展必須依賴世界各國政府之間經過複雜的談判方能形成，當然在談判過程中每一國家的政府都會考量到自己國營航空在這市場的占有率。當一家航空公司要飛國際航線，經過另一國領空及降落時，均必須先取得飛越其領空以及降落之許可，爲此航空公司還必須繳交「越空費」，此外，航空公司也須支付著陸機場費用、使用登機門費用，至於購油協定、保養補給等，均須再經過兩國之磋商。

早期，世界各國認爲開放領空是有其困難的，1919年，在第一次世界大戰後的巴黎和會中，不承認空運自由的觀念，並強調各國領空權至高無上的想法。這種保守的做法，無法阻擋實際航空交通的需求，但世界各國政府也同意全面開放航空市場是不可能的，在透過政治的運作、政府的同意，以及各國都有空運需求與利益的考量下，方逐漸達成共識。1944年的芝加哥會議開啓空中航權的議題，分爲定期及非定期飛航之權利，並協議達成五項空中航權的自由，對國際航空運作有莫大的影響，奠下一國的航空器有權在另一國卸客及載客的自由。目前我國交換航權方式可分爲與邦交國家及與友好國家兩種。

一、雙邊協定

空運雙邊協定均由兩國政府循外交途徑簽訂，對於無外交關係但有實質之經濟、文化等關係存在的國家，可由雙方民航局簽訂，或由代表政府之國家航空公司、財團法人簽訂。其主要協商內容爲雙方指定之航空公司名稱、經營之航線、每週飛行班次、使用之機型以及航權等，本著平等互惠原則，即甲方給予乙方之實質經營內容應等於乙方給予甲方之實質經營內容。但此原則經常受到挑戰，尤其是大國家與小國家之間的談判，因市場大小相差懸殊難免不易達到共識。但爲了參與空中交通市場，小國可以藉此航權要求交換其他有利條件。

目前各國間之雙邊空運協定，可歸類爲芝加哥型、英國型、百慕達型及美國型等四大類型，其中美國型乃主張解除管制、自由競爭。

二、空中航權

空中航權必須經過兩國或多國協議才能取得，除了第一到第四航權外，其他航權涉及範圍廣，通常取得不易，難以達成共識。「芝加哥公約」制定的九項空中航權（The Freedom of the Air）其中第一到第五航權較常取得，分別爲（**圖2-1**）：

1.第一航權

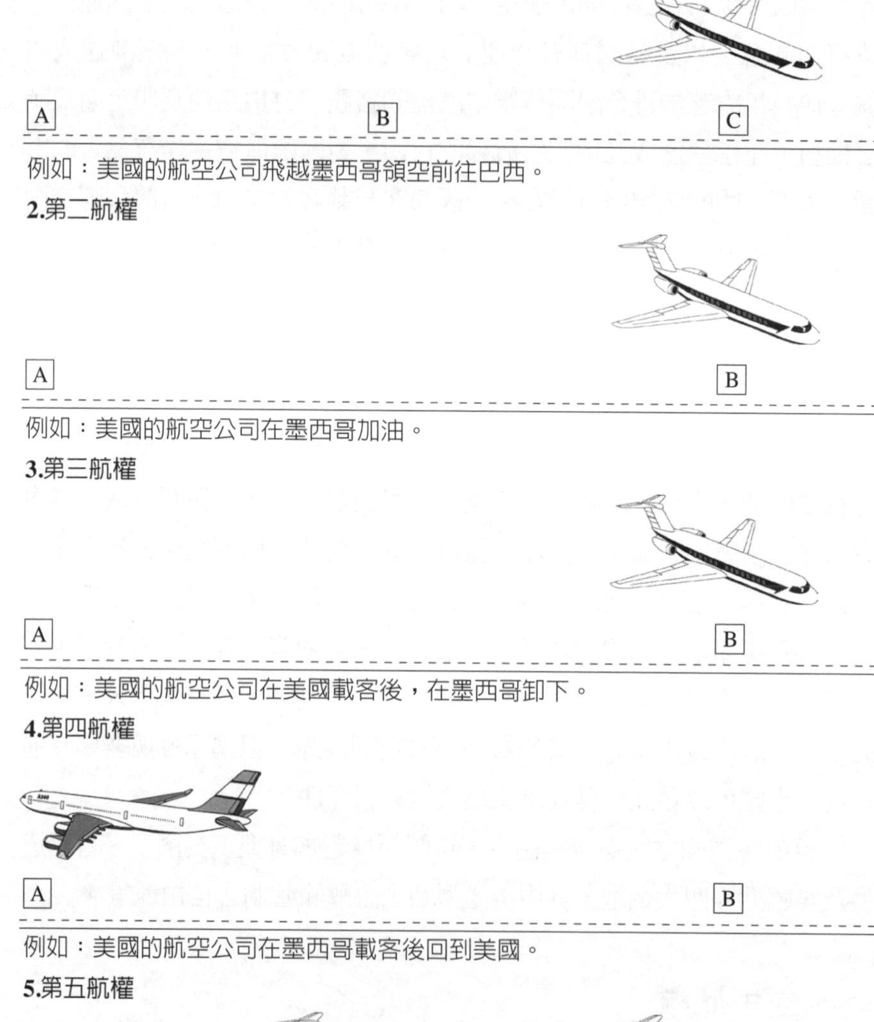

例如：美國的航空公司飛越墨西哥領空前往巴西。

2.第二航權

例如：美國的航空公司在墨西哥加油。

3.第三航權

例如：美國的航空公司在美國載客後，在墨西哥卸下。

4.第四航權

例如：美國的航空公司在墨西哥載客後回到美國。

5.第五航權

A　B　C

例如：美國的航空公司前往巴西途中，在墨西哥停留載客。

圖2-1　五種空中航權

1.第一航權：航空公司有權飛越一國領空到達另一國，中途沒有著地（飛越權）。

2.第二航權：航空公司有權降落另一國家作技術上停留，如加油、維修等，但不搭載或卸下旅客（技術降落權）。

3.第三航權：A國航空公司有權在B國卸下A國搭載來的旅客（卸下權）。

4.第四航權：A國航空公司有權在B國搭載旅客返回A國（搭載權）。

5.第五航權：A國的航空公司有權在B國搭載乘客後飛往C國，只要該飛機的起點或終點是在A國（延伸權）。

6.第六航權：A國航空可接載其他兩國旅客及貨物往返，但中途需經過A國。例如：美國航空公司載運英國旅客從倫敦到巴西，中途在邁阿密短暫停留，再飛往目的地。

7.第七航權：A國航空有權在A國以外的其他兩國之間載運旅客，而不用經過A國。例如：美國航空公司可載客往返墨西哥與巴西之間。

8.第八航權：A國航空有權在B國境內任何兩地之間運送旅客，但須以A國為起點或終點。例如：台灣航空公司飛往洛杉磯後又載客飛往紐約。

9.第九航權：A國航空在B國境內兩個或兩個以上機場來回乘載旅客。目前很少國家願意洽簽此航權。例如：台灣航空公司可載客往返洛杉磯與紐約之間。

在前五條航權中，第一航權及第二航權（又稱通行權）被廣泛採用，第三、四、五航權（又稱交通權）則需透過雙邊協定來會商。至於第六、七、八航權，因涉及多國協定，不易協商。

雙邊協定使國際空中運輸得以順利進行，它提供航空市場發展的準則，其主要目的有三：

1.讓各國的航空公司能參與市場經營，避免惡性競爭，而產生國際糾紛。
2.協調載客量與飛機班次，使經營更有效率。
3.擬定制度建立價目表，防止惡性殺價。

雙邊的航空協定未能眞正有效地滿足各國航空公司合作的需求，IATA的成立加強了各國航空公司合作的關係，任何聯合國會員國家的航空公司均可參加此組織，許多非會員的航空公司也能遵循IATA的決議。透過IATA的運作，旅客能使用一種機票而可搭乘數家不同的航空公司旅行，簡化空中旅行的手續。

三、航空運輸三大區域

飛行區域的劃分影響航空運輸甚鉅，IATA爲統一管理及制定與計算票價，以及方便解決區域性航空市場各項問題，將世界分成三大飛行交通區：第一區（TC1）、第二區（TC2）及第三區（TC3）。

(一)第一區

西起白令海峽，東至百慕達，包括：

1.北美：美國可分美國大陸（The Continental USA）及美國（The USA）。美國大陸指美國本土四十八州及哥倫比亞行政特區。美國指美國本土大陸及波多黎各、維爾京群島。
2.中美（不含巴拿馬）。
3.南美（含巴拿馬）。

4.加勒比海、夏威夷群島、格陵蘭。

(二)第二區

西起冰島，東至伊朗的德黑蘭，包括：

1.歐洲：含摩洛哥、阿爾及利亞、突尼西亞及俄羅斯的烏拉山脈以西。
2.中東：含埃及和蘇丹。
3.非洲：不含摩洛哥、阿爾及利亞、突尼西亞、埃及和蘇丹。

(三)第三區

西起烏拉山脈、阿富汗、巴基斯坦，東到南太平洋的大溪地，包括：

1.亞洲：含俄羅斯的烏拉山脈以東、關島、威克島。
2.南太平洋群島：美屬薩摩亞、法屬大溪地。
3.澳洲、紐西蘭。

了解IATA的三大區域及各城市位在何區域是非常重要的，因為某些價格或限制條件涉及到進出各個不同區域。

四、飛行方向

計算票價與飛行方向是有重要關聯的，一個行程會因旅行方向不同而產生不同票價，兩地之間也會因飛行方向不同而產生不同的哩程數。

飛行方向以兩個字母的環球指標（Global Indicator）來代表，下列是常用到的飛行方向代號：

1.AP：指經過大西洋和太平洋。例如：巴黎→波士頓→東京。

2.AT：指經過大西洋。例如：波士頓→倫敦。

3.EH：在東半球內（Eastern Hemisphere），亦即第二區和第三區。例如：伯斯→法蘭克福。

4.PA：指經北、中、南太平洋。例如：東京→西雅圖。

5.PO：指經北極路線（North Polar）。例如：安克拉治→奧斯陸。

6.SA：指經南大西洋。例如：約翰尼斯堡→聖保羅。

7.TS：指經西伯利亞路線（Trans Siberia Route），中途不可停留、轉機。例如：漢城→哥本哈根。

8.WH：在西半球內（Western Hemisphere），亦即第一區。例如：蒙特婁→利瑪。

國際空中交通的演進

- 航空器之發展
- 飛機的種類與功能
- 客運飛機機型簡介
- 機場功能與各國機場簡介

航空器的發展，縮小了人與人之間的距離，雖然廣體客機載客量大，但窄體客機仍是航空公司的主流。1997年，波音合併麥克唐納·道格拉斯飛機製造公司後，與歐洲的空中巴士形成兩大超強飛機製造公司，中國大陸（中國商飛——COMAC）與俄羅斯（聯合航空製造公司）也積極發展飛機製造。爲了容納繁忙的空中交通，機場設備換新與擴建，刻不容緩，許多地區及國家受到機場容量不足的限制，無法充分發展航空事業。

第一節　航空器之發展

飛機在交通運輸業扮演非常重要的角色，它讓世界縮小，讓人與人的距離縮短，雖然在飛機發明之前，人們就知道使用空中交通比陸上交通更爲迅速，於是使用氣球飛行早爲一些發明家、探險家所嘗試過，可惜成效不佳，速度、載重有限，1937年，由歐洲飛往美國的德製熱氣球載客飛行，意外發生爆炸，終止了人們以熱氣球載客的美夢。

一、飛機機型與功能的演進

最早的飛機是無動力的滑翔機，1903年，萊特兄弟在北卡羅萊納州首先成功的使用引擎來推動飛機飛行，總共飛行了十二秒。由於第一次世界大戰，大大地推動飛機的發展，當時使用鐵製的機身並將引擎量加大，每小時飛行速度可達65～130英里。歐洲的航空服務在第一次世界大戰後發展迅速，一方面是私人公司利用戰後剩餘下來的飛機從事運輸用途，另一方面則是政府積極的補助。1927年，查理士·林白由紐約到巴黎，首度完成單獨駕機飛越大西洋的壯舉，振奮了美國人心及飛行的興趣。1936年，雙引擎時速170英里的Douglas DC-3，可載客21人，開始了空中服務，1937年，美國的主要國際線航空公司——泛美航空開始飛越太平洋的載客服務，1939年，開始飛越大西洋的載客服務。

第二次世界大戰使得商用航空事業更向前邁進，戰爭加速了飛機工業的研發，製造出飛得更快、更遠、更安全的新型飛機，DC-7、B377、Lockheed Super-Constellation是當時的代表作，能飛越大洋不需停留，可載客100人，使用螺旋槳引擎可飛行十八小時。美國私人公司對飛行器的研發，使得美國在航空事業上居於領先的地位，至於大部分屬於國營的歐洲航空公司，則緊追在後，力圖發展，創造更好的成績。

在1950年代和1960年代之間，由於噴射商用客機的出現，取代了螺旋槳式的飛機，使得兩地之間的距離更爲縮短，經營效益增加，1960年代後期，幾乎所有大型航空公司都使用噴射式的客機。隨著科技不斷的發展，飛機續航力增加，飛行更平穩、安全，機艙內空間更寬廣、舒適，機內的餐飲、娛樂、服務也不斷地提升，尤其是對跨洋的長程飛行，人們不再視爲畏途。

目前世界所使用的飛機種類繁多，由早期波音707噴射引擎客機問世，1958年10月28日美國的泛美航空公司首度使用波音707由紐約飛抵巴黎，載客180人，時速590英里，開啓商用噴射客機時代之序幕，到今日波音777的發明，飛機製造公司每隔數年即有新機種之推出，試圖製造出最有效益的機型，以節省營運成本，適應各國市場及滿足航空公司之需求。基本上航空公司在選擇飛機種類時會考慮的因素很多，包括：

1.航程：飛機的適用飛行距離一般分爲短程（1,500英里以下）、中程（1,500～3,500英里）及長程航線（3,500英里以上）。基本上，短程航線的操作費用較長程航線高，因素有二：

(1)短程航線飛機起降頻繁，需消耗較多的油料，此外，短程空中飛行油料效益低，飛機爬升時最耗油，一旦爬升到最省油的飛行高度後，不久就準備下降。

(2)短程航線飛機停留在地上的時間久，產值相對降低。

2.載客數：一般可分為50、70、100～120、150、180、250以及300人以上。

3.直接營運成本：如耗油情況及維修成本。

到了1970年代，各飛機建造公司紛紛推出飛得更遠、更快、載客量更高的飛機，1975年，前蘇聯的超音速客機圖勃列夫144型（Tupolev-144）問世，隔年，英、法合作的協和號超音速客機開始載客服務，開創了以超音速飛機載客的紀元。其中，1970年廣體客機B747的出現，使得空中旅行更完善、舒適。雖然從事飛機製造的廠商不少，但製造大型客機的國家並不多，絕大部分集中於美國及前蘇聯，其餘為歐洲各工業國合造。

製造廣體客機的公司有美國洛克希德公司如三星客機（Lockheed Tristar 1011）（機齡已久，逐漸淘汰中，仍在執勤的不多）、美國麥克唐納．道格拉斯公司如MD-11（已被波音合併）、美國波音公司如B747、歐洲數國合作的空中巴士如A340、A380。這些飛長程的廣體客機能由紐約直飛到印度或日本，舊金山飛到布宜諾斯艾利斯，中途不需加油。1981年到1982年，遭遇第二次石油危機，使得波音和麥道遭遇重大衝擊，尤其是廣體客機，直到油價回穩才見好轉，但也使得機種開發型態上轉向開發經費少的現有機種改良方面。

根據歷史的軌跡，飛更遠、更快、載客量更大的飛機將是下世紀的目標，但這種趨勢必須建立在全球經濟景氣持續良好，以及有更節省燃料的設計出現，以降低飛行成本。以現階段航空事業成本漲高，利潤下跌的情勢，使用省油設計的機型是各家航空公司的政策，目前市場以載客180人，雙引擎，只需兩位機師操作的省油機種最受歡迎。

二、機上餐飲設施

飛機上的廚房最早出現在1950年代，由洛克希德公司製造的長程客機最先使用，當時機上的空中廚房相當簡單，僅提供旅客簡單的糕點及咖啡。今日的機上廚房，特別是飛行長程的越洋班機，則提供種類複雜的餐飲，所需的設備也頗具規模，它具備有儲藏食物、進行簡易烹調及調配飲料的功能。

飛機的設計在於增加載客空間，因此必須儘量減少其他空間以增加旅客座位數，因此對於機上廚房的裝置以及餐車的設計，均要求具有簡易操作、快速、質輕、性能好、易維修的特性。其廚房的設備包括空服人員使用的調理台、加熱用的高溫烤箱、冷熱毛巾保溫箱、儲存食物的冰箱、冷卻器、開水機、微波爐、咖啡、茶壺、餐車等。這些相關配備都必須合乎美國聯邦航空署（FAA）的檢驗要求，因此機上廚房的造價均不低，當然其功能與品質均屬上乘之作，以煮咖啡的設備爲例，它可以在兩分半鐘內煮沸1.4公升的咖啡。至於食物的衛生條件更需經過嚴格的監控，無論在製造、運送、冷凍、加熱的過程中，均有一套科學化的運作流程。爲確保飛行的安全，空廚會爲飛機的正、副駕駛準備不同的餐食，以避免意外事件發生。

航空公司均有特定合作的空廚，且會定期與空廚召開會議，研擬每季變化的菜單，讓旅客有嶄新的感受。機上食物的準備，一般在飛機出發前二十四小時，空廚人員就要將所有食物準備好，八小時前調理完成，將餐點放置於暫存室中保持鮮度，並於飛機起飛前二小時由運餐卡車送至機場，當空服員開始供餐時再將之加熱，使旅客能享受新鮮美味的菜色。惟2020年初，出現武漢肺炎，爲了減少機內傳染機會，許多航空公司減少機內餐飲服務。

第二節　飛機的種類與功能

不同的機型，有不同的設備與功能，商用的飛機公司因使用目的、飛行距離、承載量、耗油量、維修成本等因素，而決定購買不同類型的飛機。根據發動機的種類，可把民航機區分成螺旋槳飛機（含直昇機、噴射螺旋槳）及噴射機兩種。

一般螺旋槳飛機適用於短距離、外島或區域性飛行，降落於小機場，飛行於起降頻繁的航線，比較符合經濟效益。至於噴射式飛機承載量大，適合較長距離的飛行，以飛中、長程航線較佳，但也有不少用於旅客量大的短程航線，例如日本使用波音747飛行一些交通量大的國內航線。噴射式引擎飛機可分單走道及雙走道，單走道載客量較小，飛行距離一般屬於短、中程飛行，雙走道的廣體客機有二到四個引擎，載客量大，飛行遠，常用於長程或越洋航線，最受旅客歡迎，波音747是典型的代表。全球各類飛機中仍以單走道飛機占多數，由於多數爲雙引擎，比較省油，較受航空公司喜愛。

一、直昇機

目前全世界大型商用直昇機製造公司，以美國的貝爾公司出產的直昇機市場占有率最大，其次則是歐洲的直昇機公司。

貝爾直昇機公司位於德州的瓦斯堡（靠近達拉斯），由於其產品行銷世界各地，因此設置了四大零件供應廠——瓦斯堡、加拿大的卡加利、荷蘭的阿姆斯特丹以及新加坡——以便隨時供應需求，至於位在加拿大蒙特婁的貝爾廠則是負責最後的直昇機組裝工作。

台灣客用直昇機於1994年開放，但由於相關設施及法令無法配合，直昇機業務以鳥瞰、航照及噴灑農藥爲主。

直昇機拿來當作商業用途在國外頗爲普遍，至於當作觀光用途亦行之有年，由於直昇機可低空飛行，視界寬廣，容易飽覽景點風光，同時航站面積小，不易受地形地物影響，容易起降，在一些觀光城市遊客可找到提供直昇機空中遊覽服務的據點。美國拉斯維加斯及大峽谷直昇機遊覽相當受歡迎，大陸民用直升機需求旺盛，民用直昇機發展的服務項目也越來越多，不僅提供醫療救援，也積極發展空中旅遊市場，搭直昇機遊覽八分鐘收費台幣約2,500元。

在台灣，直昇機觀光市場始於1997年德安航空開闢「台東—綠島」及「台東—蘭嶼」的離島航線，由於台灣地小人稠、交通擁擠，開放直昇機觀光市場，潛力無窮。1998年，德安航空公司開闢由台中水湳機場到溪頭米堤飯店的航線，飛行時間約二十分鐘，票價新台幣2,000元，這條國內航線的開辦，爲台灣本土直昇機市場帶來一片先機。

台灣目前有中興航空、亞太航空、德安航空和凌天航空領有直昇機經營執照，通過認證可以在台灣飛的直昇機公司。亞太航空爲國內最具規模之直昇機航空公司，有全世界最新型BELL 412SP型雙發動機直昇機。未來空中觀光服務將爲直昇機客運的發展方向。例如日月潭環湖直昇機，可在搭機前兩個小時預約，費用十五分鐘的航程一個人的費用9,800元。

二、客機

在全球衆多機型中，單就機身重量以Airbus 380最重，B747-400的180噸其次，再來爲B747SR的155噸及A340-300的126噸。至於每架飛機的承載量，包括旅客、貨物、燃料三項，以越大的飛機承載量越大，就B747-400來說，其最大起飛重量（機身淨重＋承載重量）可達394噸，位居所有機型之次，A340-300則爲253噸，MD-11型273噸，飛機在完全載滿亦即在最大起飛重量下起飛的情況是不會發生的，除了安全考量外，因爲要在飛機強度臨界點所能承受的重量範圍去飛行，需要較長的跑道起飛（一般跑道約3,000公尺），且起飛能力會變得困難，同時會減少飛機的壽命。

客機飛行的高度，基本上在飛行高度越高的地方飛行，耗油量越少，但飛得高，爬升距離遠，耗油量越大，對短程飛行較不利。一般渦輪螺旋槳飛機飛行高度在10,000～20,000英尺，噴射客機的飛行高度約在20,000～40,000英尺左右，超音速飛機高度在50,000英尺左右。最佳飛行高度，一般噴射飛機是在30,000英尺，大約是9,000公尺左右，比8,800公尺的聖母峰高，因此保持在9,000公尺飛行的飛機是不需擔心會撞到山的。由於巡航在30,000英尺是噴射機最適宜的高度，也因此造成航道飛行過密的不利因素，至於世界飛行最快的協和號客機飛行高度則在55,000英尺，沒有飛行擁擠的困擾。

飛機的速度由螺旋槳到超音速飛機可說是增進許多，以目前飛機的標準巡航高度及承載量，最有經濟效益的飛行速度是0.75～0.82馬赫，有四具引擎的波音747每小時最大飛行速度爲939公里，空中巴士340型則超過1,000公里。現今最快的超音速客機其速度是音速的2.02倍，或稱2.02馬赫（1馬赫等於音速，約每小時1,223公里）。

除了飛行速度外，續航力也是經營越洋航線的航空公司所關切之問題，目前以空中巴士的A340-500續航力可以到15,400公里，是噴射客機中可以飛最遠的，至於波音777及747的續航力也都能超過13,000公里。

空中飛行距離受到風的影響，由於地球自轉，在高緯度地區會產生非常強勁的氣流由西向東吹，其風速達到100海里，冬天時甚至會超過250海里，因此同一個飛行地點，去程與回程飛行時間可差一個小時。台北到紐約的航線是世界最長的航程之一，全長12,472公里，接近B747的13,000公里航程，以往飛機均會選在美國阿拉斯加州的安克拉治停留，如今在冬季，台北到紐約可以直飛不停。

波音777-200LR，世上航程最長的客機

波音777，1995年首次飛行，競爭對手是空中巴士的A330-300和A350XWB，以及已停產的A340和麥道MD-11。截至2019年生產數量達1,594架，阿聯酋航空是波音777的最大使用航空公司。

波音777-200LR（LR指Longer Range），在2006年投入服務，一直是世上航程最長的客機，因此波音把它命名為「Worldliner」，以突顯其效能。777-200LR航程達17,501.4公里，能連續飛行十八小時。777-200LR採用奇異發動機，推力達110,000磅力。

維珍航空

維珍航空（Virgin Atlantic Airways）是航空業界使用最新型客機代表，並擁有年輕的機隊，平均機齡都在五年內，尤其是維珍航空的老闆理查・布蘭森（Richard Branson）從1984年創立維珍航空以來，就不斷地從飛機塗裝到飛機內部服務，創造許多印象深刻的話題。理查・布蘭森是維珍的大老闆，白手興家，是二十一世紀成功奮鬥的典範。

1984年，憑藉租借的波音飛機擠入航空業的維珍航空，曾被很多評論家視為是採取「自殺行為」的公司。因為這家公司不再像原先的航空公司那樣，出售頭等、商務和經濟艙三種等級的機票，而簡化成商務艙和經濟艙這兩種，它的票價比一般的公司便宜，但服務卻追求更加人性化。

如今，維珍航空已經成為英國第二大的遠程航空公司；乘坐維珍航空

就等於選擇了高品質的服務，這一點已經深入人心。維珍航空負責用豪華房車接送商務艙的客人，在飛機上，他們可以享受桑拿、修指甲服務；而經濟艙的乘客也能在飛機上看電影，打「任天堂」專門為維珍設計的電動遊戲；同一班飛機的客人不僅可以一起玩電動遊戲，甚至可以互發短信。維珍航空不僅是第一家在空中提供按摩服務，而且寧肯拆了座位也要營造酒吧，要給客人身處陸地時相同的氛圍。

到了陸地，維珍航空更是玩盡花樣：在倫敦機場提供十八個淋浴房；在機場休息廳開設獨特的健康和美容俱樂部，提供美容、圖書館、音樂室、酒吧等服務，正是這種不斷創新，使得維珍航空保持了競爭的優勢。

維珍「上海—倫敦」的往返航線空服人員中，超過一半是中國人；有兩位專業按摩師可以為每位乘客提供半個小時美容保健服務；飛機的公務艙中居然設置頭等艙的座位。訂購了空中客車A380的維珍航空，已經有了在飛機上建設游泳池、健身房的念頭。

英國航空業大亨理察・布蘭森在美國所投資的維珍銀河（Virgin Galactic）公司，積極研發載運旅客的太空飛機，維珍銀河於2018年在美國加州發射第二代太空船團結號。團結號首次成功升至82.7公里、到達太空邊緣，並安全返回地面。維珍銀河公司也宣布和集團中的維珍航空策略聯盟。

資料來源：譚琴著。《東方企業家》。

第三節　客運飛機機型簡介

許多先進國家均設有飛機製造公司，有的只製造軍用飛機，有的只製造商用客機，有的則兩者均備。事實上，有許多製造公司是以合作裝配的方式生產，由各個製造公司製造飛機的一部分，最後再運輸到某一總廠組裝起來。本節所介紹的飛機以商用客機爲主，軍用飛機則不在本書討論之內。

一、航空公司飛機外型與內部座位陳設

飛機製造公司在飛機生產、裝置過程中，均會依照航空公司之要求而作不同之設計調整，以達到航空公司市場上之需求與最大利益，因此載客艙艙別的配置上未必相同，有些分兩級，如美國國內線或部分飛國際線航空公司，艙內只有頭等艙及經濟艙之設置，我國國內線因飛程短，一般均只有經濟艙，但部分航空公司爲了提升服務，在台北、高雄航線則設有商務艙。一般飛國際航線的航空公司均設有頭等、商務、經濟三艙，而我國的長榮航空，則另外加設長榮客艙，成爲世界上最早有的四等艙別。每一家航空公司對各艙別的座位數設置也不相同，若爲了增加載客人數則可增加經濟艙座位，減少頭等艙及商務艙座位，但該班機之營收未必會增加，根據航空公司之營收統計，航空公司之主要營收以占旅客人數20%的商務客爲最大的利潤來源。商務艙的票價約比經濟艙多一倍，而頭等艙票價則又比商務艙高出甚多，目前航空公司有減少頭等艙之趨勢，增加商務艙數目及舒適度與服務，以招徠更多旅客搭乘商務艙。

機艙座位之配置，飛機之機身可分爲單走道及雙走道廣體客艙，且各家飛機製造公司設計之機身寬度亦不同，因此座椅之排列有很大的變化。通常頭等艙及商務艙的座椅寬敞舒適，均以左2、右2，或是左2、中2、右2之方式排列，以方便旅客進出，但經濟艙因旅客所付費用相對低廉，航空公司則精打細算，座椅排列較密集，不同機型有不同配置方式。由於團體旅客均搭乘經濟艙，團體辦登機手續習慣上以英文字母排列順序來辦理，旅客無法事先向航空公司要求座位靠窗或走道（有些航空公司接受散客預先劃位），也無法指定希望與某人爲鄰，這時若能了

解飛機座椅排列方式，則能在拿到登機證後私下互相交換位置，以避免許多團體旅客上了飛機後，發覺親人沒有坐在一起而忙著喧譁換位，久久不能安定坐下，造成機內一片混亂，不但影響他人及飛機起飛，也有損國人顏面。

依照國際慣例，經濟艙座位若以機首為前方，在雙走道客機，左側靠窗座位固定為A，右側靠窗座位固定為K，左側靠走道的位置為C、D，右側靠走道位置為G、H（並非所有飛機座位均按此排列），例如：B747的3-4-3座位為ABC-DEFG-HJK，由於I會引起口誤，所有飛機均不採用。至於單走道客機，走道左側為C，走道右側為D，但也有另一種採用方式，如長榮MD-90的左3右2座位，左邊是ABC，右邊是HK。

二、飛機製造公司

過去影響世界航空市場的飛機製造公司有四大家：波音、麥克唐納．道格拉斯、洛克希德及空中巴士。這四家均曾在國際市場占有一席之地，可惜在歷經嚴酷的市場競爭後，其中兩家已成歷史名詞。

(一)波音飛機製造公司

波音公司創於1916年，創業人是威廉波音，父親是德國人，母親是越南人，成立之初的主要工程師是麻省理學院畢業的華裔美人王助，當時公司名為太平洋飛機製造公司。至今已有八十多年歷史的波音，是美國著名的飛機製造公司，原本業務是製造戰機，二次世界大戰後，波音乃轉攻商用客機市場，並超越原本是商用客機翹楚的麥克唐納．道格拉斯公司。目前總部設在西雅圖，截至目前，全球各種款式商用飛機高達14,000架，其中波音製造的即達8,000多架，市場占有率達60%。

波音公司的成長，可說是人類航機發展的寫照，從最早推出的波音707、727、737、747、757、767、777至今日的787，廣受世界各航空公司的喜愛與採用。波音歷經驚濤駭浪，充滿艱辛，曾有一連十七個月沒賣出一架飛機的紀錄，終能屹立不搖，且日益挺拔、茁壯。今日，它是美國科技發展的代表，其所建立的飛機各項設備與安全標準，也成爲其他公司所一致遵從。位在西雅圖的波音公司兩大機身組裝廠——Everett和Renton，這兩棟龐大的廠房約十一樓層高，廠內一架架飛機正進行著不同階段的組裝工作，爲了讓世人能對航空業進一步了解，廠房有開放供一般民衆參觀。

1997年8月，波音公司收購美國的麥克唐納．道格拉斯公司，成爲波音旗下的一個部門，如今全球員工總數超過十五萬人。由於地球圓周的一半是19,000多公里，飛機製造公司不需發展航程超過繞地球一半的商用飛機出現，換句話說，只要飛機能飛19,000公里，該飛機就足可飛達全世界任何一個角落，因此，無論是波音或空中巴士，對未來飛機的發展，其續航力是有其限制的。

波音飛機製造公司生產系列：

■波音707系列

首　　航：1958年，美國第一代噴射客機，泛美率先使用

載 客 量：最多180個座位

出廠架數：1,000架以上

座位排列：3-3

價　　值：初期售價為1,000萬美元以上，1988年1月因噪音管制法規定，不能再使用

引　　擎：4具，均在機翼

■波音727系列

曾爲我國空軍一號總統專機。1960年代出產但已停產的飛機中，銷售量很大，到目前在所有機種中銷售量第二名。

首　　航：1963年

載 客 量：145個座位

出廠架數：約1,800架以上

座位排列：3-3

價　　值：初期約1,000萬美元

引　　擎：3具，其中一個位於機身後上方

特　　色：T型機尾，三個發動機在機身後方，是波音唯一將引擎放在後機身及三個發動機之機種

■波音737系列

是波音公司最暢銷的機種（窄體客機，常用於廉價航空），有第一代的100／200，改良的300／400／500，到最近的600／700／800，以及未來型的900。B737曾是台北←→高雄的主要機種，華航於1998年9月率先購買B737-800型機種，此機種有最先進的「加強型地面接近警示系統」。一般飛機在機腹裝有雷達感應器測量和地面距離，在碰撞前二十秒會發出警告訊號，B737-800則將碰撞警告時間拉長至二十秒前。波音737 MAX成爲波音737家族的第四代成員，2018年曾經因爲有安全缺陷而被停航。

首　　航：1968年

載 客 量：120-150個座位

出廠架數：仍在生產中，至2020年，製造數量達10,580架

座位排列：3-3

價　　值：1995年約2,000萬美元，目前約3,000萬至1億美元，依型號而定

引　　擎：2具，在機翼

■波音747系列

波音747曾經帶來不錯商業商機，但由於油耗量等因素，且更符合燃油效益的雙引擎飛機不斷地推陳出新，波音公司在2017年宣布，被譽爲「空中女王」的波音747飛機將停產，中華航空公司的波音747-400型客機於2016年正式退役。

首　　航：1967年

載 客 量：全部規劃為經濟艙，可達500個座位以上

出廠架數：1,100架以上

座位排列：3-4-3（雙走道）

價　　值：最新的波音747-400約1億5,000萬美元，在所有機型中價格最高

引　　擎：4具，均在機翼

特　　色：在空中巴士A380出產前是全世界機種中唯一分上下兩層甲板的機型，至今也是波音最大機種

■波音757系列

首　　航：1983年

載 客 量：約178-224個座位

出廠架數：200架以上

座位排列：3-3

價　　值：現約6,000萬美元

引　　擎：2具，均在機翼

特　　色：為中程窄體客機，與波音767同時生產，操控可以互通，採用省油引擎

■波音767系列

首　　航：1982年

載 客 量：190-250個座位

出廠架數：300架以上

座位排列：2-3-2（雙走道廣體客機）

價　　值：現約7,000萬至9,000萬美元

引　　擎：2具，均在機翼

特　　色：767與757外型差異不大，767有下巴，機身較胖。767飛機是針對1970年代石油危機所產生之衝擊，而研發出來耗油量低的飛機，屬於中程運輸用，航程約五至六小時

速　　度：最大巡航速度每小時850公里，續航能力7,408公里

■波音777系列

首　　航：1995年，美國聯合航空率先使用

載 客 量：290-350個座位

出廠架數：生產中

座位排列：2-5-2

價　　值：現約1億2,000萬美元（777-300是目前機身最長的機型）

引　　擎：2具，均在機翼，是目前推力最大的發動機，最大巡航速度每小時905公里，最大航程13,000公里，機身長63公尺

■波音717系列

原爲麥克唐納．道格拉斯公司生產，1997年8月4日，波音購併麥克唐納．道格拉斯公司後改名爲波音717。

首　　航：1999年

載 客 量：106個座位

價　　值：1,900萬美元

引　　擎：2具，在機尾

特　　色：專為短程、班次密集地區使用，營運成本低，需跑道短，機身與客艙配備如DC-9型

■波音787又稱為「夢想飛機」（Dreamliner）

是波音公司最新型號的中型客機，寬體機，機內兩行通道，已於2008年投入服務。B787可載二百人至三百五十人，視乎座位編排而定。燃料消耗方面，B787比以往的產品省油，效益更高。此外在用料方面，B787是首款以碳纖維合成材料取代鋁製作機體。巡航速度：0.85馬赫（水平面速度約每小時561海里或903公里）。相較於其他機型，B787有以下特點：(1)更輕。由於大量採用更輕、更堅固的複合材料，飛機重量大大減輕，運行成本也大幅下降；(2)更節能。波音787型飛機要比其他同類飛機節省20%的燃料，同時釋放更少的溫室氣體；(3)噪音更低。起飛和降落時的噪音要比其他同類飛機低60%；(4)更衛生。波音787型飛機具有更好的氣體過濾設施，從而保證機內空氣品質更佳；(5)更耐用。與其他同類飛機相比，使用期更長，檢修率要低30%（新華社／路透）。

(二)麥克唐納・道格拉斯飛機製造公司生產系列

1967年麥克唐納公司與道格拉斯飛機公司合併，麥克唐納・道格拉斯公司前身創設於1920年，總公司設於聖路易市，原本是以製造軍機起家，曾是客機市場的龍頭，但爲波音超前，並於1997年爲波音合併，其飛機設計與別家不同處是引擎的位置及數量，共三具引擎，其中一是裝在機身後上方。

麥克唐納・道格拉斯飛機製造公司生產系列如下：

■DC-8系列

首　　航：1965年，是美國第一代的噴射客機，目前在市場上已少見

載 客 量：180-259個座位

出廠架數：約600架

座位排列：3-3

價　　值：出廠時約1,000萬美元

引　　擎：4具，均在機翼，依噪音管制法，不再使用

特　　色：其機身較A340細長，發動機外型也細長

■DC-9系列

爲波音727競爭對手，銷售非常成功，在1960年代出產，但目前已停產，當時銷售量僅次於B727，至目前在所有機種中銷售量第三名。

首　　航：1965年

載 客 量：約120個座位，中短程

出廠架數：1,171架

座位排列：2-3

價　　值：出廠時約1,000萬美元

引　　擎：2具，在機身後方

■DC-10系列

首　　航：1971年

載 客 量：250-380個座位

出廠架數：約400架

座位排列：2-5-2

價　　值：出廠時約5,000萬美元

引　　擎：3具（2具在機翼，1具在機尾的垂直翼根部）

■MD-80系列

麥克唐納和道格拉斯合併後稱MD，含MD-81／82／83。

首　　航：1980年

載 客 量：137-172個座位

座位排列：2-3

引　　擎：2具，在機尾，低噪音

■MD-90系列

MD-80的機身加長，外型如雪茄般修長，是中短程區間客機。

首　　航：1995年

載 客 量：約153-172人

出廠架數：約130架

座位排列：3-2，非對稱式的座位配置

引　　擎：2具，在機尾，後置式引擎設計，專為起降頻繁之中、短程飛行，低噪音，波音與麥克唐納·道格拉斯公司合併後停產

■MD-11系列

是DC-10的加長，駕駛員改爲二人操作。

首　　航：1990年

載 客 量：250-400個座位

出廠架數：不詳

座位排列：2-5-2

價　　值：現約1億2,000萬至1億4,000萬美元

引　　擎：3具（2具在機翼下，1具在機尾的垂直尾翼根部）

特　　色：MD-11與DC-10類似，但MD-11的翼尖有翼端帆，DC-10則無。巡航速度每小時932公里，最大航程12,570

公里，只需二名駕駛員

(三)洛克希德

洛克希德是美國的飛機製造公司，因有三具引擎，故有三星客機之稱，該公司一度市場看好，享譽國際，可惜最後不堪市場競爭，現只生產軍用飛機。

■Lockheed Super Tristar L-1011（三星客機）

首　　航：1972年
載 客 量：250-400個座位
出廠架數：247架
座位排列：3-4-3（或2-5-2）
價　　值：出產時約5,000萬美元
引　　擎：3具（2具在機翼下，1具在機尾上，這具發動機的排氣管像B727在機身末端下方排氣）

L-1011曾與DC-10競爭激烈，是洛克希德最後機種，目前大都已退休，洛克希德公司也退出民航客機業務。

(四)歐洲的空中巴士

於1970年創立，總部在法國土魯斯（Toulouse），目前員工有四萬人，空中巴士集團是歐洲四大廠所組成，包括法國宇航（37.9%）、德國（37.9%）、英國宇航（20%）及西班牙（4.2%），其中以法、德占比率較高，各約38%。四個國家按各自專長和持股比重來從事機身各段及系統製造，然後再送到法國的土魯斯去組裝。空中巴士爲了與波音競爭，打破波音公司三百五十人座廣體客機市場，如火如荼的進行A-3XX計畫，希望超前波音開發更大的飛機。空中巴士同時採取合縱連橫策略，與亞太地區國家合作，開發市場占有率只有15%的亞洲市場。目前空中巴士已售出2,300多架飛機，全球市場占有率近30%，有1,510架飛機在空中服務，1996年營業額88億美元。

■Air bus-300系列

是空中巴士集團的處女作，最早的雙引擎廣體客機。

首　　航：1974年

載 客 量：201-345個座位

出廠架數：300架以上

座位排列：2-4-2廣體

價　　值：出廠時約4,000萬美元

引　　擎：2具，在機翼下

■Air bus-310系列

爲A-300型機身縮短，二人駕駛。

首　　航：1983年

載 客 量：210-255個座位

出廠架數：200架以上

座位排列：2-4-2廣體

價　　值：現約7,000萬美元

引　　擎：2具，在機翼下

■Air bus-320系列

是空中巴士最暢銷的機種，窄體客機，常用於廉價航空。

首　　航：1988年

載 客 量：150個座位

出廠架數：不詳

座位排列：3-3

價　　值：現約4,500萬美元

引　　擎：2具，在機翼下

■Air bus-330系列

首　　航：1993年

載 客 量：375個座位

出廠架數：不詳

座位排列：2-4-2廣體

價　　值：現約1億至1億2,000萬美元

引　　擎：2具，在機翼下

速　　度：每小時880公里，最大航程8,340公里

■Air bus-340系列

首　　航：1992年

載 客 量：近400個座位

出廠架數：生產中

座位排列：2-4-2廣體

價　　值：現約1億2,000萬美元

引　　擎：4具，引擎在機翼下（空中巴士唯一4具引擎之機型在A380之前）

特　　色：4具發動機、單層、有翼端帆，巡航速度每小時1,032公里，航程15,400公里，比B747-400還遠，是現今廣體客機直飛距離最遠之客機（A340-500最遠），只需二名駕駛員，可攜帶15萬加侖燃油

■Air bus-380系列（號稱全世界最大的民航客機）

首　　航：2005年首飛，2007年交機

載 客 量：最大載客量，可以達到555人

價　　值：現約2億6,300萬美元

引　　擎：4具

A380最特殊之處在於雙層甲板設計，全經濟艙配置可以裝載超過八百名旅客，三艙等設計也可以裝載五百多人，將取代獨霸航空市場多年的波音747，成爲全球最大的民航客機。

耗資5,000億台幣打造的A380空中超級巨無霸客機，長73公尺，翼長79.8公尺，高度相當於八層樓高，最多可搭載八百四十人，機身最大載重量達到560公噸，最大航程15萬公里，續航力十六小時，內部不但有私人酒吧，還有高級服飾店，成爲客機市場新趨勢。2007年，把生產的第一架航機，交給新加坡航空。A380客機是全球載客量最高的客機，打破波音747過去三十一年的世界載客量最高的民航機紀錄。但因售價過高、耗油過大、不容易滿載，造成經營成本更高。空中巴士宣布於2021年完成訂單交付後將停止生產該款客機。

■其他歐洲生產的飛機

其他歐洲生產的飛機尚有：

1.英國出品：

(1) BAE146：88-100個座位，以3-3排列，4具引擎，噴射客機。

(2) BAC-Trident：103-139個座位。

(3) British Aerospace-ATP：64個座位。

2.法國出品的Caravelle：128-140個座位。

3.荷蘭出品：

(1) FoKKer-VFW F28 Fellowship：85個座位。

(2) FoKKer-100：107個座位。

4.法、義合作出品：

(1)ATR-42：50個座位。

(2)ATR-72：74個座位（均屬雙引擎，螺旋槳飛機）。

5.德國出產的多尼爾（Dornier）。

6.瑞典出產的SAAB：35個座位，以1-2排列，雙引擎、渦輪螺旋槳，最大巡航速度每小時526公里，航程1,450公里。

(五)英、法合造的協和客機

協和客機於1962年由英法兩國合作研發，1976年首航載客，飛行速度每小時2,300公里，約音速的2.02倍，飛行高度約18,000公尺，由於飛行高，遠離雲層，少空中亂流干擾，比一般飛機飛行平穩，同時機窗外一片無垠湛藍，景觀奇妙，雖然飛行速度極快，但在機內卻毫無速度感覺。由巴黎飛往紐約只要三小時四十五分，比波音747快四個小時（波音747需七小時五十五分，若由紐約到巴黎因順風只需七小時），它是唯一可以追得上時間的客機。假若一位旅客在巴黎度完聖誕夜後，馬上搭上協和客機飛往紐約，該旅客可以在飛行途中因時差關係再慶祝一個聖誕夜，並且來得及在紐約機場歡度第三個聖誕夜。

協和號因耗油，從機翼到機腹除了底層貨艙之外，幾乎全部都是油箱，總共可載100噸油料。其外型設計也很特別，除了三角翼的設計外，有升降自如的機鼻，在起飛和降落時，機鼻下垂，可增加飛行員視野，在超音速飛行時，可拉升機鼻，以減少飛行阻力。

協和號速度高，且僅有一百個座位，共二十五排，每排兩邊各兩個座位，票價十分貴，全機不分等級都是頭等艙，由巴黎到紐約單程機票約十一萬新台幣，因此乘客均以大企業家、政要爲主，搭乘協和號可獲保證書一張及特製深灰色手提包以資紀念。由於造價高、耗油量驚人、高噪音，其高速所產生的音爆，遭到許多國家抵制，因此市場有限，僅生產16架（2000年失事1架後全球只剩12架），只飛越洋航線「巴黎—紐約」及「倫敦—紐約」，安全性高，甚少意外紀錄，很不幸於2000年法航的協和號客機於巴黎機場起飛時不幸意外墜毀，所有協和號客機遭到停飛命運。

首　　航：1976年
載 客 量：100個座位
出廠架數：16架
座位排列：2-2
價　　值：出廠時6,500萬美元
巡航速度：每小時2,300公里
起飛需跑道長度：3,500公尺
降落需跑道長度：2,000公尺
起飛速度：每小時402公里
降落速度：每小時300公里
飛行組員：機師三人（含飛行工程師），服務員六人

(六)前蘇聯製造之系列

■伊留申86型（Ilyushin 86）

載 客 量：316-350個座位
座位排列：3-3-3

■伊留申62型（Ilyushin 62）

載 客 量：186個座位
座位排列：3-3

■圖勃列夫154型（Tupolev TU-154）

載 客 量：164個座位
座位排列：3-3

■圖勃列夫134型（Tupolev TU-134）

載 客 量：64-72個座位

座位排列：2-2

■雅克42型（Yakovlev YAK-42）

載 客 量：100-120個座位

座位排列：3-3

■伊留申96型（Ilyushin 96）

載 客 量：300個座位

引　　擎：4具

時　　速：870公里

續 航 力：11,000公里

■圖勃列夫204型（Tupolev TU-204）

首次蘇聯航空使用英國勞斯萊斯引擎。

載 客 量：166個座位

座位排列：3-3

引　　擎：2具

(七)其他

龐巴迪（Bombardier）的DH8（DH8-100、DH8-200、DH8-300、DH8-400）可容納三十七至七十八人座，座位排列2-2，有兩具螺旋槳，最大飛行速度每小時648公里，加拿大製造（加拿大的龐巴迪將繼麥克唐納・道格拉斯之後，成爲世界第三大飛機製造商）。

第四節　機場功能與各國機場簡介

航空事業的發展需要機場及設備良好的設施來配合，以便能迅速有效率的運輸旅客及行李，並縮短通關的手續，目前在各國使用空中交通的人口均有大幅度的成長，主要的國際機場都面臨來往旅客過於擁塞的威脅，尤其是在交通尖峰的時段，大量旅客湧入造成機場設備嚴重不足，旅客聚集在候機室焦慮等候延遲的班機。甚至於因爲跑道不足，飛機起降受限，造成班機不足，外來觀光客受到影響。以世界最繁忙的芝加哥OHare國際機場爲例，平均每二十三秒就有一架飛機起飛或降落。機場不像巴士車站或火車車站可以私人公司擁有，興建一座機場耗資甚鉅，非一般公司能力所及，即便是小型機場也大都由政府興建、經營，再由航空公司去承租使用，向機場支付降落費、油料費、註冊稅捐，以及辦公室、登機櫃檯等費用。許多政府知道部分機場有嚴重擁擠現象，也知道應早日規劃擴建或尋找地點重新興建機場，但由於環境影響，如噪音、超高建築、夜晚宵禁及土地取得不易等，皆成爲阻礙空中交通發展的重大因素。

依2019年旅客進出量，美國的哈茨菲爾德—傑克遜亞特蘭大國際機場（Hartsfield-Jackson）一直是世界上旅客吞吐量最大最繁忙的機場，中國大陸空中交通人數成長急速，排前二十名就有三個機場。世界排名二十大的機場美國機場占了六席。在歐洲，英國倫敦的希斯洛機場及Gatwick機場，德國的法蘭克福機場、巴黎的Orly機場、荷蘭的阿姆斯特丹機場以及瑞士的蘇黎世機場，也均是歐洲大陸的重要國際機場。在亞洲北京首都國際機場、香港的赤鱲角（Chak Lap Kok）機場（香港啓德機場1998年停用）、日本的成田機場以及新加坡樟宜機場均相當繁忙。東京有兩個機場：成田及羽田，其中的成田機場曾是最大的國際旅客進出機場。在美國，主要的國際機場有紐約的甘迺迪機場、芝加哥的O'Hare機場、亞特蘭大的Hartsfield機場、洛杉磯國際機場、舊金山國際機場、邁阿密國際機場以及達拉斯／瓦斯堡機場。由於這些機場大都是航空公司的中心機場，使得飛機起降更頻繁，旅客擁擠且航站多，旅客必須走很長的距離去轉機，時常造成飛機的延遲與旅客的抱怨。**表3-1**是Worldwide Airport Traffic 2019年公布的全球機場進出旅客人數前二十名。

表3-1　2019年世界上最繁忙機場

排名	機場	主要城市	乘客（萬人次）
1	哈茨菲爾德－傑克遜國際機場	亞特蘭大	11,053.1
2	北京首都國際機場	北京	10,001.1
3	洛杉磯國際機場	洛杉磯	8,806.8
4	杜拜國際機場	杜拜	8,639.7
5	東京國際機場	東京	8,550.5
6	芝加哥奧黑爾國際機場	芝加哥	8,437.3
7	倫敦希斯羅機場	倫敦	8,088.8
8	上海浦東國際機場	上海	7,615.3
9	巴黎夏爾．戴高樂機場	巴黎	7,615.0
10	達拉斯－沃斯堡國際機場	達拉斯	7,506.7
11	廣州白雲國際機場	廣州	7,337.8
12	阿姆斯特丹史基浦機場	阿姆斯特丹	7,170.7
13	香港國際機場	香港	7,141.5
14	仁川國際機場	首爾	7,120.4
15	法蘭克福機場	法蘭克福	7,055.6
16	丹佛國際機場	丹佛	6,901.6
17	英迪拉．甘地國際機場	德里	6,849.1
18	新加坡樟宜機場	新加坡	6,828.3
19	素萬那普機場	曼谷	6,542.2
20	甘迺迪國際機場	紐約	6,255.1
36	台灣桃園國際機場	台北	4,868.9

資料來源：Airports Council International (ACI). *Worldwide Airport Traffic Report*, 2019.

一、世界各地機場的興建與擴充

全世界目前約有49,000座大小機場，單獨美國就超過13,500座，數量最多。巴西其次，超過4,000座。第三名是墨西哥，超過1,700座。亞洲以中國大陸的機場數最多。

亞洲地區的國家在機場興建與擴建投下不少資金，1994年9月，日本在大阪的外海建造人工海上機場——關西機場。1995年，另一個較小的機場在澳門興建完成。1998年7月開幕的香港赤鱲角機場花了美金200億元，取代了不堪負荷的啓德機場。印尼的吉隆坡新國際機場在1998年正式啓用，共花費35億美元，有兩條跑道，初期可容納二千五百萬名旅客，至2020年時擴充到一年可載運六千萬名旅客，將是該地區容量最大的機場。泰國的曼谷在2000年至2010年間也花費49億美元興建機場，初期每年旅客容量爲三千萬人，擴充到五千萬旅客容量。韓國首爾的仁川國際機場第四期工程，預計2023年最後工程完工後一年將可載運一億名旅客，使韓國成爲東北亞地區航空中心。在澳洲新的雪梨西方機場，第二條跑道完工時，每年將可容納一千二百萬名旅客，以紓解日益擁擠的雪梨Kingsford-Smith機場。

中國大陸挾著廣大的版圖及衆多的人口，積極地從事經濟建設，在2010年時，已追趕過新加坡、台灣、泰國，僅次於日本及香港成爲亞洲太平洋地區第三重要的空中交通中心。由於中國大陸除了沿海地區外，內陸交通普遍落後，急需藉由空中交通來振興沿海及內陸的經濟發展，現階段正計畫在未來十年內興建二十座新的國際機場，在五年內擴充四十座原有機場，800億美元的工程款已經提撥下來，其中大部分機場的功能是用來滿足國內交通市場的需求，中國大陸規劃的兩座主要機場分別爲廣州機場，已於2004年完工，花費20億美元，共兩條跑道，每年可容納三千萬旅客，可停70架飛機，2017年白雲機場旅客吞吐量達六千萬人次；

另一座是位在浦東的新上海機場，第一期工程於1999年完工，所需費用爲23億美元，每年可容納一千六百萬旅客，預計最大容納量爲每年一億旅客進出。中國民用機場在2020年底，達241座，預計2025年新增136座。

二、機場發展受限因素

以目前空中交通運輸量，有一半以上的國際機場均有容量不足的現象，必須蓋新機場，將舊機場改爲國內線機場，或另外擴充機場規模，如增加飛機起降跑道、海關檢查設施，加蓋航站、停機坪，讓同一時段可以有更多飛機起降，同時新建機場到市區的捷運，以縮短兩地之交通時間。

環境限制是大城市國際機場擴建最大的阻礙因素，由於公共安全、環境保護、噪音防治等因素，往往限制了機場交通量的擴充，爲了保障機場附近居民的居住品質與安全，避免夜間飛機噪音的干擾，許多國家嚴格限制夜間可飛行時段，尤其是以日本及澳洲最關切，部分機場迫於設備不足與安全考量，限制每小時平均飛機降落頻率爲二十八次，遠低於一般機場的降落頻率。

土地的取得也是另一嚴重的問題，機場除了需建設航站來服務旅客進出，內部提供廣大的空間讓旅客候機及提供餐飲和購物服務，尚需有跑道讓飛機起飛，一般跑道長3,000～4,000公尺不等，像日本新東京國際機場及德國的法蘭克福機場跑道，超過4,000公尺的並不多。小的機場需4英畝的土地，中型機場需500～1,500英畝的土地，至於大型的機場則需15,000英畝的土地。德州的達拉斯／瓦斯堡機場是美國最大的機場，超過17,500英畝，約27平方英里的面積。如此大面積的土地很難尋找，舊機場要擴充也很難，位於大都市的機場沒有空間加建第二條跑道及新的航站；另覓土地興建機場，一方面不易找尋或距離市區太遠，且財務負擔過重，即使找到合適的地點，也可能面臨當地居民的反對，如機場法規限制機場旁的大樓高度，影響到民衆利益或在起降航線下的居民受飛行安全威脅。

在許多不利因素下，部分城市只好選擇以人工塡海的方式在離海岸不遠處興建人工機場，可以二十四小時營業，沒有夜間宵禁限制，但卻需付出大量的成本，如自然生態環境的破壞、巨大的財力支出以及興建時間的延長。

機場代表一國之門面，旅客往往會以該機場的設備、服務品質來評斷該國的行政效率與整體的印象，爲了博取外來旅客良好的印象，吸引更多的外來旅客，國際機場通常均有良好的設備來服務旅客，讓旅客能在經過長途旅程的勞累後，快速妥善地拿到行李，經過通關手續回到旅館休息。

三、機場服務

亞洲的機場最好客、服務最善解人意，全球十大機場逾半數在亞洲（**表3-2**所列是2021年世界上最佳的十個國際機場）。其中新加坡樟宜國際機場曾連續七年獲得全球最佳機場。

表3-2　2021年世界最佳國際機場前十名

名次	機場名稱
1	【卡達】哈馬德國際機場（Hamad International Airport）
2	【日本】東京國際機場（羽田機場）（Tokyo International Airport）
3	【新加坡】樟宜機場（ Singapore Changi Airport）
4	【韓國】仁川國際機場（Incheon Airport）
5	【日本】成田國際機場（Narita International Airport）
6	【德國】慕尼黑國際機場（Munich Airport）
7	【瑞士】蘇黎世國際機場（Zurich Airport）
8	【英國】希斯洛國際機場（Heathrow Airport）
9	【日本】關西國際機場（Kansai International Airport）
10	【香港】香港國際機場（Hong Kong International Airport）

資料來源：Skytrax 2021全球最佳機場前十名。

此外，香港國際機場餐飲設施衆多，從平價到高貴都有，航廈配置與標示十分合宜，能操多種語言的服務人員友善又熱心服務，對眼睛快要睜不開來的遠客是一大福音。名列前茅之新加坡樟宜機場，是八〇年代早期啓用的機場，它安靜、寬敞、乾淨且井然有序，其行李運輸快速、準確，最受旅客稱讚。新加坡樟宜機場因爲設有游泳池、免費的電影院，且航廈處處用奇花異草美化，曾連續勇奪世界第一好機場的美名。南韓仁川國際機場也曾排名第三。

歐洲機場也表現良好，擠入十大的歐洲機場有慕尼黑機場、倫敦希斯洛機場、蘇黎世機場。美國沒有，美國最佳機場只勉強擠進第二十名。

美國曾經最好的機場是明尼亞波利斯機場，其他機場的豪華享受也不遑多讓，在泰航曼谷機場貴賓室，旅客可以享受傳統泰式按摩，到約翰尼斯堡南非航空貴賓室，可以品味手工雕刻的家具，馬航的吉隆坡機場貴賓室裡甚至有條小河，讓旅客坐在河邊小酌。新加坡樟宜機場打造出世界上最高、達40公尺的室內瀑布雨漩渦（Rain Vortex）及各項獨具匠心的遊樂設施與體驗。

四、機場的設計

機場的外型、設計決定於其大小及設計時間，儘管在造型上不同，但其基本的功能及需求卻是一致的。新的大型機場較現代化，大都設有空橋由登機門直接通往飛機機門，旅客上、下飛機不須經由巴士接送或風吹日曬。

1.航站大廳：是機場的心臟，內含各種設備，是旅客購票、辦理通關、登機、託運行李、餐飲、候機及旅客上、下機之地。此外，還包含各航空公司貴賓室、機員簡報室、氣象站及機場經理室。

早期的航站是長條形的建築，1960年代開始發展出衛星狀的設計，旅客在中央大廳辦理登機手續，再經由電扶梯或捷運送到衛星站登機，其他航站的形狀設計有如環狀或馬蹄形，不需走很遠的距離登機。

2.貨運站：上、下貨物或郵件之地。

3.塔台：機場的神經中樞，指揮飛機起降。

4.飛機棚廠：飛機停放或修理的地方。

5.跑道：飛機起飛或降落跑道，兩旁有指示燈，長度與寬度必須能處理飛機的起降，要讓巨型廣體飛機起降，長度需3英里長。

6.停機坪：停飛機的地方，接近登機門，方便電源車供電、飛機加油水、上下行李、餐食及旅客登機。

7.滑行道：由停機坪到起降跑道之間的道路。

到底全世界有多少機場在興建，有多少機場在擴建，這數字是很難計算出來的，但依照航空交通成長量及國與國之間日趨親密的關係，新機場的需求是迫切需要的，美國是世界最大的空中交通市場，大小機場無數，一個大城市可能有四、五個機場存在。

經濟成長影響到機場的興建與擴充，全世界的主要機場均面臨經營效率及營運收入的威脅，要保持在航空市場領先的地位，不斷地擴充、增新設備及提升服務品質是必要的，好的機場不但需要有良好的導航設備，安全的引導飛機降落，也需人性化的運輸系統來處理旅客出入境以及連接市區的交通網絡，使旅客無論在停車、接送機、候機、轉機、行李運送、餐飲、登機、起飛、降落等方面，都能得到舒適、安全的服務。

台灣桃園國際機場簡介

台灣桃園國際機場（TAIWAN TAOYUAN International Airport, TPE），距台北市中心以西約40公里。1979年啓用時名為「中正國際機場」，2006年10月改為現名。2019年度的總旅客吞吐量超過4,868萬人次。

桃園國際機場面積約1,249公頃，擁有2座航廈（第一航廈與第二航廈有一座往返航廈間的免費航廈電車）、4座貨運集散站、2條跑道（長度為3,800公尺）及39條滑行道，目前正規劃興建第三航廈及第三跑道以滿足龐大的旅運需求。桃園國際機場並可起降A380，世界上最大型的飛機。中華航空、台灣虎航、立榮航空、長榮航空、星宇航空以桃園國際機場作為主要機場。

第三航廈已經於2016年啓動，預計於2024年底完工，有21個登機門。第三航廈落成後，桃園國際機場年服務容量將增加至4,500萬人次。

資料來源：維基百科。

全球航空市場

- 全球航空市場營運簡介
- 台灣航空公司市場發展及航空公司介紹
- 低價航空公司營運策略

航空市場發展在美國最早以運送郵件及包裹起家，這與以運送旅客爲目的的歐洲航空市場有所不同；這與土地幅員有關，美國土地遼闊地面運輸曠日費時，爲了能將郵件包裹快速送達，美國郵政部門首先聘僱飛行員擔任郵政工作，於1924年開始有定期航線，但是以郵政爲主，相較之下，歐洲民航業務比美國早些，第一家航空企業於1909年在德國成立。早期載客飛機經營困難重重，1920年代一位飛行員敘述：「在飛行時駕駛員總是攜帶口香糖、絕緣膠帶及一小瓶的醚，以防引擎過熱時，找地方將飛機降落，找出漏油的地方用口香糖補洞再用絕緣膠帶貼綁起來。」

雖然美國在客運方面落後歐洲，但卻後來居上主導了航空市場，也帶起市場開放、航空企業民營化的風潮。開放航空市場後，航線不再獨占、航空市場競爭白熱化，美國地區的航空市場仍占世界之冠，但成長率則趨緩；至於亞洲地區則仍有揮灑空間，成長率爲各地區之冠，IATA預測，中國將在飛機乘客數量方面超過美國，成爲全球最大的航空市場。新加坡航空雖然機隊不多，但其服務與銷售能力卻值得各家借鏡。而台灣的航空市場發展在開放天空後，亦出現另一種新的競爭局面，合併與結盟之聲不斷。

第一節　全球航空市場營運簡介

全世界的航空公司名列在《航班信息指南》（*Official Airlines Guides*, OAG）上超過815家，若加上飛行地方性的小航空公司則至少在千家以上。若以飛機架數爲準，2021年，全世界飛機數量最多的是美國航空共1,494架（**表4-1**），其次是達美航空有1,357架，第三名是聯合航空1,264架，西南航空居第四名有683架。聯邦快遞專門經營貨運，機隊成長快速。在機隊數量排名中，美國籍的客運航空公司占很高的比

表4-1　2021年航空公司飛機數量

排名	航空公司名稱	機隊數
1	American Airlines（美國航空集團）	1,494
2	Delta Air Lines（達美航空集團）	1,357
3	United Airlines（聯合航空集團）	1,264
4	Southwest Airlines（西南航空）	683
5	FedEx Express（聯邦快遞）	634
6	China Southern Airlines（中國南方航空）	423
7	Lufthansa（德國漢莎航空）	401
8	Air France（法國航空）	381
9	Air Canada（加拿大航空）	354
10	China Eastern Airlines（中國東方航空）	349

例，可見世界的航空市場仍以北美洲爲重心。中國大陸機隊則急速竄升，以中國南方航空機隊數量最高。中華航空是台灣最大民用航空業者，機隊數量不足百架，但相較於其他已開發國家，仍算是小家經營。

在營業方面，根據2019年台灣民航資訊網，載客旅客總數，達美航空第一，西南航空第二，中國南方航空第三，聯合航空第四，美國航空第五，瑞安航空（Ryanair）第六，中國東方航空第七，易捷航空（EasyJet）第八，前十名中就有三家是廉價航空，可見廉價航空以低價行銷是相當有實力的，各地區之廉價航空也持續成長中，雖然是以量取勝，不過載客人數不等於營收或獲利率。根據2019年ShopBack電子報，綜合飛行安全、機隊年齡、營業利潤、投資情況、旅客評價、客艙舒適度等多項評判標準，新加坡航空（Singapore Airlines）表現最佳。至於Skytrax 2019年全球最佳航空公司獎（Skytrax World Airline Awards），卡達航空則擊敗了2018年的冠軍——新航，重奪首位。其他全球十大最佳航空包含全日空航空（All Nippon Airways）、國泰航空（Cathay Pacific）、阿聯酋航空（Emirates）、長榮航空（EVA Air）、海南航空（Hainan Airlines）、澳洲航空（Qantas Airlines）、漢莎航空（Lufthansa）、泰國航空（Thai Airways）。

飛行安全與服務也是旅客最關心的，根據客機墜毀數據評估中心（Jet Airliner Crash Data Evaluation Centre, JACDEC），研判是根據航空公司過去三十年的飛安紀錄作出。2019年飛安指數（基於2018年數據），大中華地區有三家航空公司進入安全前十名，分別爲香港的國泰航空、中國大陸的海南航空以及台灣的長榮航空。很慘的是中華航空被列名第六十。但有航空公司質疑其公平性，因爲飛行次數少之航空公司會因此取得較好的排名。此外美國網站Askmen依據各航空公司空難事件數及已完成的航班總數的比例，評出了「全球十大最危險航空公司」，古巴航空擁有著國際航空公司中最糟糕的安全紀錄，中華航空也名列其中。其他有伊朗航空公司（Iran Air）、菲律賓航空公司（Philippine Airlines）、肯亞航空公司（Kenya Airways）、埃及航空公司（Egypt Air）、巴基斯坦國際航空公司（Pakistan International Airlines）、哥倫比亞航空公司（Avianca）、泰國國際航空公司（Thai Airways）、嘉魯達印尼航空公司（Garuda Indonesia）。

第二節　台灣航空公司市場發展及航空公司介紹

本節將介紹台灣航空公司發展沿革、台灣國內航空市場、台灣空廚、海外市場以及台灣的航空公司。

一、台灣航空公司發展沿革

台灣航空運輸服務業之成立，是由美國飛虎隊成員結合部分大陸來台之中國航空公司及中央航空公司，共同組成之民用航空公司，簡稱CAT（Civil Air Transport），創辦人爲美籍的陳納德將軍，爲台灣最具代表性且也是唯一之航空公司。1967年，由於CAT唯一的一架波音727

飛機在林口墜毀而結束營業，其成員則轉入日後之中華航空公司、遠東航空公司以及亞洲航空公司。

在CAT結束營業的同時，由26名空軍退休軍人湊足了40萬元，合資創辦航空公司，向美軍顧問團承租飛機，開始發展台灣的民航事業，在慘澹經營、兩次面臨倒閉的危機情況下，適值中南半島爆發內戰，因經營戰地後勤空中運輸工作，乃得以起死回生，華航開始站穩腳步，以國旗為機身，但當時先後也損失了14架飛機及49位人員的生命。

1962年，華航開闢台北到花蓮第一條國內航線，1966年，因越戰因素正式經營台北到西貢的國際航線，繼而擴展東南亞、東京、美國及歐洲航線。華航的成長歷程亦即台灣民航史的成長過程，華航因戰爭而茁壯，雖然其成立是由退休軍人加上其他「人頭」組成了董事會向政府登記營業，但其成長、延續卻是政府大力支持與出資才會有今日之成果。

隨著國際客、貨運及國內航空運輸迅速的成長，松山機場已不敷使用，1977年旅客量達五百萬，政府乃斥資於桃園興建中正國際機場，1979年啓用，成為當時遠東地區設備最完善的民航機場，面積1,100公頃，跑道長12,000英尺，有二十二個停機坪，以飛航國際航線為主，台北松山機場則專門提供國內航線用，自從新機場興建完成後，我國航空事業的發展又向前邁進一大步。

台灣經貿發展迅速，國民所得增加，消費者對休閒、遊憩愈形重視，再加上地面運輸擁塞情形日益嚴重，在爭取時效下，使得空中運輸漸形重要。1987年台灣開放天空，對台灣的航空發展影響甚鉅，除了航線大增，原有的小型航空公司紛紛擴充規模外，其中以長榮航空成立影響最大，它為第一家民間組成的航空公司被允許經營國外航線。長榮航空的成立意義重大：(1)它打破了數十年來台灣飛行國際定期航線寡占的市場，使得中華航空風光不再；(2)掀起了自由競爭的航空市場，也提升了服務品質、降低機票價格，消費者的權益受到尊重，市場更多元化；(3)擺脫中共政治打壓的航空市場陰影：由於政治因素，中共始終不承認台灣是一個獨立、主權完整的國家，因此在航空市場方面也一直打壓台灣，不願看到繡有中華民國國旗的中華航空（1995年飛機上的標誌改爲梅花）與中共的飛機並停於同一機場，同時也處處杯葛外國國營航空飛行台灣，以致影響許多外國國營航空公司另成立子公司，加個亞字，如英亞航、韓亞航、日亞航、澳亞航等飛行台灣航線，以避免中共政治干預，而長榮航空的成立正好可塡補中華航空無法飛行的航線及無法降落的機場（如中華航空不飛倫敦、巴黎及日本的成田機場）。

經濟自由，政治開放，國人赴海外旅遊的限制逐一消失，國人挾著強大的消費能力，吸引外國航空公司紛紛來台設站，1993年，台灣與英、法、德開始直航，往後由台灣飛往歐洲的航線不需再經由第三國，飛行時間減少，機位增加。目前，經由本國國際機場經營國際定期客運的航空公司含本國籍共有三十家，其中以中華、長榮、國泰3家的市場占有率最高。2020年1月星宇航空正式首航，成爲國內另一家營運的航空公司 。

二、台灣國內航空市場

1986年時，台灣經營定期國內外客運航線的甲種及乙種航空公司只有四家（僅有中華及遠東經營本島航線，永興及台灣兩家經營離島航線），1987年，政府實施開放天空政策，開放輔導新航空公司經營本島航線後，國籍航空公司家數於1994年達到最高峰，共計十七家（分別爲中華、長榮、華信、國華、遠東、復興、馬公、大華、台灣、瑞聯、達信、中興、亞太、大鵬、金鷹、凌天、台北等航空公司），後經空運環境變遷及部分航空公司整併，航線由17條增到2007年的70條，飛機由1986年的85架增到目前的200架，最熱門的爲北高航線（國內的第二大市場爲「台北—台南」），至於其他航線也在紛紛增班中，台灣國內航空市場一時熱絡，尤其是開放天空後，航線增加，大量引進新的機隊，航空公司所提供的服務品質與內容也大有改善，機票也由統一票價因應市場機能而有彈性調整，民國81年，交通部費率委員會決定打破機票調整幅度，改採各航線依不同成本、機型，採取不同調幅，並且取消票價下限管制，只定票價上限，業者可以靈活經營，淡、旺季機票售價出現差距，國內票價自此邁向自由化。雖然期間遭到國內景氣不佳、惡性競爭、價格大跌及飛行安全的危機，但終能轉危爲安，在市場需求下繼續向前邁進。

雖然國內市場蓬勃發展，但航線與航點終究有限，航空公司也以小型居多，在國外航空公司相繼實施結盟聯營的影響下，台灣國內航空也紛紛效尤，實施合資或購併，華航與國華結盟、長榮與立榮合作，目前經營國內航線之航空公司計有華信、立榮、德安及中興等四家航空公司，其中德安及中興航空公司經營直昇機客貨運輸業務，使國內航空市場形成華信、立榮兩大陣營。

三、台灣空廚

飛行時餐飲的提供是航空公司在服務旅客時極爲重要的服務項目，航空公司在實際需求與市場競爭下，爲了增加旅客的向心力，在餐飲提供方面無不卯足了全力，儘量來滿足旅客在機上餐飲的需求，於是空中廚房的角色就愈顯得重要。空中廚房業務只提供航空公司飲料和餐點的服務，透過科學管理、烹調技術標準化、食品材料供應安全化、餐具處理機械化、包裝設備自動化的流程，提供旅客新鮮、色、香、味俱全且多變化的餐點。

台灣的空中廚房歷史最悠久的是圓山空廚，成立於1965年，由圓山飯店在松山機場的餐廳發展而來，1979年遷入桃園中正機場並擴大營運，主要是提供中華、國泰等十三家航空公司；復興空廚則是由國產實業集團投資，提供新加坡、泰國等十四家航空公司；另外還有位在高雄的立榮空廚（原是馬公空廚），以提供國內航線的機上餐飲爲主。由於空中廚房市場大有可爲，目前每天約有三萬五千份餐點容量，由於以提供國際航線機上餐飲的圓山、復興業務量已達飽和，難以應付日益增加的航空公司需求，1996年底，由華航（占51%股份）及國泰的太古集團（占49%）所投資的華膳空廚，資金約20億，已正式啓用。

1997年，由長榮航空與新航所投資的長榮空廚成立，資金約14億，供應長榮、新航、英亞航、澳航等約一萬五千份餐點。根據民航法規定，這些空廚必須設在機場5公里內，這兩家新的空廚將會帶動機上餐飲文化的革新。2007年中旬，華航、復興、遠航又合資成立了高雄空廚。

四、擴充海外市場

在僧多粥少的情況下，原本經營國內線的航空公司也紛紛朝著經營國際定期航線的目標發展，先期以包機方式經營國際航點，俟達到一定量後，再向民航局申請經營國際定期航線，曾經復興、大華、遠東、立榮均已先後取得資格，但大都飛行東南亞之次要城市，經營距離台灣較近的度假島嶼，或仍維持包機業務。國際航線不易經營之因素在於航線的開放必須經過雙方修約的方式來達成。我國民航局對外談判原則是多家指定，讓大家公平競爭，但因考慮營運成本和航線開發不易，因此政府在洲際航線均規定由我國籍的大型航空公司經營，故在競爭空間上均以中華和長榮優先考慮，俟每週航班超過一數定量時，才會讓第二家航空公司加入，以中加航線爲例，我國政府規定每週定點至少需七個往返航班，加拿大則規定每年載客運量達三十萬人次，才考慮讓第二家航空公司加入。1999年，中加航線達到當初協議標準，雙方同意各讓第二家航空公司加入營運，加拿大由加拿大航空（AC）加入，台灣則由長榮航空加入。

開放天空乃是一種趨勢，不但開放自己國籍的航空公司加入營運，目前也已擴及到開放給外籍航空加入營業。1998年，中美「開放天空協定」正式簽署，美國希望彼此之間空運不加以限制，以帶給消費者更低廉的價格，並可進一步使用延遠權飛往亞洲其他城市，以擴大美國在亞洲的航空市場。台灣的航空業者也將不限班次、航點，可延伸至美國境內與境外的城市。目前中華航空與長榮航空基於本身之經營規模與能力，均個別與美國的達美航空及大陸航空合作，以「共掛班號」聯營方式，取代直飛來拓展美國國內市場，如此可降低營運成本，並方便旅客節省轉機時間及行李直掛等好處。

亞洲國家目前並未將空中航線完全開放出來，民航局認爲，開放天空是世界趨勢，因航班及航點不再受限，加上有延遠權，可促使航線經營更自由化，有助航空產業競爭及發展。在自由市場與開放政策下，各國勢必無法堅持保護主義，大陸的航空市場更是我國民航業者所日夜期盼的目標。2017年以我國目前簽屬的航約，東協十國當中，馬來西亞、新加坡、泰國都已開放天空，菲律賓、印尼、越南都還有剩餘航班可利用，柬埔寨僅開放金邊，但柬埔寨的吳哥，緬甸的仰光，我國業者都有定期包機在飛。

在東北亞部分，日本已全面開放天空，韓國僅桃園—仁川有管制，澳門已經開放天空，香港尚未開放，就航點來看，整個東亞區選擇滿多的，只是東亞區低成本航空崛起，市場競爭激烈。

五、台灣的航空公司

(一)中華航空

中華航空（China Airline，國際代號CI，國內線簡稱CAL）當初雖然是由二十七位中華民國退休的空軍人員合資新台幣40萬元所組成，並成立「中華航空事業發展基金會」，但卻有濃重的官方色彩，由政府在背後大力支持，該基金會的董事皆是透過政府單位推薦，其董事長爲空中將領退休後接任，使華航實際上爲國營之航空公司。

中華航空於1959年正式成立，由楊道古先生擔任董事長兼總經理，初期承攬離島間的包機業務，1961年，華航接受美國中央情報局委託，執行空投運補寮國的特種任務，次年，中南半島爆發內戰，華航賣命執行空中運輸任務，終於立下日後發展的基礎。1962年，華航獲准經營第一條定期國內航線，飛航台北和花蓮之間；1966年年底，開始經營台北到西貢（現胡志明市）國際航線，並於次年啓用波音727客機；1968年，華航取代民航公司成爲國內第一大航空公司；1970年，開闢中美航線，進入國際航空市場；身負國際航線經營重任的華航，資金短缺，無力自行購買新機，乃透過民航局協助，由民航局向國外購買新機由華航以低率方式承租。

華航歷史最悠久，機隊陣容最大，對台灣的空中運輸貢獻厥偉，由於身分敏感、國營色彩濃厚以及背負國旗的角色而遭到許多阻力，並曾因制度不健全、營運績效不良而引起許多糾紛，飛航安全也數度亮起紅燈，1998年的大園空難造成二百零三人死亡，打擊尤深，爲了改良體質，乃釋出部分股份給民間團體，期能創造營運績效。

隨著旅遊資訊的發達，爲了提高營運效率、服務旅客，1991年，華航與其他亞洲航空公司合資設立Abacus電腦訂位系統，投資「先啓資訊公司」，負責Abacus的推動，目前Abacus是台灣地區旅行社使用占有率最高的訂位系統。1994年，與國泰航空公司共同投資成立專門供應機上餐飲的空中廚房——華膳空廚，以提高機上餐飲服務品質，並服務其他航空公司。1995年，華航改變識別標誌爲「紅梅揚姿」，取代倍受爭議的「中華民國國旗」，以因應全球性的策略聯盟。爲了順應競爭激烈的市場，在美國航線則與美國航空聯盟，共用班機號碼，由洛杉磯、舊金山續飛達拉斯、芝加哥、邁阿密、華盛頓、紐約等城市；在歐洲則有航線飛抵阿姆斯特丹、蘇黎世、羅馬、法蘭克福等。華航目前全球至2019

年，飛行29個國家／地區，設有160個航點，飛機數量波音、空中巴士等各型航機共88架（客機70架，貨機18架）。

華航過去對於股東成員一直視爲商業機密，而有所保留，以致常遭外界的不當聯想。其董事長一職一向由空軍高級將領退役以後接任。以往空軍總司令退役後都會得到酬佣出任華航董事長，而空軍副總司令退役之後則被安排出掌民航局，因此民航局常遭抨擊，被稱爲「華航的民航局」。1988年，華航27位股東捐出一切股東權益，並經主管單位同意和法院公證之後，成立「財團法人中華航空事業發展基金會」，以監督並管理華航的營運，1992年，華航獲准股票上市，總資產706億，現有員工合計12,181人。

華航目前的經營管理權和高階主管已由專業經理人所出任，其公司編制在總經理之下設有3位副總經理，分別爲技術副總經理、商務副總經理及行政副總經理，華航之組織架構如**圖4-1**。

華航最早飛行國內航線，但以「台北—高雄」航線爲主，目前航線爲「台灣桃園國際機場—高雄」此條航線，以B737飛行，擬以「低運量、高頻次」的策略來攻占北、高市場。1999年，華航於年底退出國內航線，全力經營國際航線。1998年，華航推出電子機票以降低成本，增加旅客服務。華航2017年營業額新台幣1,398.15億元，稅後盈餘爲新台幣22.08億元。

(二)長榮航空

長榮航空（EVA Airways，國際線代號BR，國內線簡稱EVA）是台灣實施開放天空下的產物。1988年，張榮發領導的長榮集團於長榮海運公司成立二十週年的慶祝酒會上正式宣布籌備長榮航空。根據交通部規定，經營國際運輸或貿易業務五年以上，聲譽卓越，公司財務健全，而且每年營業實績達新台幣100億元以上者，得經營國際航線定期客運業務，長榮航空乃於1989年3月獲准成立，並於1991年7月1日正式開航，

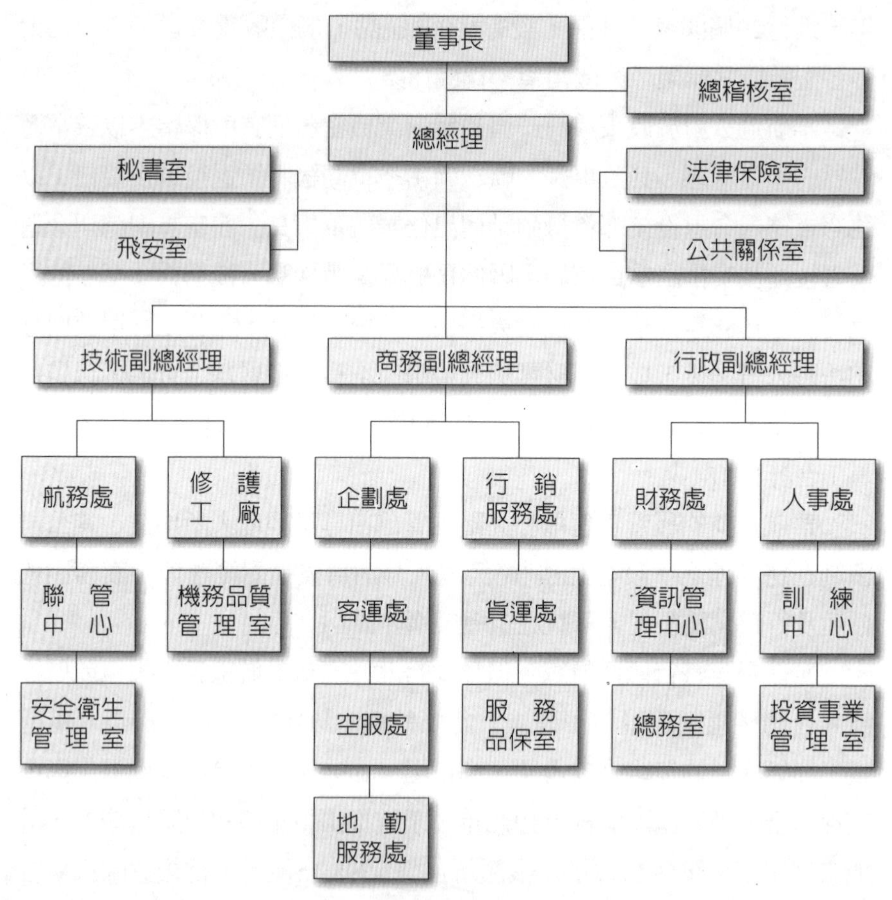

圖4-1　中華航空組織架構圖

資料來源：中華航空，公司簡介。

飛行國際航線，從此我國國際定期航線不再是中華航空的獨占市場。長榮航空早期經營亞洲航線，繼之為美國線、歐洲線，擴充迅速，積極介入市場運作，價格以市場為取向，彈性大，也因此曾引起爭議。長榮航空重視旅客服務，空姐招募對象以國人為主，近年來提供不少就業機會。在客艙服務方面，長榮航空採四艙制，首創「長榮客艙」，原名豪華經濟艙，在頭等、商務、經濟艙之外，又讓旅客多了一種選擇。

1994年，長榮航空加入國內線營運，首創以波音767-200廣體客機（212個座位）飛行台北－高雄航線，帶動市場，其他航空公司紛紛效法，採購新型大飛機加入國內線。長榮航空爲了提高整體經濟效益，增加旅客的服務，並給予小家的航空公司提供技術支援，相繼地購買台灣航空股權（30%）、大華航空（24.4%）、立榮航空（42.9%），形成策略聯盟，將資源作最有效的發揮。1995年年底，長榮航空爲了配合政府的政策，加強中南美洲經貿關係，首航巴拿馬市，成爲我國首次開闢中南美洲的航線。

長榮航空不遺餘力開發新航線，於1998年與美國航空大陸結盟，美國線除了飛行洛杉磯、舊金山、西雅圖、紐約、休斯頓、多倫多、溫哥華、芝加哥等航點外，在歐洲方面則有倫敦、巴黎、維也納、阿姆斯特丹等航點。目前長榮有機隊81架，員工數超過9,000人，長榮航空自創立至今未曾發生致死之航空事故，擁有卓越的飛航安全紀錄。2018年Skytrax評爲亞洲最佳航空公司第三名。

2005年，長榮航空與日本公司Sanrio合作，推出Hello Kitty彩繪機，除了機身的圖案外，機艙內也採用Hello Kitty的圖案以吸引遊客。2019冠狀病毒疾病（COVID-19）疫情影響，2020年長榮航空派Hello Kitty彩繪機出馬，規劃僞出國活動，搭機環島行程，雖然反應熱烈，但最終只開出二班。

(三)華信航空

華信航空（Mandarin Airlines, AE）是我國第三家飛航國際線的航空公司，成立於1991年，最初是由中華航空公司與和信集團共同出資成立故而命名爲「華信」，以經營國際長程航線——加拿大溫哥華、澳洲雪梨及布里斯本爲主。因是華航投資的子公司，早期董事長是由華航總經理兼任，原始功能是取代華航無法飛行的國際航線（華航在航空市場受到中共杯葛），減少政治壓力，維持競爭優勢。華信與長榮同時成立飛行國際航線，但發展受到侷限，成長緩慢，所飛行的航點不多，均由華航自行決定是否分配航權給華信。華信是台灣籍的航空公司唯一不飛國內航線的公司，但1999年8月合併國華航空，接手國華航空所有的航線及中華航空的國內航線，同時將加拿大及澳洲航線交給中華航空經營，華信航空遂轉型爲經營區域性國際航線及本島航線爲主之航空公司。華信航空機隊和母公司華航機隊可互相調度，基地與主要轉運中心設在台中國際機場，重點機場則是桃園國際機場、台北松山機場與高雄國際機場。華信航空機隊數量有14架，主要使用ATR72-600型客機飛行。

(四)遠東航空公司

遠航（Far Eastern Air Transport Corp, FAT）成立於1957年，由胡侗清先生所創設，當時主要的業務是每天早上替台北的各大報社送報紙到高雄去。是國內第一家民營航空公司，當時除了華航之外，遠航是規模最大的國內線航空公司，自1962年即開闢北、高定期航線，是國內線的翹楚，提供座位數最多，載客人數占有率最高，飛航史悠久。

遠航成立甚早，遠航總公司設在台北松山機場，1995年由中華開發信託公司（現爲中華開發工業銀行）及南山人壽保險集團入主取得經營權，員工總人數曾達約一千二百人。遠航爲了提高營運效率，與IBM合作使用Marbe電腦訂位系統，1998年元月取得國際定期航線證書。2011年更陸續開航兩岸航線，全面提供亞洲區域的飛航服務。遠航曾經破產重整，機隊數量有13架，遠東航空的國際線航班統一使用MD82/83客機，國內線航班使用ATR72-600或MD82/83兩種機種。2019年尾遠東航空無預警停飛，2020年遠東航空因本身財務問題，被交通部下令停航。

(五)復興航空

復興航空（Trans Asia Airways, TNA）於1951年成立，第一任董事長爲戴安國先生，1958年改變經營方針，暫停客貨運輸業務，全力經營國際代理業務，1966年在台北設立空中廚房，供應國際航線班機之機上餐點，1983年，國產實業入主復興航空，原以七十八人座的ATR螺旋槳型飛機飛國內短航線，但因應市場需求，又購進一百六十二人座的A320飛機，並積極開發國際航線，於1994年獲准經營國際定期航線，並繼續經營國際包機客運，復興航空的機隊，包括8架空中巴士（A320、A321）及10架ATR72型飛機，擁有將近二千名員工，並將積極爭取開發大陸市場。惟復興航空主要股東涉及內線交易遭法院分別判刑，2018年6月宣告破產。

(六)立榮航空

1988年由澎湖地方仕紳共同集資成立，以彌補澎湖與台灣本島之間的空中交通不足，並以故鄉「馬公」爲名，以飛離島航線爲主，1995年，由長榮航空購併取得51%股份，改名爲立榮航空（UNI Air, UIA），飛行國內線爲主。目前已達到民航局規定每年包機至少須達60架次的規定，取得經營國際定期班機資格，未來發展將以亞洲區域爲飛行目標，以飛航四個半小時的航點爲主。1998年7月，與大華航空、台灣航空合併，仍稱立榮航空，合併後之立榮航空目前擁有17架飛機，以ATR72-600爲主力，二千名員工，有助於改善其經營體質。此外，爲加強旅客服務也將全面實施電子機票。

(七)大華航空

大華航空（Great China Airlines, GCA）創立於1966年，專門從事直昇機農藥噴灑業務，該公司的主要投資者原爲香港華僑輪胎商，因經營不順利，曾一度停航。改組的大華航空爭取升格爲乙種航空公司加入國內定期航線之經營，1995年，長榮航空購入大華航空20%的股票，成爲大華航空股東之一。大華航空目前以經營國內市場爲主，1998年爲了因應國內市場競爭，乃與台灣航空、立榮航空合併，改稱立榮航空。

(八)國華航空公司

國華航空（Formosa Airlines Corp, FAC）原名永興航空，成立於1966年，以直昇機起家，當時業務爲接受政府單位委託噴灑農藥及拍攝航照圖，之後擴充買進小型飛機，以多尼爾飛機經營離島航線，早期經營載客率無法提高，經營不善，財務狀況也不理想，經營權數度易手。1987年配合政府的開放天空政策，正式跨入台灣本島航線。1995年更名爲國華航空，1996年與華航結盟，藉由華航的技術與資源來提升其經營效率與安全，是台灣國內航線最多的航空公司，並取得直昇機載運客貨之業務。國華在營運漸上軌道後，爭取升格爲甲種航空公司，獲得經營國際包機資格，無奈1996年在馬祖北竿機場的空難粉碎了國華開闢國際航線的美夢，1998年又發生外海墜機事件，更受到重創，曾一度遭民航局短暫停飛的處罰。1999年8月併入華信航空，國華航空從此走入歷史。

(九)瑞聯航空

1994年，以房地產和建築起家的台中瑞聯建設關係企業購併了於1988年成立的中亞航空，並改名爲瑞聯航空（U-Land Airlines, ULA），以北、高線爲其主要航線，以一百六十五個座位的MD-82型飛機營運，作風積極，於1995年12月推出震驚航空界的「一元機票」台北→高雄機票專案，引起了票價爭奪戰，是台灣票價風波的始作俑者，雖然最後遭民航局處以3萬元罰款而終了，但瑞聯卻如願的打響知名度。瑞聯以打入國際市場爲目標，曾想以外國航空公司的名義或以合作方式拓展國際市場。

惟當年以「一元機票」起家，掀起國內機票價格戰，國內低價航空鼻祖的瑞聯航空，因爲虧損連連，飛機妥善率無法到達適航標準，並積欠民航局大筆起降費，於2000年遭到民航局下令停飛，因爲積欠貸款，由瑞聯航空所屬的2架MD82客機遭到銀行扣押，經債權銀行拍賣後，由國內一家保險公司承購，並交給遠航整修後租用。

(十)台灣航空

台灣航空（Taiwan Airways, TAC）於1966年成立，初期主要業務爲航空照相、農業噴灑和不定期客貨包機，曾一度虧損連連，後由長榮收購，得以重新出發。台航以多尼爾及BN型飛機爲主，共5架，以離島航線爲主，1998年與立榮、大華合併，改稱立榮航空。

(十一)星宇航空

星宇航空（STARLUX Airlines）由長榮集團創辦人張榮發兒子、長榮航空前董事長張國煒於2018年創辦，在2018年正式成立，於2020年1月23日正式首航，以桃園國際機場作爲樞紐，首航航點爲桃園—澳門、桃園—峴港以及桃園—檳城，期許打造成爲「台灣的阿聯酋航空」。目前機隊數量3架（訂購中有25架），通航城市有四個，惟星宇航空出師不利，在2020年2月3日，因受新型冠狀病毒疫情影響，宣布取消部分航點。

第三節　低價航空公司營運策略

航空市場競爭激烈，降價是航空公司常用手段，但一旦降價，機票票價恐難以回升，但是面對降價的損失、油價等相關成本的不斷攀升與激烈的市場競爭，航空公司必須要想盡辦法降低成本，同時兼顧經營效率，其中降低人事成本是各家航空公司努力的目標，其次是減低其他方面的支出，如佣金支出、一般性支出等。

在惡劣競爭下，航空公司生存之道乃在於了解旅客需求，滿足旅客需要。在夾縫中力圖生存的小規模航空公司既無雄厚的資本，也無相等的競爭條件去與大型航空公司力拚，他們採取的是另一種完全相反的經營策略，並經營得相當成功，如美國的西太平洋航空、ValueJet及歐洲的Ryanair、easyJet和EBA Express，他們採用低成本、低票價的經營方式，採行單純的點到點飛行、不使用FFR、機艙內只有經濟艙單一等級，且採不對號入座的方式。easyJet宣稱它是世界上唯一不涉及CRS及旅行社作業的航空公司；同時，easyJet降低機內人員服務及只提供簡單的點心及飲料，其機票價格低但沒有彈性且不能退票，採行「用它或丟棄它」的政策，使得no show的旅客比率降到最低，越早購買越便宜，最後一分鐘購買最貴，完全依照機位販售情況來調整。這些低價航空公司以美國的西南航空（Southwest Airlines）陽春式服務最爲有名，是美國衆多航空公司中經營成功且有盈餘的例子。

低成本航空公司（Low Cost Airline, No Frill Airline或Budget Airline，簡稱爲LCC），指的是透過特殊之經營型態與市場策略，將營運成本控制得比一般航空公司較低的航空公司，其票價常低於傳統航空公司票價，到目前爲止，低成本航空已經成爲全球航空產業新的經營模式。但低成本航空票價並非永遠低價，在熱門時段或班機起飛前的時段，其票價可能與傳統航空公司的票價不相上下。

一、低成本航空的營運模式與服務

在開放天空激烈競爭之下，傳統航空公司獲利有限，一些中小型的航空公司逐漸以低廉的票價作爲賣點，尤其是在美國，首家低成本航空公司爲西南航空，在1978年即成立且迅速發展，飛行時許多旅客只希望能夠快速安全地抵達目的地，並不需要很高級的服務或享受，因此打開了低成本航空公司的市場，全球已有近百家的低價航空公司。自助式的服務和簡便快捷的登機，使低成本航空公司航線

西南航空傳奇（經營策略）

西南航空原是一家小規模、只飛地區性、短航線的小公司，由於其獨特的經營方式而聲名大噪，廣受消費者喜愛，在航空業不景氣時，能一枝獨秀，仍有盈餘，應歸功於其獨特的經營策略。

第一，經營短程航線：不採用輻軸式航線系統，而採用點到點服務。

第二，採用單一機種：只使用B737機種，只有經濟艙服務，可節省維修、零件儲存、訓練及機隊調度成本。

第三，減少銷售層級：鼓勵旅客直接訂位，減少透過旅行社訂位，減少銷售佣金。

第四，不加入CRS：CRS每有一個旅客訂位紀錄（PNR），便會向航空公司收取固定費率（flat amount），且不會因票價的高低收取的費用有所不同，由於西南航空的產品價格低，加入CRS很不划算。

第五，服務單純化：機上無提供正餐服務，只有簡餐。不劃位，旅客可先上機再買票，一方面可減少人員開支，又可縮短飛機停留在地面的時間，減少停機費用，同時提高飛機使用率。

第六，使用次要機場及夜間飛行，無飛機壅塞問題，且可減少機場租金費用。

第七，採取重點經營方式，不求整個市場占有率，兩點之間提供密集班次，使旅客得到最大方便。

服務單一化。只提供短程航段經濟艙服務（一般椅距經濟艙為31英寸，商務艙為38英寸），無商務艙、頭等艙。核心精神為降低成本與提高飛機使用效率，以次級機場起降，以基本型飛機經營客流量大的短程航線，機上不提供免費餐點，將機上服務精簡，許多服務採取收費制，盡可能將座椅空間減小以增加座位，採行自助報到的方式，一般低成本航空的營運有下列幾種方式：

(一)降低營業成本

1.飛行行程路線以短程為主，減少飛機停留時間，提高每日飛機的使用率，多開班次載更多旅客。

2.機隊單一化，將保養維修成本降低，方便機組人員調度外，亦減少訓練時間與訓練費用。

3.降落非主要城市或以各大城市的次級機場起降，以節省機場降落費及使用費。

4.強調「點對點」方式的服務，減少飛機延誤帶來的損失。

5.減少租用機場內昂貴的設施，比如登機橋，改為安排接駁車輛和小型登機梯。少數機場（如日本大阪的關西機場）設有廉價航空專用的航廈。

6.改以約聘或契約方式聘僱員工，降低空勤及地勤員工人事成本。

7.簡化機艙內服務項目。

8.減少機艙內公共活動區域，增加班機座位。

9.機內飲食服務簡單化，甚至改成付費制。

10.積極販售機內商品或食物，以增加額外的收入。

11.不提供或只提供收費及有限的機上視聽娛樂器材、雜誌及報紙。

12.降低行李託運的免費重量，或改成付費託運行李。

(二)降低票務成本

1.客艙等級單一化，以經濟艙為主，多搭載旅客。

2.透過「電子機票」的方式，在網路上完成訂票作業，及網上辦理登記手續，不提供選位服務，改以自由入座，降低票務及櫃檯的人力成本，鼓勵乘客早點到機場辦理登機手續。

3.依飛行時段有不同票價，冷門時段的票價更便宜，以提升搭機載客率。

4.愈早訂票票價愈低，吸引乘客。

5.不使用傳統硬紙板式帶磁條的登機證，改用包含條碼的普通紙登機證降低成本。

6.部分低成本航空不提供退款服務，錯過或是因故無法搭乘，機票作廢無法退費。若臨時更改時間，航空公司會額外索取手續費，有時手續費的價值超過當初所購買的費用。

二、亞太地區及台灣的低成本航空發展

亞洲太平洋地區引進低成本航空的經營模式較晚，但營運模式更積極，除了短程航線外，目前已有業者開始著手經營長程點對點航線，如馬來西亞的亞航是目前亞洲最大的廉航，提供東亞、東南亞和澳洲航線。亞洲低成本航空，如日本第一家廉價航空「樂桃航空」（Peach Aviation）於2013年10月初加入天空市場的競爭。其他家低成本航空公司有馬來西亞的AirAsia（亞洲航空）（亞洲地區第一家成立的低成本航空公司）及其子公司全亞洲航空（AirAsia X）、宿霧太平洋航空（Cebu Pacific Air）、欣豐虎航（Tigerair）、酷航（Scoot）、捷星航空（Jetstar Airways）（來自新加坡的捷星航空爲第一家進軍台灣航空市場的廉價航空）、韓國的釜山航空（Air Busan）、韓國的眞航空（Jin Air）、韓國的德威航空（t'way Air）以及韓國的易斯達航空（Eastar Jet）。2013年華航宣布與新加坡最大的廉價航空虎航（Tigerair）合資，成立「台灣虎航」（Tigerair Taiwan），華航以合資者的身分跨足廉價航空市場，而復興航空亦宣布將成立首家台灣本土廉價航空——威航，因此2014年

有兩家「台資」低成本航空啓動營運，正式進軍低成本航空市場。但母公司復興航空因經營問題，在2016年10月結束威航營運。於2018年台灣有十五家廉價航空，由台北、桃園、台中、高雄出發飛往世界各地。

選擇廉價航空記得要貨比三家，把握優惠促銷，一旦決定前往目的地時間時，提早訂位通常可以拿到非常優惠的價格，選擇「離峰時間」搭機較省費用，必要時可分段購買有時比「來回票」划算，當然利用「團購」的方式，也是節省費用方法之一，廉價航空公告價格看似低廉但經常不含「機場稅」、「兵險」等其他費用，消費者得自己負擔。

目前廉價航空整體在台灣天空市場占有率，比例上不高，部分原因與我國「自助旅行」或「半自助旅行」不若鄰近國家日、韓，以及歐美國家盛行有關。然而，隨著國民對旅遊自主性的提高，台灣的廉價航空市場仍有相當大的拓展空間。惟廉價航空多數不供餐飲、不供免費託運服務、不可退票買了沒有「退款服務」、起飛時間過早或過晚，以及使用市郊機場等等，因而較適合短程旅行、行李輕便，以及勇於挑戰的自助旅行旅客或背包客及年輕族群。另外，降落在各大城市的「次要機場」，機場位置對旅客較不便利，增加的交通費用，可能沒有眞正省下多少費用。此外，部分廉價航空的機隊是接收母公司或其他一般航空公司的客機，機齡較高，因此民衆在比價的同時，也應考慮機齡，以提高旅行的安全性。

三、低成本航空帶來的影響

低成本航空的快速發展，影響傳統航空產業、各目的地次要機場使用，以及旅行社等相關產業。低成本航空的最大效應就是刺激旅遊市場需求，以更高的搭機人數創造商機，對各地機場帶來更高的收入及就業機會。這對於機場的營運注入新的發展模式，讓不少從傳統機場轉型爲低成本航空機場，像是英國倫敦的Stansted機場。低成本航空亦改變民衆旅行習慣，消費者受低票價的吸引，在消費行爲上則跳脫委由旅行社安排的過程，自行在網路訂購機票，形成了大量的自助旅客，對旅行社來說無疑是重大的難題與挑戰。

虎航徵空服員月薪5萬吸引7,500人招考

真的太難考了吧！航空公司招考空姐88名，卻來了7,500多人！華航旗下的台灣第一家廉價航空「虎航」招考空姐，沒有年齡、學歷限制，不少年輕女孩懷有空姐夢，偌大的禮堂坐得滿滿滿，年輕面孔中也出現媽媽級的考生。

現場就來了一位49歲的媽媽，希望可以一圓美夢。

台灣本土第一家廉價航空，身高、年齡都沒有限制，學歷也只要高中職以上，7,500多人來報考，刷掉2,500人。剩下5,000多人進入第一關，要考中英文朗讀，能參加第二關面試的只會有600人，最後錄取88人，錄取率只有1.16%，競爭非常激烈！

台灣虎航籌備處營運長廖崇良：「我們不太願意用直接的英文成績來看他的英文能力的互動啦！我們是希望透過我們甄試的過程，他能夠很輕易地使用他的語言，我們來了解他的一些特質。」

比一比各家航空，遠航、華航學歷都要求大專大學以上，甚至要英檢550分。虎航只需要高中職以上，月薪跟華航一樣也有5萬，但恐怕就是薪水福利好、門檻低，讓這次錄取率只有1%低到不行。

資料來源：廖庭妤（2014）。三立新聞，2014年4月21日。

四、全球低價航空

全球低價航空成長快速，許多國營或大型航空相繼成立廉價航空作爲子公司。

(一)亞洲

◆日本

- 樂桃航空（Peach Aviation）（全日空航空集團公司），香草航空於2019年併入於樂桃航空
- 香草航空（Vanilla Air）（全日空航空集團公司），於2019年10月結束
- 捷星日本航空（Jetstar Japan）（捷星航空集團分公司）
- 春秋航空日本（Spring Airlines Japan）（春秋航空集團分公司）
- 日本亞洲航空（AirAsia Japan）（亞洲航空集團分公司）
- ZIPAIR Tokyo（ZIPAIR Tokyo）（日本航空集團子公司）

◆台灣

- 台灣虎航（Tigerair Taiwan）（中華航空子公司）

◆韓國

- 德威航空（t'way Air)）
- 濟州航空（Jeju Air）
- 眞航空（Jin Air）（大韓航空子公司）
- 釜山航空（Air Busan）（韓亞航空子公司）
- 易斯達航空（Eastar Jet）
- 首爾航空（Air Seoul）（韓亞航空子公司）

◆中國大陸

- 春秋航空（Spring Airlines），爲中國首家廉價航空
- 西部航空（China West Air）
- 九元航空（9 Air）
- 烏魯木齊航空（Urumqi Air）（由海南航空與烏魯木齊市政府共同投資組建，爲海南航空集團公司）
- 中國聯合航空（China United Airlines）（中國東方航空集團公司）
- 祥鵬航空（Lucky Air）（由海航集團與雲南省國資委合資組建，爲海南航空集團公司）
- 吉祥航空（Juneyao Airlines），九元航空母公司，是否廉航有一定爭議

◆香港

- 香港快運航空（Hong Kong Express）（國泰航空全資附屬公司）

◆印尼

- 連城航空（Citilink）（加魯達印尼航空子公司）
- 印尼獅子航空（Lion Air）
- 印尼亞洲航空（Indonesia AirAsia）（亞洲航空集團分公司）
- 印尼全亞洲航空（Indonesia AirAsia X）（亞洲航空集團分公司）

◆緬甸

- 黃金緬甸航空（Golden Myanmar Airways）

◆馬來西亞

- 亞洲航空（AirAsia），負責營運短途航班，爲亞洲最大的廉價航空公司

- 全亞洲航空（AirAsia X），負責營運長途航班
- 飛螢航空（Firefly；馬來西亞航空子公司）
- 馬來西亞之翼航空（MASwings；馬來西亞航空子公司）

◆菲律賓

- 菲鷹航空（Philippine Airlines）（菲律賓航空子公司）
- 天文航空（Astro Air International Inc.）
- 宿霧太平洋航空（Cebu Pacific Air）
- 宿翺航空（Cebgo）（宿霧太平洋航空子公司）
- 菲律賓亞洲航空（Philippines AirAsia）（亞洲航空集團分公司）

◆新加坡

- 捷星亞洲航空（Jetstar Asia Airways；捷星航空集團分公司）
- 酷航（Scoot）新加坡航空子公司）

◆泰國

- 都市航空（City Airways）
- 皇雀航空（Nok）
- 酷鳥航空（NokScoot）
- 泰國亞洲航空（Thai AirAsia）（亞洲航空集團分公司）
- 泰國全亞洲航空（Thai AirAsia X）（亞洲航空集團分公司）
- 泰國獅子航空（Thai Lion）（印尼獅子航空子公司）
- 泰國越捷航空（Thai VietJet Air）

◆越南

- 捷星太平洋航空（JetStar Pacific Airlines）（捷星航空集團分公司）
- 越捷航空（VietJet Air）

・越竹航空（Hãng Hàng không Tre Việt, Bamboo Airways）

◆印度

・德干航空（Air Deccan）
・印度航空快運（印度航空的附屬公司）
・Alliance Air（印度航空的附屬公司）
・捷特航空（GoAir）
・靛藍航空（IndiGo）
・Paramount Airways
・印度亞洲航空（AirAsia India）（亞洲航空集團分公司）
・香料航空（SpiceJet）
・JetLite（印度捷特航空子公司）
・Jet Konnect（印度捷特航空子公司）

(二)中東

◆以色列

・向上航空（UP）（以色列航空子公司）

◆沙烏地阿拉伯

・Sama
・納斯航空（Flynas）

◆科威特

・半島航空（Peninsula Airways）

◆阿聯

・阿拉伯航空（Saudia）

・杜拜航空（Fly Dubai）

(三)中亞

◆吉爾吉斯

・Pegasus Asia

◆巴基斯坦

・Aero Asia International
・巴基斯坦藍色航空（Pakistan Air Blue）
・Shaheen Air
・Pearl Air
・SAFE AIR

(四)西歐

◆比利時

・Virgin Express
・SN Brussels Airlines

◆法國

霍浦航空（HOP!）（法國航空子公司）
藍鷹航空（Aigle Azur）

◆荷蘭

・荷蘭Corendon航空
・泛航航空（Transavia）

◆愛爾蘭

- 瑞安航空（Ryanair），是一家總部設在愛爾蘭的航空公司，是歐洲最大的低價航空公司
- 愛爾蘭航空（Aer Lingus）

◆英國

- 易捷航空（EasyJet），是英國最大的航空公司，歐洲第二大低成本航空公司，僅次於瑞安航空
- 弗萊比航空（Flybe）
- 捷特二航空（Jet2.com）
- 君主航空（Monarch Airlines）

◆奧地利

- 尼基航空（Niki）

◆德國

- 歐洲之翼航空（Eurowings）
- 途易飛航空（TUI fly）
- Hapag-Lloyd Express

◆瑞士

- 瑞士易捷航空（EasyJet Switzerland）

(五)東歐

◆捷克

- 智能翼航空（Smart Wingslines）

◆匈牙利

‧維茲航空（Wizz Air）

◆波蘭

‧Centralwings

◆保加利亞

‧EasyFLY Bulgaria

◆羅馬尼亞

‧羅馬尼亞藍色航空（Blue Air）

◆塞爾維亞

‧Centavia

◆土耳其

‧AtlasJet
‧Onur Air
‧SunExpress
‧飛馬航空（Pegasus）

◆俄羅斯

‧Sky Express
‧環空航空（Трансаэро）
‧俄羅斯勝利航空（俄語：Победа）

(六)北歐

◆**丹麥**

・Sterling Airlines

◆**挪威**

・挪威航空（Norwegian Air Lines）

◆**瑞典**

・FlyMe

・FlyNordic

(七)南歐

◆**義大利**

・Air Service Plus（與法國Axis Airways共同營運）

・Alpi Eagles

・Evolavia

・Bluexpress

・Jet X（冰島的公司，但只在義大利營運）

・義大利暑航空（Meridiana S.p.A.）

・Myair

・volare

・Wind Jet

◆**西班牙**

・西班牙快運航空（Iberia Express）

・維羅提航空（Volotea）
・水平航空（LEVEL）
・伏林航空（Vueling Airlines）

(八)北美洲

◆加拿大

・西捷航空（WestJet）
・加拿大胭脂航空（Air Canada Rouge）
・加拿大越洋航空（Air Transat A.T. Inc.）

◆美國

・忠實航空（Allegiant Air）
・邊疆航空（Frontier Airlines）
・捷藍航空（JetBlue Airways）
・人民快運（PEOPLExpress）
・美國西南航空（Southwest Airlines）（世界最大的廉價航空公司，總部位於德克薩斯州達拉斯）
・精神航空（Spirit Airlines）
・陽光鄉村航空（Sun Country Airlines）
・動力航空（Dynamic Airways）

(九)中美洲

◆墨西哥

・英特捷特航空（Interjet）
・愉快空中巴士航空（Aeroenlaces Nacionales, S.A. de C.V., VivaAerobus）

・沃拉里斯航空（Volaris）

(十)大洋洲

◆澳大利亞

・捷星航空（Jetstar；澳洲航空子公司）
・珍澳洲航空（Virgin Australia）
・澳洲虎航（Tigerair Australia）

◆紐西蘭

・自由航空（Freedom Air；紐西蘭航空子公司）
・太平洋藍航空（Pacific Blue）（維珍藍航空子公司）

(十一)南美洲

◆阿根廷

・Sol Líneas Aéreas

◆智利

・智利天空航空（Sky Airlines）

◆巴西

・藍色巴西航空（Azul Brazilian Airlines）
・高爾航空（GOL Airlines）

◆哥倫比亞

・EasyFly
・哥倫比亞愉快航空（VivaColombia）

(十二)非洲

◆埃及

· 埃及阿拉伯航空（Air Arabia Egypt）

◆肯亞

· Fly540

· Jambojet

◆摩納哥

· Jet4you

· 摩洛哥阿拉伯航空（Air Arabia Moroc）

◆南非

· 庫魯拉航空（kulula）

· 芒果航空（Mango Airways）（南非航空子公司）

◆坦尚尼亞

· 快捷航空（Fastjet）

Chapter 5

航空責任保險與飛安事故

- 航空保險種類
- 空運責任與航空責任險
- 機票條款內容與重大飛安事故

保險已成為現今社會必備之工具，航空運輸對保險更為重視，再加上消費者意識抬頭，對自身的安全保障不再保持沉默。每當航空意外發生時，理賠金額往往成為爭執的焦點，到底當任何飛行意外或損失產生時，旅客有何保障，各國均有一套理賠的標準，每家航空公司的機票背面亦有明確的載明。

第一節　航空保險種類

任何運輸工具均可視為危險物體，可能自我損傷（含交通工具本身及所載運之人及物品）或傷及無辜之第三者及物品。當一個航空器發生意外事件時，因其載客量及破壞能力，往往造成重大的傷亡及巨大的損失，因此站在航空運輸業永續經營、服務大眾的立場，保險是有必要的，可降低其經營風險。目前航空事業保險有許多種，其中可分為四大主要範圍：

1.航空責任保險：包括：(1)乘客責任保險，主要針對飛機上的乘客；(2)第三人責任險，承保對象因航空器墜落或操作不當，導致第三人受傷、死亡或財物損失所應負之法律責任；(3)貨物、隨身行李及郵件責任險，亦即航空公司以受託承運貨物或郵件時，遭受損毀或遺失所應負之責任。至於被保險人本身、擁有者以及受僱於被保險人且正在執行勤務的工作人員，如駕駛員、空服員，則不包括在航空責任保險賠償範圍內，他們的保險由勞工保險或者雇主責任保險來承擔，因此其理賠金額與乘客是不同的。

2.航空機體保險：保險器於飛行中、滑行中或停泊中所引起機體本身全毀或損壞之賠償責任。

3.航空兵險：因戰爭、劫機或其他槍械行為所引起之損壞賠償。

4.其他相關保險：如郵件、產品責任、搜索救助等保險。

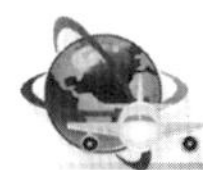

第二節　空運責任與航空責任險

依據法律規定，飛機失事致人死傷或損毀動產、不動產時，需採絕對責任主義，亦即不論故意或過失，航空器所有人應負損害賠償責任，即使該損害爲不可抗力之因素所造成亦應負責。自航空器上落下之物品，所造成之毀壞亦需負責賠償。旅客於使用航空器或上下航空器時，因意外事故造成傷害或死亡，航空器之所有人應負賠償責任，但可歸於乘客之事由，得免除或減輕賠償。

旅客購機票搭飛機，機票內均有載明航空公司營運時，對旅客、行李、貨物有所損害時，應付之責任與賠償金額，此外，旅客搭乘航空器時應配合之事項與行李攜帶之規定也有明載。

一、國際線航空對旅客、行李賠償辦法

1928年，哈瓦那會議決議航空公司營運搭載旅客應發行機票，並且檢查旅客之行李。1929年在波蘭的首都華沙簽訂「華沙公約」，其主要內容是統一制定國際空運有關航空公司職員、代理商、貨運委託人、受託人及其他有關人員之權力與賠償責任。世界許多航空公司均有加入「華沙公約」之簽訂，該公約之部分要點航空公司將其摘印於機票內，並提醒旅客注意。

(一)旅客之賠償

根據「華沙公約」規定，航空公司對於乘客傷亡之賠償，在無故意及重大過失情況下，採用責任限額賠償，最高賠償金額爲125,000法

郎或10,000美元。隨著局勢演變，部分規定已不符實際需求，「華沙公約」於1955年修訂，另於荷蘭的海牙訂定「海牙公約」，將航空公司賠償之責任限額提高爲250,000法郎或20,000美元。

美國民航局對於旅客之賠償另有規定，對旅客之賠償額度較「海牙公約」高，其規定凡是航行於美國境內之航空公司，必須簽署依照1966年之蒙特婁協定，依此約定任何航空公司由美國出發，或前往美國，或中途停在美國，不論飛機於何航段失事，其最高之責任限額賠償爲75,000美元（此金額含各種法律費用，如不包括訴訟費用，爲58,000美元）。任何不願簽署此協定之航空公司將不得航行美國。

隨著世界航空業的發展，1999年「蒙特婁公約」作出了重大修正。最大的不同是通過建立雙梯度（Two-tier）責任制度提高賠償金額。所謂「雙梯度」責任制度，是指將承運人對旅客傷亡承擔的賠償責任分爲兩級。每位旅客提出的在10萬特別提款權（是國際貨幣基金組織創設的一種儲備資產和記帳單位，亦稱「紙黃金」）（約合13.5萬美元）以下的人身傷亡賠償爲第一梯度。該梯度施行「嚴格責任制」，不論承運人有無過錯，均不能免除或限制其責任，除非承運人證明傷亡是由旅客本人的原因造成的。第二梯度適用「過錯推定責任制」，即如果承運人不能證明自己沒有過錯或者傷亡係由第三人的過錯造成，則推定其有過錯，必須承擔賠償責任。第二梯度的賠償是一種無限額賠償的責任制度，所以，並非一發生損害，承運人就當然地承擔10萬特別提款權的賠償責任。旅客能得到多少賠償，取決於其舉證證明的實際損失。

(二)行李遺失或損壞之賠償

根據機票條文之規定，託運行李如果遺失，每公斤賠償限額爲20美元。至於隨身行李遺失，賠償限額每人爲400美元。如果全部旅程均在美國境內，每位旅客之行李賠償限額不得少於1,250美元。旅客於提領行李時發現行李遺失應馬上向航空公司提出書面申請，並告知行李遺失之材質、體積、顏色、特徵以及攜帶之物品，並留下通訊地址，以便尋獲後馬上送還給旅客。在未尋獲前，旅客可向航空公司要求發給50美元之「日用金」以購買日常用品，若仍未尋獲，旅客需在二十一天內向航空公司提出申訴。如果行李於運輸過程中受損，應於損害發覺後最遲於七日內提出書面申訴。航空公司對於易碎品、易磨物品不負賠償之責任，對於貴重物品旅客最好隨身攜帶，如果要託運，可預先申報較高之價值並預付另外之保值費，否則航空公司均按規定不額外賠償。

惟1999年「蒙特婁公約」對旅客賠償限額做了新規定。行李賠償最高限額爲約5,600美元。旅客的實際損失如果小於該限額，按實際損失賠償；如果大於該限額，超出的部分不予賠償。在行李賠償方面，公約規定在運輸中造成行李毀損、遺失、損害和延誤的，承運人的賠償責任以每位旅客約合1,350美元爲限。

(三)我國航空對旅客賠償辦法

我國雖是「華沙公約」的簽署國之一，但我國民航法對航空貨運損害賠償另有賠償之標準（依據八十八年修正條文），規定對每一位旅客之死亡應賠償新台幣300萬元，重傷者賠償新台幣150萬元，如果非死亡或重傷，賠償額標準依實際損害計算，但最高不超過新台幣150萬元，如果被害人能證明其受有更大損害者，可就其損害請求賠償。交通部1999年新修「航空客貨損害賠償辦法」，將空難事故的死亡、重傷賠償標準由最高不超過新台幣150萬元，修正爲死亡最低賠償標準爲300萬元，重傷者150萬元。惟隨著時代變遷，現今賠償規定將參照國際間賠償額之標準。至於對行李之賠償，託運行李每公斤不超過新台幣1,000元，隨身行李，按實際損害計算，每人最高不超過新台幣20,000元。

(四)人為疏失，賠償金額則不在條文規定內

每次空難事件發生，航空公司對死亡之賠償金額，經常引起諸多死亡家屬之不滿與爭議。根據機票條款規定，航空公司對非航空公司之過失所造成之死亡，均採限額內之理賠方式，至於人為之疏失或故意所造成之死亡賠償，則不在規定範圍內。受害人若要索取超過限額的賠償，必須證明空難的發生是蓄意或人為的過失。經過修改的「海牙公約」如今也面臨不合時宜的爭議，許多國際航空也紛紛改變做法，大致同意不再訂定理賠上限，但也不會無限制地高額理賠，免得影響航空公司的經營能力，動搖事業基礎，並引起有心者蓄意破壞藉機斂財，造成飛行安全恐慌。由於各個國家對生命價值認知不同，為保障旅客權益，「蒙特婁公約」增加旅客主要且永久居所作為可選的訴訟地之一。對傾向給予人身傷亡較高賠償金額的先進國家來說，這一規定對其公民或居住者是相對有利的。

二、我國近年飛機失事理賠金額

民國83年，華航名古屋空難，每人賠償410萬元；民國86年，國華航空多尼爾228馬祖失事，罹難者每人賠700萬元（法定保險理賠150萬外，國華與罹難者家屬達成和解，另賠償每人550萬元），再加上10萬元慰問金、30萬元喪葬補助費、250萬特別補助金，最後合計總共990萬元（事後要求比照華航理賠）；民國87年2月，華航桃園大園空難，202人死亡（含182名旅客、14名組員、6名居民），每位罹難者理賠最後高達990萬元（含20萬慰問金、40萬元喪葬費及130萬元的特別慰問金）。目前國內理賠金額最高為民國95年的復興空難事件，高達1,490萬，**表5-1**為民國70年至91年空難死亡人數及理賠金額。

我國空難實際的賠償金額與實際規定均有相當大的差距，由於時空變遷，「海牙公約」所規定之賠償標準已不符現況。實際之賠償標準還

表5-1　民國70年至95年空難死亡人數及每位罹難者賠償金額

時間	失事公司／地點	賠償金	死亡人數
70/08/22	遠航苗栗三義上空	260萬元	110人
75/02/16	華航馬公外海	260萬元	13人
78/10/26	華航花蓮加禮宛山	342萬元	54人
83/04/26	華航日本名古屋空難	410萬元	264人
85/04/05	永興馬祖墜海	700萬元	6人
86/08/10	國華馬祖撞山	700萬元	16人
87/02/16	華航桃園大園西濱公路	800萬元	202人
87/03/08	國華新竹南寮漁港外海	700萬元	13人
91/05/25	華航澎湖空難	1,420萬元	225人
93/07/23	復興航空馬公空難	1,490萬元	48人
94/02/04	復興航空基隆河空難	約1,490萬元	43人

註：不含慰問金、喪葬補助費和特別慰問金。

需參考三個因素，包括遇難者的年齡大小（年紀輕的賠償額高，年紀大的賠償額低）、收入的高低以及航空公司是否有責任。基本上每個人賠償都不同，不會是統一標準。

三、超賣機位補償

航空公司爲了確保機位能有效運用，尤其是例假日等旅遊高峰的季節，有時會接受超額訂位，亦即接受機位OK的訂位數超過該航班的座位數，主因是考慮起飛前取消訂位者及臨時不上機者（No Show）所造成的空位損失，然而此做法會致使機位已OK的旅客無法上機，遇此情況航空公司會尋求自願放棄機位者並給予補償，補償方式依各家航空公司規定，如免費升等、免費住宿、免機票、折價券、保險理賠等，但一般不直接以金額來補償旅客。如果沒有自願放棄者，航空公司則會依照機票的性質來決定登機優先權，對於被拒絕登機的旅客，航空公司會加以補償，以美國爲例，會讓旅客搭乘下一班飛機，並獲得原機票款之補償。

四、飛機誤點

由於天候不佳、機場關閉或機械故障等因素而造成飛機延誤，在機票背面的定型契約中，均沒有對班機延誤的賠償規定，雖然各家航空公司在機票上均有說明不保證完全會按飛行時刻表上的時間起降，但爲了旅客的權益，在機件故障、天候不佳、罷工等因素造成飛機誤點，如果在四個小時以上，航空公司應免費提供通訊（三分鐘的國際電話費）、餐點及保暖物品，如果是晚上誤點，應設法安排住宿。

五、旅客搭機注意事項

1.機場報到：國際航線旅客最好能在飛機起飛前兩小時辦理報到手續，爲了確保飛機能準時飛行，一般航空公司櫃檯都在飛機起飛前四十分鐘停止辦理報到手續。

2.起飛、降落時務必繫上安全帶，飛行途中應按指示燈規定繫好安全帶，飛機未停止前不可離開座位。

3.禁菸：所有的航空公司目前實施機上禁菸，洗手間裡也是嚴禁吸菸。

4.行李：隨身手提行李可放置機上的行李櫃或前面的座位下。但較重的行李不要放在行李櫃，以免飛機遇亂流掉出來傷到別人；飛機中途停留，勿將隨身物品留置在機內。

5.禁止機上使用個人電子用品，如行動電話、收音機、發報機等。

6.禁止攜帶物品：壓縮氣體、爆裂物、放射性物品、毒物及傳染物、腐蝕物（劑）、易燃品、氧化物品及限量的液體。

7.長程飛行，應避免造成致命的靜脈血栓症（又稱經濟艙症候群）。經濟艙症候群的出現，是由於長時間坐在狹窄的空間，缺乏活動，血液循環不流通，引致血管栓塞，輕則引起呼吸困難、胸痛，嚴重時會陷入昏迷，甚至猝死。想避免以上情況，可能的話，至少每隔兩小時站起來活動一下。

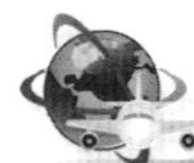

第三節　機票條款內容與重大飛安事故

本節分機票條款內容與重大飛安事故兩單元，機票會載明各項注意事項，若發生飛安事故，也將以這些條款作為賠償標準依據。

一、機票各項條款內容

機票均載有旅客搭機時應注意之事情及航空公司對人及行李應負之賠償責任，旅客購機票將名字填於機票上即理同簽約，則應遵守機票上之條款內容，各家航空公司所列之條款內容，大致相同，但並非所有航空公司均有加入「華沙公約」或「海牙公約」，因此在賠償及搭乘飛機要求上會有所不同。

有關機票相關權益說明

IATA Ticket Notice（電子機票各項條款內容）：以西北航空公司機票為例。

◆合同條件與其他重要通告

在最終目的國或經停國而不是出發國旅行的旅客已獲得通知：「蒙特婁公約」或其之前的「華沙公約」及其修訂條約「華沙公約體系」等國際條約，可以適用於整個旅程，包括在任一國家內部的部分旅程。對於該等旅客，適用的條約（包括適用收費表中所包含的運輸特別合同）規定並限制承運人的責任。

◆責任限制通告

「蒙特婁公約」或「華沙公約體系」可適用於旅客的旅程，並限制航空承運人就旅客傷亡、行李遺失或損壞以及延誤所承擔的責任。

在「蒙特婁公約」適用之處，其責任限制如下：

1.就旅客傷亡而言，沒有財務限制。
2.就行李的遺失、損壞或延誤而言，每位旅客在多數情況下可以得到1,131個特別提款權單位（約合1,200歐元或1,800美元）的賠償。
3.就旅客在旅程中由於延誤所造成的損害而言，每位旅客在多數情況下可以得到4,694個特別提款權單位（約合5,000歐元或7,500美元）的賠償。

「歐盟條例」2002年第889號要求歐盟承運人將「蒙特婁公約」的限制條款適用於其承運的所有旅客及其行李的航空運輸。許多非歐盟的承運人，在旅客及其行李的航空運輸方面也選擇照此公約辦理。

在「華沙公約體系」適用之處，下列責任限制可以適用：

1.就旅客傷亡而言，如果該公約的「海牙議定書」適用，每位旅客可以得到16,600個特別提款權單位（約合20,000歐元或20,000美元）的賠償，或者如果僅「華沙公約」適用，則每位旅客只能得到8,300個特別提款權單位（約合10,000歐元或10,000美元）的賠償。許多承運人自願全部放棄這些限制條件，例如美國的條例要求，對於前往、離開或批准後經停美國的旅程來說，旅客獲得的賠償限制不得少於75,000美元。
2.就託運行李的遺失、損壞或延誤而言，每公斤行李可以獲得17個特別提款權單位（約合20歐元或20美元）的賠償，而非託運行李的遺失、損壞或延誤，則可以獲得每公斤332個特別提款權單位

（約合400歐元或400美元）的賠償。

3.承運人還必須爲延誤造成的損害承擔責任。

至於旅客旅程的適用限制，其詳細資訊可以從承運人處獲得。如果旅客的旅程涉及不同承運人的航空運輸，旅客應該就適用的責任限制向每位承運人取得聯繫，獲取資訊。

無論哪項公約適用於旅客的旅程，旅客在機場登記時，如果能夠特別申報行李的價值，並繳納適用的附加費用，那麼旅客就可以爲行李的遺失、損壞或延誤而獲得較高數額的責任限制賠償。或者，如果旅客的行李價值超過適用的責任限制，旅客可以在出行前，爲行李投保全險。

◆訴訟時限

要求損害賠償的法庭訴訟，必須在航空器到達之日或應該到達之日起兩年之內提起。

◆行李索賠

在行李損壞的情況下，旅客必須在收到託運行李七日內，向承運人發出書面通知，或者在行李延誤的情況下，旅客必須在行李交付自己處置之日起二十一日內，向承運從發出書面通知。

◆所引用合同條款的通告

1.旅客與承運人所簽訂的運輸合同，無論承運人爲旅客提供國際運輸、國內運輸還是國際運輸的國內部分，都服從本通告；服從承運人發出的任何通知或簽發的任何收據；服從承運人的個別條款和條件（簡稱「條件」）、相關規定、規章和政策（簡稱「規章」）以及任何適用的收費表。

2.如果旅客的運輸是由一個以上的承運人進行承運的，那麼每個承運人的不同條件、規章以及適用的收費表均適用。

3.本通告公布之後，每個承運人的條件、規章以及適用的收費表，通過引用加入旅客運輸合同，並成爲合同的組成部分。

4.條件包括但不限於：

- 承運人對於旅客傷亡所承擔責任的限制和條件。
- 承運人對於貨物和行李（包括易碎或易腐物品）的遺失、損壞或延誤所承擔責任的限制和條件。
- 爲行李申報較高的價值並繳納適用附加費的規定。
- 將承運人的條件和責任限制適用於承運人的代理人、服務人員、代表以及向承運人提供設備或服務的任何人員的行爲。
- 索賠限制，包括旅客對承運人提出索賠或提起訴訟的時間限制。
- 有關訂座或確認、登機檢查時間、航空運輸服務的使用、期限和有效期以及承運人拒絕承運權利等內容的規定。
- 承運人的權利與承運人延誤或未能提供某項服務所承擔責任的限制，包括時間表的更改、另一承運人或航空器的替換、航線改變、以及承運人按適用法律的要求將運營的承運人身分和替換的航空器狀況通知旅客的義務。
- 承運人拒絕爲不遵守適用法律或不能提供所有必需旅行證件的旅客提供運輸服務的權利。

5.旅客可以在承運人銷售運輸服務的地方，獲得旅客運輸合同的更多資訊，並確定如何獲得合同的複印件。許多承運人在各自的網站上也有這類資訊。旅客按適用法律的要求，有權在承運人機場和銷售點檢查旅客運輸合同的全文，並提出要求免費獲得每位承運人郵寄或以其他方式投遞的運輸合同複印件。

6.如果某一承運人銷售航空運輸服務或託運行李，卻指定另一承運人進行運輸，則該承運人只是作爲另一承運人的代理人從事航空運輸服務。

旅客如果沒有所有必需的護照和簽證等旅行證件，將不能進行航空旅行。政府可以要求承運人提供旅客資訊或者獲得旅客的資料。

◆拒絕登機

航班可能會超額預訂，但是旅客確認訂座後卻仍然得不到座位，這種機會是很少的。在多數情況下，如果旅客並非出於自願卻被拒絕登機，那麼旅客有權獲得賠償。按照適用法律的要求，承運人必須首先尋找自願放棄登機的旅客，然後才能強制拒絕某位旅客登機。旅客應該向承運人核實拒絕登機賠償（DBC）支付的完整規定，核實承運人允許登機優先順序的資訊。

◆行李

某些種類的物品可能會申報過高的價值。承運人可以對易碎、貴重或易腐的物品適用特別的規定。請旅客與承運人進行核實。

1.託運行李：承運人可以允許一定的免費託運行李限額，限額由承運人確定，並隨航班等級或航線的不同而有變化。旅客行李超出限額部分，承運人可以收取額外的費用。請旅客與承運人進行核實。
2.客艙（非託運）行李：承運人可以允許一定的免費客艙行李限額，限額由承運人確定，並隨航班等級或航線的不同而有變化。建議將客艙行李的限額保持在最低。請旅客與承運人進行核實。

如果有多家承運人為旅客提供航空運輸，每家承運人會對行李（託運行李和客艙行李）有不同的規定。美國旅行的行李責任特別限制：對於完全在美國兩點之間的國內旅行，聯邦法規要求承運人行李責任的限制為每名旅客至少3,500美元，或者按照「美國聯邦法規」第14篇第254.5部分當前規定的數額。

◆辦理登機手續時間

旅行日程或機票收據上注明的時間是航空器起飛前往目的地時間。

航班起飛時間，不同於旅客辦理登機手續的時間或者旅客登機的時間。如果旅客遲到，承運人可以拒絕爲旅客提供運輸服務。按照承運人向旅客發出通知的要求，登機檢查時間是旅客獲得批准可以乘機的最遲時間，而登機時間是旅客必須出現在機艙口登上飛機的最遲時間。

◆危險物品（危險材料）

出於安全的原因，旅客不得在託運行李或客艙（非託運）行李裡夾帶危險物品，特別允許的情況除外。危險物品包括但不限於壓縮氣體、腐蝕性、爆炸性、易燃性的液體和固體、放射性物質、氧化物質、有毒物質、傳染性物質，以及安裝有報警裝置的手提箱。出於安全的原因，其他限制條件可以適用。請旅客與承運人進行核實。

◆危險物品

旅客未經與承運人進行核實，不得夾帶或攜帶違禁品登機。旅客請勿危及自身安全以及其他旅客的人身安全。

二、重大飛安事故

世界各國均極爲重視飛行安全，飛安事故發生之機率各國不一，比起一般之交通事故，卻低了許多，但要完全不發生則不可能。雖然飛機意外機率非常低，但航空事故發生容易令人產生恐懼感，因爲一旦事故發生，死亡率及人數特別高。根據美國波音公司統計，飛機失事主因可歸納爲六大類：(1)飛行組員；(2)飛機本身（設計失誤）；(3)維修不當；(4)氣候（風切、霧、寒冷天氣引致機翼結冰、暴風雪或暴風雨、雷、火山灰、亂流等）；(5)機場及航管；(6)其他因素（鳥擊、劫機）；其中失事有很高比率是人爲因素，同時以飛機起飛及降落機率最高。

飛行員失誤占了航空事故的大部分。飛行員因訓練不足、疲勞、資訊錯誤或天氣等因素導致飛行失控，尤其是因睡眠不足導致疲勞駕駛的狀況令許多專家擔憂。正副駕駛之間的溝通也是飛航專家相當重視的問題，因爲正副駕駛的資歷通常差距很大，一般認定機長的決策都是正確的，如果機長過於強勢，很容易使副機長產生畏懼感，無法在關鍵時機提出建言。此外，航空交通管制員負責指揮和維持空中交通秩序，飛機的出發、滑行、起飛、切換頻道、改變航向、降落等都須經過航空交通管制員的批准，而機師須複述管制員的指令以確保溝通正確，另外飛行員必須有一定之英文基礎免得發生溝通錯誤。

機長忠言，僅供參考

空難，讓不少人不敢搭飛機，或想出遊的人得了恐機症。有關航班安不安全，下列意見可供參考。

1.不坐紅眼航班的四大理由。夜晚能見度低，事故率相對也高；地面跟機組人員睡眠不足，體能和反應下降，處理突發事件的判斷能力會較差；即使發生空難，也得等別人睡醒才能救你；多數空難摔死的少，來不及跑燒死的多，因視線關係晚上跑得比白天慢。

2.不坐老機型飛機。老舊飛機在航材保障和機械故障維修上都較不可靠。

3.最好的座位在飛機倒數第五排中間。基本上靠走道比靠窗安全，飛機後段比前段安全。通常飛機墜毀都是頭部先著地，而中段也不安全的原因在於，飛機解體發生在飛機機翼連接處。但也有專家認為要看飛機發生碰撞或是可控制迫降的位置而定，因此「沒有絕對的『最安全座位』」。

資料來源：吳美觀（2014/07/26）。中時電子報。

全球十大飛行失事

世界民航史上二十大空難（按罹難人數多寡排列）：

1. 2,954人罹難：2001年9月11日，美國航空公司與聯合航空公司的兩架民航班機，自波士頓的洛根機場起飛後被恐怖份子劫持。恐怖份子駕駛這兩架波音767客機，故意撞到紐約世界貿易中心南塔和北塔兩座大樓，兩座大樓倒塌造成慘重傷亡。美國航空公司客機載有92人，聯合航空公司客機載有65人，地面喪生人數2,595人，此次空難共造成2,954人不幸罹難。
2. 583人罹難：1977年3月27日，泛美航空公司與荷蘭皇家航空公司的兩架波音747客機在西班牙加那利群島的田尼利機場相撞，機上共載有644人，583人喪生。
3. 520人罹難：1985年8月12日，一架日航波音747客機在國內航線撞山，機上載有524人，520人喪生，這是民航史上死亡人數最多的單機墜毀空難。
4. 349人罹難：1996年11月12日，一架沙烏地阿拉伯航空公司的波音747客機在印度首都新德里附近上空，與一架哈薩克航空公司的伊留申客機相撞，349人不幸罹難。
5. 346人罹難：1974年3月3日，土耳其航空公司一架DC-10型客機在巴黎東北26英里墜毀，346人喪生。
6. 329人罹難：1985年6月23日，印度航空公司一架波音747客機在愛爾蘭海岸外墜毀，329人喪生。
7. 301人罹難：1980年8月19日，沙烏地阿拉伯航空公司一架L-1011噴射客機在首都利雅德機場因失火而緊急迫降，機上301人全部罹難。
8. 290人罹難：1988年7月3日，伊朗航空公司A-300空中巴士在波斯灣

上空遭美國「文森斯號」巡洋艦以飛彈擊落，290人喪生。

9. 276人罹難：2003年2月19日，伊朗軍方一架俄製伊留申運輸機，從伊朗東南部希丹起飛，因天候欠佳在克曼市附近山區墜毀，機上276人全部罹難。

10. 273人罹難：1979年5月25日，美國航空公司一架DC-10型客機在芝加哥奧哈拉機場起飛時墜毀，機上271人罹難，地面2人喪生，這是美國民航史上死亡人數最多的單機空難。

11. 270人罹難：1988年12月21日，美國泛美航空公司波音747客機，自倫敦希斯羅機場起飛後不久，在蘇格蘭洛克比上空爆炸墜毀，因飛機貨艙前段被恐怖份子放置炸彈。機上259人全部罹難，地面有11人喪生。

12. 269人罹難：1983年9月1日，大韓航空公司波音747客機從阿拉斯加飛往南韓途中，偏離航道進入蘇聯領空後，被俄製SU-15戰鬥機以空對空飛彈擊落，墜毀於日本海的國際水域，機上269人全部罹難。

13. 265人罹難：2001年12月11日，美國航空公司空中巴士A-300型客機自紐約甘迺迪機場起飛後，墜毀於距機場約5英里皇后區的住宅區，機上260人全部罹難，地面5人喪生。

14. 264人罹難：1994年4月26日，中華航空公司空中巴士A-300客機飛進日本名古屋機場時失事墜毀，機上271人中有264人不幸罹難。

15. 261人罹難：1991年11月7日，奈及利亞航空公司DC-8型客機自沙烏地阿拉伯吉達機場起飛後，因起落架故障而失火墜毀，機上261人全部罹難。

16. 257人罹難：1979年11月28日，紐西蘭航空公司一架道格拉斯DC-10型客機，在南極上空進行觀光飛行時，因高度不夠而撞山墜毀，機上257人全部罹難。

17. 256人罹難：1985年12月12日，艾羅航空公司（Arrow Airways）

道格拉斯DC-8型客機在加拿大紐芬蘭的機場起飛時在甘德市（Gander）附近失速墜毀，機上256人全部罹難。

18. 234人罹難：1997年9月26日，印尼航空公司（Garuda Airlines）空中巴士A-300型客機，從雅加達飛往棉蘭途中，在距離機場三十餘公里處因森林火災煙霧造成視線不良而撞山墜毀，機上234人全部喪生。

19. 230人罹難：1996年7月17日，美國環球航空公司波音747客機從紐約飛往法國巴黎時，在起飛不久後即爆炸墜毀於紐約長島附近大西洋水域，機上230人全部罹難。

20. 229人罹難：1998年9月2日，瑞士航空公司MD-11型客機從紐約飛往日內瓦途中，因駕駛艙冒煙失火而失事墜毀於哈利法克斯附近的大西洋水域，機上229人全部罹難。

資料來源：「台灣年鑑」，http://www7.www.gov.tw/EBOOKS/TWANNUAL/show_book.php?path=7_004_006

人類歷史上最大一次飛機空難

人類歷史上最大的空難事件並未發生在空中，而是發生在地面上。1977年2月27日星期日下午五時，意外事件發生在西班牙屬地的觀光小島，位在加那利群島附近。一架載有248名旅客的荷蘭皇家航空波音747在跑道上準備起飛，滾行約1,300公尺後轟然撞上正在滑行也準備起飛載有旅客396人的泛美航空波音747，荷航撞上泛美後，機身在150公尺遠處落回地面，又向前衝300公尺爆炸起火燃燒，機上所有人員全部罹難，至於泛美航空，飛機上層的頭等艙及上半部機身在撞擊中全毀，機身左側被撞出裂縫，使得部分旅客有機會由此逃生，機上396人中有70人逃離飛機，但其中有9人死於醫院。

此次撞擊事件總計583人罹難，保險公司為此事件賠償金額驚人，含：

荷航飛機	2,300萬英鎊
泛美飛機	1,500萬英鎊
旅客賠償	1億1,000萬英鎊
合　　計	1億4,800萬英鎊

若以現在匯率1：40計算（當時更高），至少賠償59億新台幣，至於機場損壞維修及其他間接損失並未含括在內。

資料來源：*Airway*雜誌，1998年4月，第10期。

歐洲最高飛航意外理賠——協和號客機失事

未曾發生意外，號稱安全性最高，屬於法航的豪華協和客機（Concorde），2000年7月25日，一架法航的協和號客機班機AF 4590從巴黎戴高樂機場起飛後，在巴黎戴高樂機場飛機跑道上輾過一片碎片，導致其中一個輪胎爆胎，不幸打中客機油箱，導致飛機起飛數分鐘後即爆炸燃燒，於是墜毀在機場附近一家旅館旁邊，這一個墜機過程正好被一架攝影機拍攝下來。

這是有史以來第一架超音速噴射機失事，機內有100名德國觀光客，這場悲劇奪走113條人命（含9名空勤人員及4名地面人員），為協和客機帶來了致命的打擊，保險公司面臨美金3億5,000萬的賠償。這架包機搭載的度假旅客大都是德國人，經過協議發放給每位罹難家屬共1億2,000萬美元不等，約合41億4,000萬新台幣的賠償金，創下歐洲最高的意外理賠金額。

此後Concorde停飛了十六個月，儘管協和客機做了很多的技術測試和改進，但自2001年11月回復航行以來仍然小事故不斷，協和的聲譽自此一落千丈，2003年10月24日協和客機正式退役。

資料來源：「民視新聞網」，2001年7月10日。

Chapter 6

客運航空業務與銷售

- 航空公司機位銷售管道
- 銷售策略
- 電腦訂位系統及銀行清帳計畫

航空運輸包含貨運與客運，客運航空公司的營運對象可分爲旅行社業者（B2B）及一般旅客（B2C），其銷售方式與業務性質不相同。付給旅行代理店的佣金支出也是各家航空公司關心的支出重點，也因此直接影響到航空公司與旅行代理店合作的關係。航空公司爲了能減少支出，增加營運效率，採行各種銷售策略並採行電腦訂位系統以創造更多的利潤，此外，亦採行銀行清帳計畫以簡化結帳作業手續，並使用標準機票，讓旅行代理店的操作手續單純化。

第一節　航空公司機位銷售管道

航空公司的機位由早期自己銷售到透過旅行社代售，演變到今日只要能將機位銷售出去，如何銷售都可以。航空公司的機位銷售策略逐漸不再遵循IATA規定必須透過指定旅行業代理商代售的規定，航空公司對於即將到期而未售完的機位，以大量且低價的方式透過非指定旅行業代理商來銷售，或直接賣給商務或觀光客，這種擴大機位銷售管道的模式，雖然引起IATA指定合格可以代售機票之旅行業反彈，並混亂了配銷系統，但由於這種做法的確有助於出清機位，航空公司也堅持他們有權公開地透過任何管道來銷售（如**圖6-1**、**圖6-2**）。

一、機場直售

機票的實售價與票面價相距很大，由機場櫃檯販賣之機票通常以票面價賣出，國際線旅客除非不得已最好不要到機場購票，國內線機票由於市場混亂，雖然未必會買到票面價，但價格仍較高。

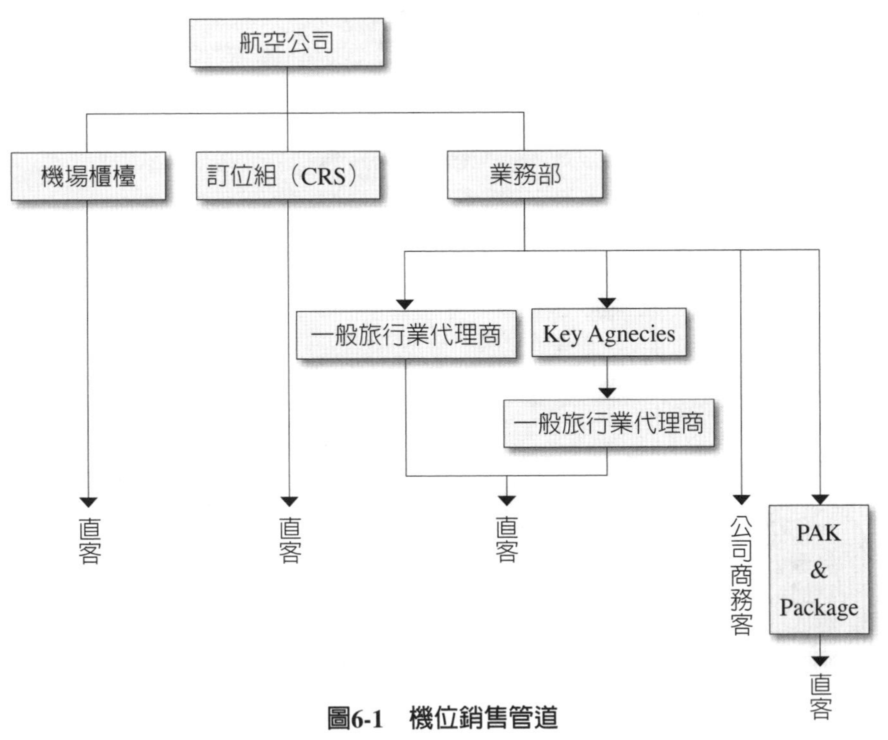

圖6-1　機位銷售管道

二、由航空公司的CRS賣出

隨著電腦的普及化，透過網際網路與航空公司的CRS連線，在美洲及歐洲地區頗為普遍，航空公司將產品公開給社會大衆，不定時會有折扣票藉由CRS公告，消費者不需透過旅行代理業即可在家裡透過電腦以信用卡刷卡方式購買到價廉的機票。在電子機票及無票飛行逐漸普及化後，此種銷售管道勢必有增長的趨勢，未來也將擴及到國際航線上。

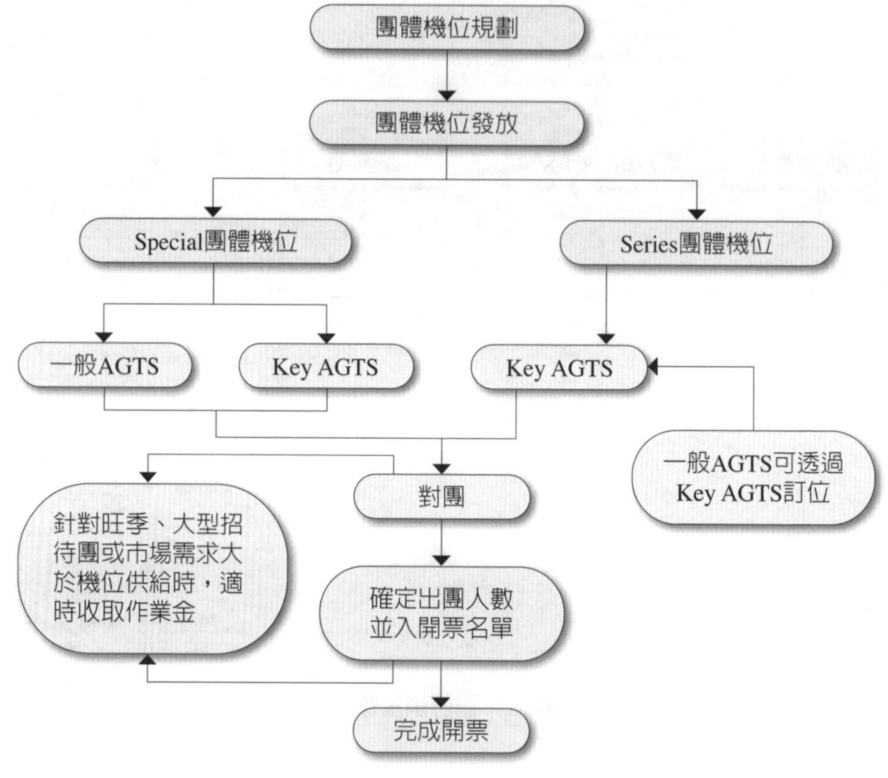

圖6-2　長榮航空團體機位作業流程

資料來源：《旅報》，148期，頁9，1997年3月1日。

三、由一般代理商或Key Agency銷售

航空公司爲了節省人事成本，大都透過認可之旅行業代理商來代售機票，並付給佣金，由於績效有限，無法有效地消化機位，有些航空公司乃進而尋找Key Agency（票務代理中心或票務批售票或總代理，簡稱GSA），選擇財力足、業務量大、願意承擔風險之旅行業共同合作，將彼此之間關係拉近，其合作方式有買（賣）斷法及累計法：

1.買（賣）斷法為Key Agency以切票的方式，低價大量買進機票，自行承擔風險，將機票再賣給一般的代理商，賺取差價，未賣出的機票自行吸收。

2.累計法可分為「張數累計法」及「金額累計法」。張數累計法以每個月或季為單位，於規定期間內達到營業張數，再發放利潤獎金；金額累計法亦即以業者向航空公司購買機票實際支付的機票金額計算，或者以旅客實際搭乘部分累積計算。

四、公司商務客

商務客一直是航空公司積極爭取的對象，以英國航空為例，商務客雖然只占其總載客量的15%，但卻占公司總收入的三分之一。商務公司或旅客何以願意花較高的價格搭乘商務艙，根據Official Airlines Guides對商務旅客旅遊型態的調查發現，主要購買動機之一是來自工作上的壓力，航空公司對商務旅客無微不至的服務可以減輕旅行壓力，讓他們抵達目的地後能提起精神繼續工作。商務旅客行程安排緊湊，經常在最後一刻改變行程，臨時訂位或取消訂位情況時常發生。航空公司對於訂商務艙的旅客臨時取消位子並不會加以處分，雖然這對商務客極為有利，但對航空公司塡滿機位的策略卻極為不利。同時發現85%的商務旅客是透過旅行社訂位，航空公司必須支付高額的佣金。航空公司乃採取主動方式，直接尋找商務旅行業務量大的公司與之簽約，如此可節省旅行業代理商之佣金支出。由於商務旅行大都由公司支付交通費用，航空公司以累積哩程優惠（Frequent Flier Programs, FFP）來強化商務客忠誠度，一般大公司因可得到票價折扣及累積哩程數的額外獎勵，自然也樂意與航空公司合作。

五、包裝旅行或PAK

航空公司以機位販售為主，再加上飯店住宿、機場接送、早餐、市區觀光等，組合成半自助的包裝旅行，或者由航空公司主導策劃，旅行業者在共同的優惠條件下一起推動指定之產品（PAK），如市場上的英航假期、澳航假期、南非假期、美洲假期等，由於產品多樣化（使用不同等級飯店，價格不同），品質不錯，頗受消費者喜歡，尤其是喜歡自助旅行者，此種產品因人數少也可成行，有增加的趨勢。

除了一些低價航空公司，對一般航空公司而言，不論團體或散客經由旅行業者售票是其重要的銷售管道。旅行業者代售機票通常可拿到一定比率的佣金，航空公司為了鼓勵旅行業者增加銷售量，雖然也會提出獎勵佣金，但許多航空公司在節約消費壓力下，不得不開始考慮降低佣金支出，有些則鼓勵旅客透過電腦直接向航空公司訂位，不需經由旅行業者服務，此情況以個人旅行居多。

第二節　銷售策略

航空公司為了能繼續維持市場競爭能力，除了要考量航空公司飛行的航線及停留點、飛航班表、每週飛行頻率、飛機起降時間以及較舒適的機型外，也紛紛研擬對策開拓新的市場，提高市場占有率及增加載客率，以下是航空公司的市場營運策略。

一、輻軸式系統及點到點飛行路線

一些大的航空公司與當地的小航空公司合作使用輻軸式系統，在一些大的城市設立總站，由當地的航空公司使用載客量小的飛機飛低承載航線，將旅客集中於主要的城市，再由大的航空公司飛行於主要城市之間的高承載航線，這些小的或當地的航空公司往往為大的航空公司所擁有或控制，如此互相配合，使小城市的旅客能享受較多飛行班次的服務，價格也較低廉，航空公司則可增加載客率。但相對地，旅客並未完全蒙受好處，旅客將發現直飛服務的班機減少，為轉機所取代，同時間接地造成飛行時間的增加，對於商務客來說，可能造成更多的不便，但對價格較敏感的觀光旅客而言，對於以時間換取較低票價較能接受，由於世界各國均努力開發觀光客源，無論國內或國外旅遊的人數勢必會增加，此增加的趨勢將使輻軸式的營運策略得以繼續進行。至於小型的航空公司，由於財力、人力、物力等資源不如大型航空公司，以使用單純的點到點、飛行距離短的航線來進攻市場，通常是獨立經營，採用較小型的飛機，服務項目簡單，若能降低經營成本，如不透過旅行社或CRS來售票，並降低售價，增加競爭能力，在市場上仍有生存的空間。

二、哩程優惠方案

航空公司為拉攏客人繼續搭乘其航空公司，以哩程優惠方式（FFP）來增強客戶的忠誠度，只要旅客連續使用某家航空公司，在特定時間內累積到一定的飛行哩程數，則可以享受下次搭機機位升等優惠，由經濟艙升等到商務艙或由商務艙升等到頭等艙，或者贈送某一段免費的機票。此外，航空公司也與其他相關行業如信用卡、租車公司、飯店等合作，旅客如使用簽約合作之租車公司、飯店，則可得到一定額哩程數優惠，使用特定的信用卡簽帳則可享受折扣等來鼓勵客戶統一消費。此外，航空公司也自己發行會員卡，一旦加入會員即可享受該航空公司所提供的特別服務，如優先登機、託運行李優惠、享用機場貴賓室或豪華轎車送機服務，讓會員覺得他與眾不同。FFP的使用的確可增加消費者的忠誠度，尤其最受商務旅客歡迎，由於他們需要經常旅行，累積到一定哩程數後可為自己得到機艙升等的機會，或為家人賺取免費旅行的機票。

雖然FFP頗受歡迎，但也有其負面影響，FFP引起了非法販賣免費機票的機會，在北美地區有仲介商將獲得之免費機票販售給消費者，對傳統的旅行業者造成打擊，並引起機票市場的混亂。

由於經濟不景氣，部分公司財務緊縮，也開始注意到FFP的好處。商務客出差由公司付費，累積到了免費機票由自己獨享，此種好處將不復存在，部分公司要求航空公司或職員須將得到的免費機票交回公司，由公司統一分配運用，當作一種獎勵員工措施，或列入出差成本。

北美洲的航空公司最早實施FFP，1993年傳入亞洲市場，國泰航空最早採用，如今絕大部分的航空公司均有採用，否則很難與其他公司競爭，不可否認FFP仍將扮演航空市場重要角色，但其優惠條件與吸引力將逐漸不復昔日，尤其是當所有的航空公司都有相同措施時，這時FFP將會反過來變成航空公司沉重的負擔，最後不得不縮減優惠程度。此外，對於商務客及短程旅客來說，選擇航空公司首先考慮是飛行班次、起飛時間及路線，其次是服務品質，FFP非主要考慮因素（何況短程旅行，累積哩程耗時，其影響力降低），一旦商務客無法擁有累積哩程的優惠票價時，FFP的影響力將會大打折扣。

三、包裝旅遊

旅遊產品不像一般商品，今天沒賣出去，明日可以拿出來再賣，一架班機一旦飛離機場，未出售的機位就變成損壞的商品，成為公司的損失，所以航空公司必須想盡辦法在效期內將機位賣出。航空公司為了節省開支，均透過旅行社代為出售機位，再給予佣金，旅行社將機位結合其他旅遊服務，組成包辦式旅遊產品，賣給消費者，但近年來航空公司在競爭壓力下，不得不將觸角伸入旅行社的業務範圍，開始扮演旅行社的角色與旅行社爭食。依照航空公司飛行城市研擬出半包裝旅遊產品，開發自己的市場，旅客在付完一定金額後，可享用特定城市來回機票、住宿、機場接送機以及半日的市區觀光。產品以短天數爲主，費用並不昂貴，以上班族爲對象，滿足白領階層有錢但無長時間從事旅遊活動的需求，推出後市場反應不錯，對於喜愛自助旅行者來說頗爲方便，因爲前數日的住宿、接機已由航空公司安排好，旅客有充分時間先了解當地狀況，再計畫安排後續的行程，就不會手忙腳亂、無所適從。未來的旅遊市場，個人半自助旅行風氣將日盛，航空公司包裝旅遊的推出，不但對自助旅行者是一項福音，對機位促銷幫助也很大。由於航空公司資本雄厚，信用卓越，所推出去的產品較能受到消費者信賴與肯定，已有越來越多的航空公司加入。

四、電子商務

網路科技日趨發達帶動了電子商務的成長，消費者電腦知識提升及消費者對網路銷售接受程度，信用卡使用普及化，以及資訊快速傳達之優勢，全球航空公司已體會到網路銷售之必要性。航空公司藉由網站，提供網友及一般消費群航空最新資訊、銷售活動及各航線路線及最新票價，以方便消費者快速取得、判斷比較、作最佳之購買決定。此外，航空公司可透過網路，建立會員資料庫，提供會員個性化服務，開闢便捷溝通管道。

近年來航空業的競爭越趨激烈，尤其是面對國際原油價格不斷上漲與同業競爭，航空業苦思改變營運方式以因應收益減少、利潤下跌的困境。因此，航空運輸業者在人事成本高居不下、油價上漲及旅遊業者競爭壓力下，如何降低營運成本，成爲航空業者重要的管理目標，其中發展電子商務就是有效的因應策略之一。

電子商務提供航空業者許多競爭優勢，其優點如下：

(一)降低成本，提高價格競爭力

1.減少中間商佣金：電子機票尚未興起時，傳統購買機票的方式幾乎是透過旅行社等中間商訂購，航空公司需給旅行社佣金。網路的興起，航空公司航班資訊、票價、購票、優惠方案、注意事項等資訊都透明化地放在網頁中，消費者直接透過網路完成訂位、購票、機位安排等程序。以往這些透過旅行社安排的事項，現在消費者都能夠自行完成，不需到旅行社買票，航空公司付出的佣金自然也降低了。佣金支出的降低，可以直接反應在票價上，讓航空公司增加了訂定票價的彈性空間與競爭力。

2.機票製作及紙張使用成本減少：傳統機票一本四頁，使用電子機票僅一張而已，除了環保之外，也大量的降低了紙張的成本及機票製作成本。

星宇航空經營策略

籌備三年之久的星宇航空，首航於2020年1月23日上午7點25分飛往澳門，創辦人張國煒親自駕駛第二個飛往澳門的航班，台灣航空市場由華航及長榮雙雄割據的局面，即將結束。

面對市場競爭，星宇航空必須建立品牌，創新服務，以小博大，以下是其行銷服務策略：

1.小服務，創造最大心理滿足：航空公司通常一到兩個月更換一次菜色，星宇經濟艙會提供每個客人一碗馬鈴薯濃湯，一碗熱湯，不僅暖胃，也暖心。

2.提供家庭帳户：與其設立個人會員及企業會員，星宇設立家庭會員，吸引全家旅遊。全家出遊，累積哩程換升等。

3.恢復消失已久的頭等艙：富豪拍照打卡，做另類行銷。星宇的頭等艙設計，會是拉門式套間，星宇選擇在雙走道客機增設頭等艙、在單走道客機設立可平躺座椅。

4.只保留中、英文廣播：除了法令規定必須台語廣播之外，其餘的機上廣播，星宇僅保留中文及英語。機上廣播的時間過長，會耽誤飛機起飛的時間。

5.全機有免費Wi-Fi：紙本會增加飛機的載重，減少紙本，並設數位書報架。經濟艙雖然可以免費使用Wi-Fi，但是僅限Line、WeChat等文字訊息，不能夠使用Google或觀看YouTube等。

6.不打價格戰：遠東航空前總經理李承仲分析，星宇身為新進者，只有兩條路：一是跟華航、長榮打價格戰，但這條路穩死，因為星宇口袋沒有華航、長榮深；二是重塑自己價值。台灣企業習於cost down（節省成本），而不是add value（增加價值）。砍票價會導致營收下滑；增加價值也會導致成本上升，結果都會使利潤減少，「但就像龜兔賽跑，要後來居上，除了毅力，你還得比別人特別」。

資料來源：聯合新聞網（2020/01/22）；商業周刊。

(二)使用資料庫集中管理會員資訊

目前航空公司網頁均設有會員專區，會員們能隨時上網查詢相關資訊，如酬賓哩程數等，或是修正資料。對於會員來說，節省了打電話詢問的金錢與等候時間，對於航空公司來說，大部分會員均能提供最新個人資料給航空公司，讓航空公司在管理及資訊提供均能更有效率。

(三)加強收益管理

機票票價基本上是隨著起飛日期越接近，機票票價的折扣空間越低，但在過去網路尚未普及時，票價和是否還有機位等訊息，必須親自去電旅行社或航空公司詢問，再行訂購，這樣的方式無法立即反應當時票價。但透過網路，航空公司會隨著市場需求機制更新最新票價及機位訊息，獲取最大效益，趕時間的顧客大部分也願意多付一點，選擇需要的航班。

(四)消費者滿意度提高

對於消費者來說，網路的立即性及便利性帶給消費者更方便訂購機位的方式，也能直接在網路上貨比三家，挑選最適合的航空公司及航班。對於消費者來說有三大優點：

1.不受時間限制：揮別過去只能透過旅行社或航空公司人工訂位及提供班機資訊的方式，網際網路二十四小時不打烊，讓消費者隨時能夠上網查詢最新的資訊及購票。

2.取票便利：傳統尚無e化的時代裡，必須事先去旅行社拿取購買好的機票，搭機當天再帶去。e化後，旅客可以透過網路訂位、付款，將機票直接印出（如今許多航空公司在旅客機場check in時不會要求看機票）。比較起傳統方式，消費者不僅可以省下原本去旅行社取票來回的交通費用及時間，更不用擔心提前拿票是否會弄丟機票。

3.電腦記錄查詢：過去機票遺失時，處理的手續繁雜，萬一要搭乘的班機起飛在即，遺失機票的旅客必定會行程受阻。但在資訊整合的今日，若機票眞的遺失或毀損，向航空公司反映後，航空公司只需調閱訂位紀錄便可知遊客的訂位狀況和搭乘班機資訊，迅速補發。

電子商務顛覆了傳統航空業的營運方式，它的便利性和資訊透明化讓顧客有了更多的選擇、更快的購買方式，由此可見e化後帶來截然不同的市場消費型態與衝擊，航空業者均用心開發與維護此一e市場，以下三點爲航空業於應用電子商務時應注意的要點：

1.平台頁面應清楚、人性化、降低使用障礙：一個網頁頁面能夠放置的資訊有限，如何規劃頁面，讓使用者能夠一目瞭然航班與價格，且能快速直接地操作流程，達到降低使用者的障礙。尤其是對網路使用不太熟悉的消費者，若在一開始就能順利操作，之後便能大大提升使用網路訂位的習慣。

2.多角化結合，提供多元服務：除了航空公司本身所提供班機的服務之外，可以與其他旅遊相關業者結合，例如：線上旅行社、飯店業、餐飲業、租車業等，推出較優惠套裝行程，吸引消費者。

3.加強網管安全性，提高顧客信心：電子商務雖然有許多優點，並克服傳統對於便利性的障礙，但隨之而來的是要面對新的挑戰。「網路安全性」是讓一些還在觀望、不敢使用網路消費的顧客最質疑的問題。目前網路消費付款的方式有兩種：一爲網路刷信用卡，此種方式會讓人擔心被竊取個人資料，甚至被盜刷信用卡；另一種方式爲ATM轉帳，但這種方式還必須親自跑一趟ATM轉帳，之後再上網核對，降低了原本網路的便利性。因此，如何保障消費者隱私和防止個人資料被盜取，成爲電子商務興起後必須克服的要點之一。

網路購買機票詐騙

航空業者表示，發現有些消費者到機場check-in時，才發現這張機票已被作廢或失效，經調查這些多是在網路上購得，歹徒透過網路拍賣低價機票，佯稱自己任職航空公司，可以拿到折扣優惠。

網友得標後，歹徒會要求先付現款，同時以偽造的信用卡或盜用他人的信用卡，向網路旅行社購買機票並訂位、開票，再將此一紀錄交給消費者。等到網路旅行社向銀行請款，發現有問題，向航空公司要求作廢該張機票時，網友可能已經到機場報到了，而歹徒也早已拿到網友的機票款。

航空業者特別強調，買機票一定要向航空公司或旅行社購買，以確保是合法有效的機票，以長榮航空為例，公司員工不能將機票轉售他人，因此凡稱自身任職長榮，而能拿到廉價機票者，長榮航空表示必屬詐騙行為。

由於航空界正推動電子機票，若遇到此種情況，網友手上什麼都沒有，求償更是無門，因此航空業者建議，即使是電子機票，也得要求對方開立或交付相關的交易憑證或收據。

五、機艙服務

航空公司爲了加深旅客的印象，提升長程旅行的舒適程度（短行程由於飛行時間短，機艙內的服務相對地不是最重要），無不瞄準特定市場，強化機艙內的服務，例如：艙等的區隔、提供多元化的餐點、滿足特定對象對餐飲的需求；精緻化的餐飲，提供新鮮水果、蔬菜或熱食；加裝空中電話、個人電視及傳眞服務；加大椅距，讓旅客坐得更舒適。

由於景氣不佳，部分航空公司（如義大利、加拿大、荷蘭、澳洲安適、日亞等航空公司）將頭等艙取消，只保留商務艙及經濟艙。特別是加強商務艙的服務是各家航空公司努力的重心，如將椅距加大，由一般的38英寸，拉大到48英寸至55英寸不等，同時加大椅子的傾斜度，讓客人睡得更舒適，以及提升其他服務。英國的維京航空推出豪華商務艙，將椅距拉大到55英寸，有私人電視、美容按摩師服務及免費機場轎車接送，以近似頭等艙的享受，但只收商務艙的價格。為了拉攏旅遊客人，部分航空公司也開始注意經濟艙旅客的服務，國泰及新航也先後在經濟艙全面安裝6英寸的個人電視螢幕，播放電影節目，以吸引旅客。在未來飛機內部的陳設將會更人性化，在機內上健身房、賭博、洗澡沖涼，透過液晶顯示器以螢幕顯示機艙外面的無際天空與景色，或許不再是夢想。

第三節　電腦訂位系統及銀行清帳計畫

隨著電腦科技的發展，航空公司專用的電腦訂位系統的發明，使得航空公司、旅行社得以簡化大量繁瑣的工作，在行政工作、業務推展、促銷方面達到最高的效率。電腦訂位系統有兩大功能：(1)方便航空公司或旅行社直接、迅速地提供消費者在訂定機位及開立機票的需求；(2)更有效率地處理行銷、會計、旅遊資訊。

一、電腦訂位系統的定義與功能

電腦訂位系統是座巨大的資料庫，裡面儲存許多旅遊相關資訊，這套系統的擁有者為航空公司。航空公司藉此系統可以販賣自己的產品以及其他航空公司的產品，同時也可以提供飯店訂房、租車、簽證、護照、戲票等相關資訊的服務及交易功能。在資訊功能方面，CRS提供的旅遊資訊是可以讓旅行社獲得最新的航空公司飛行時刻表、機位狀況、航空票價。在交易功能上讓旅行社立即訂位、開立機票、開發票以及印出旅客旅行行程表，當然，旅行社須付訂位費，費用分爲系統使用費及線路使用費，其中系統使用費係按月繳交給CRS系統公司，各系統公司有其不同之營運策略，原則上費用會隨租用連線電腦設備（如電腦、印表機、開票機、數據機等）之多寡而增減，系統公司爲招攬客戶，爭取市場，會推出一些優惠措施，如硬體設備免費使用、系統使用費隨訂位數越多而降低、限期簽約免費使用等。至於線路使用費部分，則由旅行社視其業務量之多寡，決定是否向中華電信公司申請數據專線，並按月繳交線路使用費。在未來CRS將能更進一步地直接讓消費者上線，進入航空公司訂位系統取得資訊及直接購買機票。

二、CRS及主要使用的航空公司

(一)美國

目前有四大訂位系統：

1.Sabre，是美國最大的CRS。股東航空公司爲美國航空，它是目前世界最大的電腦訂位系統之一。

2.Apollo，在美國僅次於Sabre，股東航空公司爲聯合航空。

3.Worldspan，是由PARS及DATAS II 兩大系統合併而成，股東航空公司有三家，分別爲環球、西北及達美。

4.System One，是較小的CRS，股東爲大陸航空公司。

(二)歐洲

1.Amadeus，創始的四家航空公司分別爲法航（AF）、西班牙航空

（IB）、北歐航空（SK）及德航（LH）。

2.Galileo，也是歐洲的航空公司合股發展的CRS，1993年與美國著名的旅遊經銷公司柯維耳（Covia）合併，其股東航空公司包括十一家航空，其中聯合航空占38%，股份最多。

(三)其他地區

Abacus是亞洲地區電腦訂位系統，也是亞洲地區最大的CRS，成立於1988年，總公司設於新加坡，創立目的在於促進亞太地區旅遊事業的發展、提升旅遊事業生產能力。Abacus由中華航空、國泰航空等航空公司合資，並與美國的Worldspan合作。台灣的旅行社曾經使用Abacus最多，國內市場占70%以上。但Sabre於2015年與Abacus International達成協議，由Sabre收購Abacus所有股權。Abacus已經不是亞洲最常用之電腦訂位系統。至於中國大陸的航空公司主要使用TravelSky訂位系統。

GDS（Global Distribution System）即「全球分銷系統」是CRS的升級版，GDS已經發展成爲旅遊業的一個服務產業，除了原有的航空運輸業，旅館、租車、旅遊公司、鐵路公司等也紛紛加入。經過技術與商務的不斷發展，GDS已經能夠爲旅遊業者及消費者提供及時、準確、全面的訊息服務及支付需求。

三、銀行清帳計畫

銀行清帳計畫（Billing Settlement Plan, BSP）乃經過國際航空運輸協會（IATA）各會員航空公司與會員旅行社共同擬定，旨在簡化機票銷售代理商在航空業務作業、銷售、結報、匯款轉帳以及票務管理方面之手續，制定供航空公司及旅行社採用之統一作業模式，進而大幅增進業務上的效率，節省時間與精力。

機票銷售代理商在加入BSP前，必須是IATA的會員，必須在IATA

台灣辦事處上完BSP說明會課程，才能正式成爲BSP旅行社，一旦審核通過後獲得IATA認可，取得IATA號碼之後，由航空公司授權給機票銷售代理商CIP卡，CIP卡上有航空公司名稱、標誌與代碼，於開立標準化機票時打到機票上，使該機票生效，銷售代理商還必須有刷票機來開發機票，並將銷售代理商之商號名稱、地址及國際航協、數字、代號鐫刻於代理商名版上，此名版則固著於刷票機上，以防失落。刷票機可向製造廠商購買或租用。

旅行社參加BSP之優點爲：

1.簡單：旅行社可以拿到預先議定好的標準化空白機票。單一匯款，一次結帳。

2.省錢：一套標準流程，旅行社的訓練更簡單，花費時間也更短。可以降低成本並受到更好服務，可以針對不同問題更快提出解決方案。

3.自動化：單一會計系統。BSP促進使用最現代的自動化開票裝置，可以節省時間和金錢。

當前航空業市場生態分析

- 航空事業繼續成長
- 新機型的引進
- 競爭與結盟聯營
- 電子機票與無票飛行
- 小規模航空公司營運策略
- 民航機市場之動向
- 結論

未來的航空公司必定是繼續成長，相對地，競爭也更加激烈，不確定因素與災難也會增加，如2019年發生的Covid-19（武漢新型冠狀病毒），航空公司規損巨額，員工被迫上無薪假，航空公司必須採行各項有利措施來因應，大型的航空公司及小型的航空公司採行的策略不同，但各有其優缺點，執行的成效必須配合航空公司自身的資源與實際的環境。雖然可以確定各家航空公司的購機及營運成本將節節升高，但票價卻是逐漸降低。

第一節　航空事業繼續成長

隨著各國經濟發展與需求，無論是商務或是觀光目的的出國旅行均有直線上升的趨勢，波音公司預測航空客運每年將有5.2%的成長率。1989年全世界有8,300架商用客機，波音公司發布的年度市場預測報告顯示，隨著空運需求的日益強勁，今後二十年，全球商用飛機將新增2.86萬架。到2026年，全球現役商用飛機總數將比目前的數量多了一倍。其中，新飛機數量所占比例將高達80%，價值總額2億8,000萬美元。非洲及拉丁美洲的飛機最老舊，平均機齡爲二十九年，用於載貨或軍用。亞洲的機隊機齡最年輕，舊的飛機保養費高，耗油且高噪音、高污染，先進國家在法令、環保、經營效益考量上，將考慮購買新機取代舊機（飛機的生命週期通常爲二十至三十年，全世界機齡平均二十三年）。

航空事業之發展直接帶動了旅行風潮，並縮短國與國、人與人之間的距離。而隨著航空科技的演進，新的機型不斷地引進市場，大大地縮短兩地之間的距離與旅行的時間，增大載客容量、飛行舒適與安全，以及降低機票價格，間接刺激大衆使用飛機作爲旅行的交通工具。如今出國旅行不再是遙不可及之事，搭飛機旅行就如同搭公共汽車一樣的方便且平常。

使用空中交通工具為未來的旅行趨勢，為了帶動經濟、發展觀光事業，各國紛紛採行開放天空政策，開放航空市場讓新的航空公司加入，開放航線讓更多的航空公司飛行。美國最早於1978年開始實施，不久歐洲隨後跟進，台灣也於1989年開放天空，長榮成立。各國國內航空市場的開放，只允許本國籍航空公司加入，但本著國際自由貿易、市場開放競爭原則，以及受到政治、經濟的壓力，開放天空也朝著國際化前進，開始允許外國籍航空公司加入經營。1995年，美國積極向歐洲開拓市場，簽訂新的航空協議，1997年，美國受到國內航空公司的要求，又與新加坡、台灣、馬來西亞、汶萊、南韓、紐西蘭等亞洲國家協議開放天空，開闢新航線，甚至取得延長航點的第五航權，期望能在亞洲開拓更大的航空商機。一旦市場自由化，阻礙發展因素減少，在供給與需求兩方面的刺激下，航空事業的發展必將較之以往更加興盛，在此大餅的誘惑下，新的航空公司不停地加入，新的航線被開發出來，新的飛機被購進，航空產品出現多元化，機票價格呈現彈性化。

雖然搭飛機的旅客逐年增加，但新的航空也不斷地加入，在強大的競爭壓力下，各家航空公司無不卯足了勁，花招盡出，各種優惠及服務方式紛紛出籠，期望能在市場上占有一席之地。雖然商務旅客願支付較高的價格換取好的服務品質及時間，但在世界不景氣影響下，各公司紛紛削減出差旅行成本，商務市場景氣不再。部分航空公司乃轉移目標，逐漸重視以休閒為目的的旅客。但價格往往是以休閒為目的的旅客考慮的重點，他們寧願多花點時間，多轉幾次班機來換取較低的價格，於是價格優惠戰成為各航空公司的銷售策略，為了吸引更多的旅客，不得不削價求售，在激烈的競爭下，部分老牌、大型的航空公司，承受不住成本增加、利潤降低的壓力，紛紛宣布倒閉。自由競爭的航空市場，改變了航空公司的體制與經營策略，消費者在各家航空公司競爭下，一改過去的劣勢，成為最佳的受益者。

第二節　新機型的引進

曾經在航空市場上有四大飛機製造公司，分別爲波音公司、麥克唐納・道格拉斯公司、空中巴士製造公司及洛克希德公司。各家公司爲了因應市場需求，努力開發新機種，在兼顧速度、安全、載客量及節省燃料的要求下，提供給客戶最大的優勢。雖然世界上最快的飛機——巡航速度2.02馬赫，每小時2,240公里，飛行「紐約－巴黎」及「紐約－倫敦」之間的協和客機——早已由英法合作開發出來，大幅的縮短旅行時間，但卻因音暴問題及驚人的耗油量與高昂的票價，無法廣受歡迎（相較一般飛機約20美分的油費成本，協和號每英里需87美分的油費成本，且一架協和號飛機只載客100人）。

波音公司所推出的B747-400型曾經是市場占有率最高的飛行長程的客機，而A340是空中巴士的代表作，也是四引擎能不靠站產生最大經濟效益的長程客機。而波音公司推出的雙引擎噴射客機B777是屬於雙引擎中載客量最大的客機，近350個座位，座位數可媲美B747，但機身較B747小，機翼端可折疊，很適合日漸擁擠的機場需求，是第一個被允許飛越海洋的雙引擎客機。近年來因一架B747型的飛機不能提供足夠的載客量，再加上機場擁塞，無法提供新的航機升降時段，有跨國公司計畫合作生產可載客500～600人的巨無霸客機，如空中巴士A380，以紓解繁忙的空中交通。A380如果完全不分艙位，可載運800人，其機艙分上、下兩層，可方便登機及緊急狀況時撤離。但對巨無霸客機尙有許多技術上的層面需解決，如跑道長度、機場設備、出境海關政策以及低噪音等的配合實施。

此外，飛機飛行速度減少長途飛行的勞累及時間成本。日本曾在澳大利亞南部荒漠試飛新型超音速客機原型機，並取得成功。本次試飛所獲資料將用於新一代超音速噴射客機的研發。設計者希望有朝一日能夠生產這種客機，用於長途客運飛行，以接替停運的「協和號客機」。

第三節　競爭與結盟聯營

由於航空運輸有其獨特性質，涉及層面較廣，相關的法令與限制也較多，以致航空公司無法任意擴展其市場策略，而政府既定政策影響也很大。在開放航空市場自由競爭下，新加入的航空公司必須與原來占有極佳優勢的航空公司競爭；原有的航空公司通常已先占有最佳的起降時間、班機劃位櫃檯，新的航空公司只好以較低的價格及較好的服務來抗衡。在激烈競爭及景氣不佳的影響下，部分大型航空公司虧損連連，不得不宣布倒閉或改組，此情況以歐美最嚴重。英航爲了提升市場競爭也將原有國營體制改爲私有化，減少赤字。在亞洲，日航（JL）和紐西蘭航空也相繼私有化以改善體制。亞洲市場相較之下，情況較好，世界50%的人口在亞太地區，商業活動熱絡，航空市場深具潛力，其中中國大陸的市場頗引人注意。《亞洲週刊》針對亞洲地區統計，資料顯示全球十家獲利的航空公司中有數家是亞太地區的航空公司。雖然如此，但在過度擴充以及亞洲開放天空、歐美航空公司的加入下，也使得亞洲市場面臨競爭壓力，如法航、德航與達美由於台灣價格競爭激烈，在無利潤下暫時宣布退出飛行台灣航線。台灣飛紐澳線的航空公司爲了節省開支，取消了對躉售旅行社後退款佣金獎勵制度，直接影響到以量取勝的旅行業者的收入。

航空工業是資本密集的工業，需要有雄厚的資金作後盾，以應付日益增加的成本支出，要維持永續經營必須有穩定、長期的收入來源，同時，航空公司爲了減少損失，必須設法降低營運成本，增加載客率及市場占有率，於是紛紛以合併或合作聯營的方式來擴大航線爭取市場，強化服務，尤其是飛航國際航線的航空公司更爲積極，與其他航空公司聯營有兩個好處：

1.開發新市場，藉由聯盟進入長久以來受當地政府保護的市場。
2.分享資源，降低成本，可藉由其他航空公司原有的航線及設備，打入當地市場而不需自己去擴充航線，增加人力與設備。

航空公司聯營採取兩種方式：

1.共用班機號碼（Code Sharing）：這種方式較普遍，約三分之二的航空公司採用此方式，且運用在CRS上有顯著的好處，能更有機會優先將飛行資訊呈現在螢幕上。
2.主要航空公司買下小的航空公司股份，或航空公司互相擁有對方同樣比率的股份：這種屬於長期聯盟，關係密切，使用相同的銷售策略，但較冒險，易受對方財務危機牽連，此聯盟方式較不受歡迎。

以共用班機號碼的方式，如美國航空公司與加航（CP）共同使用一個班機號碼，航線由溫哥華飛到紐約，中途經過芝加哥，前段由加拿大國際航空飛溫哥華到芝加哥，後段芝加哥到紐約則由美國航空公司自己飛，加航推廣美國線後亦可藉機打開台灣航線，藉著飛行航線優勢，由台灣經溫哥華到紐約，比經洛杉磯的時間節省一小時四十五分。中美洲五家航空公司曾經組成中美洲航空集團，以聯營的方式便利旅客。瑞士、新航、達美、勝安四家一起推出環球世界機票，一年有效，方便旅客從事環球旅行。爲了爭食市場大餅，1997年，航空界興起了聯盟策略，此策略並非合併航空公司，而是藉由互相合作，加強每個聯盟成員在本地及全球所提供的服務，統一包裝產品，強化旅客服務，企圖使聯盟服務航線遍及全球各地。聯盟服務的好處包括：共用機場貴賓室、完成一次登機報到手續、共同使用全球訂位系統、減少旅客行李轉運之不

環球旅行（Round the World Flights）

自己買機票環遊世界不是夢。環球旅行最經濟的方法是購買同一航空聯盟的RTW機票。旅遊時需順著一個方向環球旅行（向東或向西，不能走回頭路，旅途中必須橫跨太平洋與大西洋各一次，而且不可以折返）；出發及結束旅程必須在同一個國家，必須在出發前預訂所有機票，若以後改變行程可能產生額外的費用。

例如透過天合聯盟「啓動環球旅行規劃工具」可透過互動式的地圖視圖讓遊客能夠在世界地圖上查看旅程，天合聯盟有四種不同的環球旅行票價等級〔依照總共飛行的距離（26,000～39,000英里）可以停三到十五個航段，總票價是以這些因素來算再加上機場稅以及燃料費〕。坐航班連續不停地飛，環繞地球一圈可能需要一個星期。大多數RTW機票的最短停留期限為十天，最長停留期限為一年。便宜的RTW機票都是在幾個大城市之間穿梭，去小城市價格會大幅攀升。

資料來源：Skyteam

便，此外，還可連接各公司航線，推出優惠、方便的環球機票。

爲了減少營業成本，開創市場營運先機，航空公司紛紛尋找合作聯盟對象，目前形成三大航空聯盟：

一、星空聯盟（Star Alliance）

以美國聯合航空（UA）爲主。全球規模最大的航空策略聯盟，係由五家創始成員於1997年所共同組成，包括：加拿大航空（AC）、德國漢莎航空（LH）、北歐航空（SK）、泰國國際航空（TG）、美國聯合航空（UA）。聯盟成立的主要宗旨係希望藉由各成員所串聯而成的環球航空網路，提供乘客一致的高品質服務以及全球認可的識別標誌，加強每個聯盟成員在本地及全球所提供的服務，並發展統一的產品服務。1999年，紐西蘭航空（NZ）和全日空航空（NH）陸續加入星空聯盟的行列，緊接著新加坡航空（SQ）及奧地利航空（OS）於2000年宣布成爲星空聯盟的一員， 2003年韓亞航空（OZ）也正式加入聯盟組織。2005年TAP葡萄牙航空（TP）加入，2006年瑞士國際航空（LX）與南非航空（SA）正式成爲星空聯盟成員，2013年長榮航空（BR）亦成爲星空聯盟一員，由於它們的加入將可以爲星空聯盟的旅客創造更可觀的優惠和福利，目前有26家成員航空涵蓋全球五大洲的航線，將使星空聯盟的全球航空網路更爲廣泛及完整。

星空聯盟的龐大飛行航線網，涵蓋195個國家、超過800餘個航點，透過星空聯盟成員的共同協調與安排，將提供旅客更多的班機選擇、更理想的接駁時間、更單純簡化的訂位票務手續及更妥善的地勤服務，符合資格的旅客可享用全球超過五百個機場貴賓室及相互通用的特權和禮遇。會員搭乘任一星空聯盟成員的航班，皆可將累計哩程數轉換至任一成員航空的哩程酬賓計畫的帳戶內，進而成爲該計畫的尊貴級會員，不僅如此，任一星空聯盟的乘客只要是持全額、無限制條件的機票，如果在機場欲臨時更改航班，不需要至原開票航空公司要求背書，便可直接改搭聯盟其他成員的航班。另外，星空聯盟更設計了以飛行哩程數爲計算基礎的「星空聯盟環球票」，票價經濟實惠，再加上聯盟的密集航線網，提供旅客輕鬆實踐環遊世界的夢想。

二、寰宇一家（One World）

剛開始以美國的美國航空爲主（AA）及BA Group，於1998年9月結盟爲「寰宇一家」（One World），是全球第三大航空聯盟集團，由國際級航空公司組成的「寰宇一家」聯盟，其成員有美國航空（AA）、英國航空（BA）、香港國泰航空（CX）、皇家約旦航空（RJ）、芬蘭航空（AY）、西班牙國家航空（IB）、澳洲航空（QF）、日本航空（JL）、斯里蘭卡航空（ UL）、西伯利亞航空（S7）、卡達航空（QR）、馬來西亞航空（MH）、摩洛哥皇家航空（AT）等共14家。

機隊達3,428架，擁有22萬名員工，飛航170個國家，未來將有其他航空公司陸續加入。

三、天合聯盟（Sky Team）

於2006年6月成立，成員包括墨西哥國際航空（AM）、法國航空（AF）、義大利航空（AZ）、美國大陸航空（CO）、捷克航空（OK）、荷蘭皇家航空（KL）、大韓航空（KE）、達美航空（DL）與俄羅斯航空（SU），華航也於2011年加入，目前共19家成員，目的地覆蓋全球178個國家，聯盟口號是「貼心呵護，溫馨旅程」。

航空公司策略結盟可使雙方增加營運收入，擴大經濟效益，增大服務範圍。一般航空公司聯盟合作項目可能包括：

1.共掛班機號碼。
2.市場共同行銷、企劃。
3.協調飛航班機時刻，可藉此增加轉機班次，縮短旅客轉機時間。
4.跨航轉機作業，一票到底與行李直掛服務。
5.直接進入對方電腦系統中訂位、銷售機位。
6.共同使用機場貴賓室。
7.互相承認哩程累積計畫。
8.地勤代理與機務維修。
9.聯合拆帳協定。

第四節　電子機票與無票飛行

航空公司為了減少開支，降低營運成本，並方便旅客旅行，近來也積極地推出「電子機票」與「無票飛行」的新旅遊方式。無票飛行是屬於電子機票形式之一，是一種不需要持票即可搭乘飛機的新模式。美國在1996年開始使用電子機票，如西北、西南、聯合及ValueJet等航空公司，其中以聯合航空最積極規劃。聯合航空在加州提供短距離往返（Shuttle）的飛行，旅客可透過旅行社或自行在機場利用機器購買電子機票，旅客訂好位子後會得到一個訂位代號及行程表，旅客在辦理登機時，只需帶有照片的身分證明或信用卡即可登機。新加坡航空於1997年也開始在新加坡到吉隆坡、檳城間的航線，為乘客提供電子機票之服務，乘客於班機起飛前三小時訂位，可以用信用卡購買。新航再將乘客行程表、收據及契約條件，以傳眞或郵寄方式交給旅客，乘客在辦理報到手續時，僅需出示護照及購票時使用之信用卡，便可取得登機證。澳洲的安捷航空於1997年11月在其國內線開始實施電子機票，旅客以信用卡向旅行社或航空公司訂位，即可直接前往機場刷卡，不需領取登機證，旅客可減少遺失機票的風險，航空公司省去印製機票的成本及部分人事費用。雖然使用電子機票將廣為航空公司所採用，但仍有許多問題需要突破，但這種突破性的革新，勢必將影響到整個旅遊業市場的結構及關係。未來使用電子機票與無票飛行，旅客可透過電腦直接訂位，有關顧客的各項資料（如姓名、航班、艙等、費用、停留城市等）均存在電腦系統內，旅客將可得到一個專屬號碼，或由航空公司發給一張Smart Card，到了機場查對電腦，或直接刷卡，即可直接登機。

電子機票與無票飛行不僅可避免旅客遺失機票的麻煩，也可節省航空公司開支，如增加訂位流程的速度、人工時間的節省、機票紙張費用、旅行社大筆佣金（旅客直接藉由電腦向航空公司訂位，不需透過旅行社）以及退票後的退錢手續，預估美國各航空公司將可省下大筆的機票訂位所衍生出來的成本，但在五年之間，將有30%的旅行社因流失代售機位業務而倒閉。

此外，也有航空公司使用的ATB Ⅱ（Automatic Ticket / Boarding Pass）並在歐美地區普遍使用，這是有效率且簡易使用的機票加上登機證，ATB機票類似名片厚度，其特色為機票與登機證同時開出，旅客所有個人資料均輸入機票背面之磁帶中，可使劃位的過程加速，適用於國內航線飛行及沒有託運行李的情況。此外，在美國及歐洲，部分航空公司在機場或大學校園內設置販賣機，專賣簡易行程的機票以方便旅客購買。

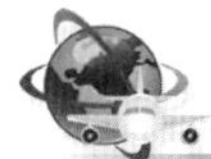

第五節　小規模航空公司營運策略

在惡劣競爭下，航空公司生存之道乃在了解旅客的需求，並滿足旅客的需要，在狹縫中力圖生存的小規模航空公司，既無雄厚的資本，也無相等的競爭條件去與大型航空公司力拚，他們採取的是另一種完全相反的經營策略，並經營得相當成功，如美國的西太平洋航空、ValueJet及歐洲的瑞安航空（Ryanair）、易捷航空（easyJet）和EBA Express，他們採用低成本、低票價的經營方式，採行單純的點到點飛行、不使用FFR、機艙內只有經濟艙單一等級、不對號入座方式。easyJet宣稱它是世界上唯一不涉及CRS及旅行社作業的航空公司，所以它的每張票價平均2.5英鎊，同時，easyJet降低機內人員之服務，只提供簡單的點心及飲料，其機票價格低，但沒有彈性且不能退票。採行「用它或丟棄它」的政策，使得no show的旅客比率降到3%，機票越早購買越便宜，最後一分鐘購買最貴，完全依照機位販售情況來調整，1995年，EasyJet的載客率達70%。總之，這些低票價的航空公司在經營上採用不同於一般航空公司的營運策略，例如：在機內旅客無法享受免費的餐飲或點心、只飛點到點的航線及使用較小較便宜的機場、不開機票只給旅客訂位確認號碼、透過網路賣票不付旅行社佣金、減少停在機場時間增加飛機使用率、限制每次最高飛行時間不超過兩小時。

這些低價航空公司以美國的西南航空（Southwest Airlines）陽春式服務最爲有名，保持連續盈利的業界奇蹟，成爲美國國內唯一一家保持盈利的航空公司。

如今亞洲地區也開始採行低價航空公司營運策略，如新加坡的捷星航空。在一片降價風潮中，機票票價是難以回升的，但是面對降價的損失與激烈的競爭，航空公司必須想辦法降低成本，同時兼顧經營效率，其中降低人事成本是各家航空公司努力的目標，其次是減低其他方面的支出，如佣金支出、一般性支出。此外，班機頻率及準時率也是成功的要素。

第六節　民航機市場之動向

第一次世界大戰使各國對飛機研發產生興趣，二次世界大戰將民航機的發展推向新的紀元，螺旋槳飛機逐漸被噴射機所取代，螺旋槳飛機只限飛行於短程距離或離島航線。如今第一代的噴射機如B707、DC-8、Caravelle已不再使用，第二代中距離的航線機種如B727、B737舊型及D-9等已不再生產。1970年至1974年間，第三代的B747、DC-10、L-1011和A300等長程線廣體型機種的出現，使航運史正式進入大量運輸時代，1976年，由英法共同開發的超音速協和客機出現，震撼了全世界，將商用客機正式帶入超音速紀元，可惜由於成本及噪音公害等因素，僅生產十六架即告終止。1973年首次石油危機，航空需求呈現衰退，直到1976年開始好轉。但第二次的石油危機及市場開放競爭，使得1981年到1982年成爲航空史上的黑暗期，知名的飛機製造廠商乃採用最新的開發技術，研發出省油、高效能的第四代新機種，如B767、MD-80、A320等中程航線機種。1992年，歐洲整合爲單一市場，歐洲境內的國際航線和跨越大西洋的航線也將繼續擴大，亞洲的經濟也在起飛，中國大陸市場開放，亞洲與歐、美國家經貿往來頻繁，定期航空的旅客以5%至6%的成長比率在增加，1990年以後生產的飛機則以越洋航線、長距離飛行、只需二名駕駛操作、更節省人力的機種爲主，如MD-11、A340、B777等高載客量的廣體客機。

1991年，波斯灣戰爭爆發，影響世界空中交通甚鉅，產油國科威特受到重創，油料價格再度引起注意，飛機油料的消耗仍是航空公司購買新機種時所關切的因素之一。長程空中飛行若能一次飛抵，最爲經濟，可減少起降油料成本及機場使用費用，以長程飛行省油觀點而言，以一次飛行6,000～7,000公里最經濟，目前噴射客機的巡航速度每小時平均是800～900公里，飛行的時間正好符合人類於機身內所能忍受的時限——七至八小時，載客量高的B747-400型是越洋航線的主力機種，於1995年出產且廣受歡迎的B777，則是第一架以兩具引擎作越洋飛行的機種，其耗油量遠較B747及A340節省許多，載客量與A340相差無異，其優越的性能將成爲航空市場的新寵。2010年前後的新作品，空中巴士A380（Airbus A380）是空中巴士公司研發的雙層四引擎巨型客機，是全球載客量最高的客機，打破波音B747統領近三十一年的世界載客量最高的民航機紀錄，也創造許多新紀錄，可惜空中巴士於2019年宣布A380停產。同時期波音推出雙引擎噴射客機B787，是首款主要使用複合材料製造的主流客機，更省油，效益高，是目前最新型之客機。

未來爲了提升服務品質，滿足商務客及有錢階級需要，航空公司也將改變市場銷售策略，實施市場區隔，並縮短長程飛行時間，讓付得起高價機票的客人有其專用飛機，與一般遊客或經濟型客群分開。爲滿足此市場需求，波音飛機製造公司已開始研發新一代音速長途客機（SonicCruiser），只設頭等艙及商務艙，一改貧富同機的做法。此種飛機速度接近音速，坐位約200個，預料將爲傳統市場帶來衝擊。

全世界有飛機至少兩萬架以上，以北美地區占40%，使用飛機數量最多。全世界的航空業都會成長，也將開闢更多的新航線，影響成長的因素爲世界各國的經貿成長，以及航空公司降低票價與提升服務品質。就地區性市場的發展而言，北美洲大陸航線密集，未來市場成長比率爲3.7%，成長最緩慢，內陸航線以150人座的飛機最爲普遍，歐洲成長比率爲5.8%，非洲5.0%，中東4.6%，未來中國大陸市場成長最快，飛機需求量最高，成長比率爲8.5%。至於長程國際線的成長速度則以與亞洲地區相關的航線成長率較高，大西洋地區的成長率則趨向保守。至於長程國際線的成長速度則以與亞洲地區相關的航線成長率較高，大西洋地區的成長率則趨向保守。波音公司預測，今後二十年，90座和400座之間的單通道和雙通道飛機將成爲新增飛機的主力，在新增飛機總量中所占的比例高達84%。其中，因低成本航空公司數量迅速增加等因素的驅動，波音B737或空中巴士A320等單通道飛機的市場需求量最大。

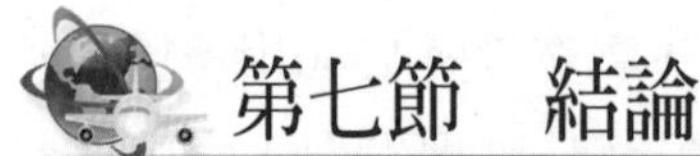

第七節　結論

航空運輸事業未來的走向，仍然有很大的空間可供發展，隨著世界經濟景氣好轉，其成長的比例將更高。即使是在景氣不好的狀態下，航空旅行已成爲人民活動的必備方式，即使商務旅行可能減少，但其他目的的旅行將不會衰減，所以航空事業必將成長，但成長的快慢將隨景氣好壞而有所區別。航空事業的成長並不表示航空公司將有利潤，大型航空公司將一方面降低成本，一方面提供更多便宜的機票及更多元化的機上服務，此做法可能帶來更激烈的競爭市場。航空公司要能生存，勢必走向聯營與合併；挾著資本雄厚的優勢，想辦法降低營運成本，提高服務品質，簡化手續，縮短旅行時間，讓營運更有效率，才是生存之道。未來航空公司會大型化，根據波音公司之預測，全球前二十大航空公司將擁有全球三分之二的市場。未來網際網路的普遍使用及無票飛行將被運用在航空公司的行銷策略上，消費者利用網路獲得航空公司票價及相關資訊，直接訂位、登機，此舉將形成另一波航空市場革命。

飛機頭等艙服務

對那些一年三百六十五天有三分之一的時間在飛機上度過的富豪們來說，漫長、寂寞的空中飛行常常令他們感到厭惡。但是，如果選擇合適的頭等艙座席，空中之旅非但不會覺得乏味，而且將成為整個行程中一次美妙的享受，效果絕不亞於入住星級酒店。

與經濟艙和商務艙相比，頭等艙內的座椅、飲食、通訊、娛樂及所提供的服務都是最上乘的。通過專用通道登入機艙，頭等艙的貴賓們享受的不僅僅是一張普通座椅，而是可以輕鬆調節姿態的柔軟睡椅。飲食往往是根據不同乘客的口味要求提前二十四小時特別訂製的盛餐，長途旅行中還會提供各種小點心。酒和飲料也是精心挑選的，包括香檳、葡萄酒、威士忌。咖啡和茶也是在飛行過程中由專人烹製的。如果在飛行中尚有未處理完的緊急工作，你完全可以打開筆記本在足夠寬敞的工作檯上繼續工作，艙內已經為每位乘客配備了筆記型電腦專用的充電插座。當然，頭等艙的影視娛樂設施也相當齊全，除了可以點播觀看最新推出的影片外，還可以欣賞音樂、玩遊戲，甚至在空中就能洞察世界各地正在發生的時事新聞。高素質的空中小姐們將以微笑為每位乘客提供最周到、體貼的服務。

「財經雜誌網」公布2019全球最佳十大頭等艙航空公司，評選標準是根據英國著名航空業調查公司Skytrax，分析全球航空公司的服務水平。在十大最佳的頭等機艙服務中，新加坡航空（Singapore Airlines）成為全球第一，其他包括紐西蘭航空（Air New Zealand）、澳洲航空（Qantas）、卡達航空（Qatar Airways）、維珍澳洲航空（Virgin Australia）、阿聯酋航空（Emirates）、全日空航空（ANA All Nippon Airways）、長榮航空（EVA Air）、國泰航空（Cathay Pacific）、日本航空（Japan Airlines）等。國泰航空將頭等艙換上全新座椅，並由「椅」的概念，提升至私人空間的「套房」概念，座椅不但可調校成扶手椅、躺椅，甚至變成81吋長睡床，並且兼具按摩功能，附有獨立衣櫃及17吋LCD螢幕。

至於其他獲選的航空公司，它們提供的頭等艙服務可謂各適其適，計有卡達航空提供寶馬7系機場接送服務，品嚐魚子醬、龍蝦等十道菜餚美食；馬來西亞航空更提供直升機機場接送；海灣航空提供司機、地勤、空姐、廚師及保母整隊人員的貼心服務。

資料來源：《中國青年報》；壹蘋果旅遊網；Play情報。

ВЫЛЕТ
DEPARTURE
CANADA
JAPAN
ITALY
CHINA
MEXICO
SOUTH AFRICA
ARGENTINA
AUSTRALIA
PASSPORT
PASSPORT
BOARDING PASS
MADAGASCAR
TANZANIA
KENYA
ETHIOPIA
UGANDA
MOZAMBIQUE

第二篇 航空票務

Chapter 8

航空經營管理與服務

- 航空公司組織
- 航空經營與市場需求
- 飛航班表
- 影響營運成本因素
- 旅行社及旅客對航空公司及其產品之選擇
- 航空公司機艙服務及搭載限制

航空公司的經營與管理，關係到市場競爭能力及生存條件，爲了增加競爭實力，許多航空公司改變體質——由公營企業變成私營。而市場的需求，如觀光與商務旅行的興起也關係到航空公司的發展與經營方針。航空公司的營運成本可分爲固定與變動成本，其中，人事開銷是航空公司最大的成本支出，至於付給旅行代理店的佣金支出，也是各家航空公司關心的支出重點，也因此直接影響到航空公司與旅行代理店合作的關係。

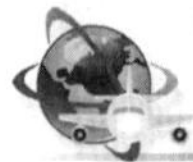

第一節　航空公司組織

航空公司依照經營的項目可分爲客運及貨運。至於經營航線則可分爲離島航線、國內航線、國際航線。若以經營方式不同來區分，可分爲包機航空運輸、不定期航空運輸及定期航空運輸；全世界的航空公司仍以定期航線業務爲主。航空公司之單位與其經營之相關業務有關，由於組織龐大人員衆多、業務繁瑣，必須分工合作並要求責任分明。一般航空公司組織可分爲總公司、國內各地分公司、海外分公司及機票代理商，無論是何種型態之定期航空公司，其組織結構及相關業務大致相同（請參考第一篇第一章第12頁定期航空公司之單位及相關業務）。

第二節　航空經營與市場需求

航空公司的經營隨著市場競爭與遊客需求不得不求新求變，但並非每家航空公司經營策略均相同。爲了達到營運效率，必須靠高效管理技巧如PDCA（Plan-Do-Check-Act）來達成任務。

1.規劃（Plan）：建立一個明確的目標，制定相關計畫和確定必要的程序。

2.執行（Do）：執行計畫和程序，並收集必要的訊息爲下一步計畫進行修正與改善提供依據。

3.查核（Check）：進行作業管制與稽核，和預期效益進行比較，並提出改善方案。

4.行動（Act）：包括各種作業單位間之協調，改善行動方針，並尋找適當的方法來縮減計畫目標和執行結果的差距，並改善下次計畫變得更加完美。

一、航空經營

空中交通成長快速，平均每年成長5～7%，目前仍以亞洲太平洋地區成長速度最快，北美地區因已達成熟階段而成長緩慢。但航空市場目前仍以北美爲主，其次爲西歐，再來就是亞洲太平洋地區。全世界所有飛定期航線的航空公司總共約一千二百家，其中約有三百家是飛國際航線。各家規模大小各異，其中以美國的航空公司規模較大，如美國航空（AA）機隊約900架，聯合航空機隊約800架，每年載客超過八千萬人，銷售業績超過兩百億美元，聘用員工達九萬人，至於規模較小的航空公司有小到只有兩架飛機的。飛國際航線的各家公司，均加入簽署雙邊協定，以便能參與國際市場經營。

早期的航空公司都屬國營，由政府補助，直到1980年代才開始有私有化經營。隨著市場的變化及競爭壓力以及政府的財政赤字過大，許多國營航空公司逐漸轉型爲私有化，政府也同時開始開放空中市場民營；有些航空公司是100%私有化，有些開放股權給民間〔如俄羅斯航空（Aeroflot）及華航〕。此趨勢也已影響到遠東地區，甚至中國大陸。

航空公司的經營除了私有化之外，也開始走上國際化。市場競爭使得許多航空公司走上聯營，爲了方便管理及合作，雙方互相擁有對方的股權，許多航空公司也開始購買外國航空公司之股權或爲外國企業所收購，例如於1987年私有化的英航（BA）許多股份為外國公司所擁有，其中以美國公司擁有最多，而規模較小的航空公司常為規模大的航空公司所擁有。此外，另一趨勢是航空公司讓其員工分享股份；航空公司以股份交換員工薪資或其退休金，有些則以此鼓勵員工參與經營，此例子以美國之航空公司最多，如全美航空（USAir，2013年已併入美國航空）以股份交換駕駛員薪資。

二、市場需求

許多因素影響人們旅行，包含政治、經濟、社會等大環境，以及家庭或個人收入、航空票價、旅客服務等個別因素。於工商業社會，國際貿易成長促使商務旅客增加，個人收入增加刺激觀光旅遊成長；此外，社會結構變化，如移民國外、外出工作及留學遊學，提供了市場需求；人口結構的變化，如有錢有閒的退休人士投入旅遊市場，也替航空交通帶來新機會；生育率降低，家庭人口減少，促使可利用金錢增加，間接影響了航空旅遊機會；工作環境改變，如許多公司提供休假仍支薪的福利，讓上班族有時間外出旅行；民族習性也不容忽視，許多歐洲國家的人民有一年一次出國度假的習性，尤其在夏季紛紛南下尋找沙灘、海水及陽光。

旅遊動機及目的對航空公司在經營策略及管理上也有重大影響，旅遊目的包含商務、觀光休閒、探親、遊學、就醫等因素，其中以商務及觀光休閒為兩大旅遊動機。觀光旅遊成長速度遠超過商務旅行。觀光旅遊比較富有彈性；旅遊由於並非絕對必要，故對價格敏感，對低價機票需求殷切，機票票價過高會影響旅遊意願。反之，商務旅行較無彈性、機票價格考量並非最重要，方便性及舒適性是主要考量，他們往往臨時決定出發時間，故須付較高票價或願付較高費用搭乘商務或頭等艙。因此，商務旅客對航空公司而言是非常重要的收入來源，估計一般旅客占航空公司客源80%，商務旅客則只占20%，但收入來源卻以商務客為主，占80%。隨著全球電子通信的進步，如傳眞、電子郵件、電子會議的快速發展，其功能越來越強，多少將對航空旅行帶來一些衝擊，但到底有多大的衝擊則衆說紛紜，仍須進一步的研究與市場調查。

第三節　飛航班表

航空公司的飛行計畫包括航線網、飛行路線、每週飛行頻率、飛機起降時間以及飛行時數。航空公司根據空運需求及配合政府政策開辦航點、航線，一旦確定飛行路線，乃根據市場狀況、經濟考慮、兩國政府雙邊協定有關機位之供應上限，安排每週飛行次數及使用機種。由於機場的負載能力及起降空間有限，航空公司往往不能隨意選擇，需預先協調，本國政府會為自己的航空公司爭取較佳的時段，國外的航空公司因此處於劣勢，使用較差的時段。

理想的飛航時刻表是旅客選擇航空公司的重要依據，理想的飛航班表為每週高飛行頻率、無中途停留或轉機、合宜的起飛和降落時間以及較舒適的機型。提供兩地之間班機往來密集的航空公司，因為考慮到在較差時段載客量低的虧損，其機票售價往往會較班次少的航空公司高，旅客也願付較高的費用以得到較多班次的選擇，此種旅客通常以時間緊迫的商務客居多。至於觀光客對價格較敏感，旅行業者傾向於安排價格低但時段差（如早班或晚班之紅眼班機）或中途須轉機的班機。

航空主管單位均會要求公布各家航空飛行時刻表，並要求航空公司確實執行，以維持其準時性，除非因飛航安全及特殊狀況才能停止飛航。目前由於製造飛機的科技進步以及天氣惡劣下降落的輔助系統大有改進，技術性停飛問題大為減少。影響飛機起飛降落除了技術及天候問題外，機場的經營與設備也有舉足輕重的影響。一般班機的準時度以誤

紅眼班機

紅眼班機（red-eye flight）指在深夜到凌晨期間出發的航班，並於翌日清晨至早上抵達目的地，由於抵達目的地時天才矇矇亮起，乘客們下飛機都還睡眼惺忪、眼睛紅紅、精神恍惚，因此稱作「紅眼班機」。中國大陸曾基於安全考量，對紅眼航班發出禁令，後來因需疏散滯留旅客只好取消禁令。

基於熱門機場起飛時段不足，以及航空公司為了提高飛機的使用率，會利用半夜載客來降低成本，由於飛行時間不佳，機票也會比較便宜，適合想省錢旅客。紅眼航班對可以在飛機上睡眠的旅客來説相當划算，因這種航班可以節省旅客的時間及住宿費用。

資料來源：維基百科。

差時間不超過十五分鐘，空中交通繁忙的機場，班機誤點頻率高，尤其是須銜接的班機，如使用輻軸式系統的航空公司，因必須等待上一班機的旅客而不得不延遲飛行，也因此往往產生連鎖效應，使得飛行次要機場的班機受到延遲，旅客產生抱怨的機會較高。

第四節　影響營運成本因素

航空公司營運風險大、成本高。任何天災、人禍、疫疾都會影響航空公司營運成本，因此航線航班路線規劃、機型運用及每趟飛行承載均需妥善規劃，同時每趟飛機起飛前也需提出飛行計畫表。

飛行計畫表（Flight Plan Bill）

飛行計畫表是事先規劃好之起飛到降落飛行的計畫，需提交給航管單位，也是航空公司為飛航準備或航務管理上所必要準備文件。

飛行計畫表主要是防止空中撞機，維護飛航安全，確保在緊急事故發生時，能迅速有效的展開搜索救援活動。在飛行計畫表內，有飛機之國籍編碼、登記號碼、無線電之呼叫代號、機型、機長姓名、採取儀表飛行或目視飛行方式、起飛地跟起飛時間、巡航高度時之對空速度、使用的通訊設備、替代機場、所裝載燃料之可能飛行時間、搭載人數，與其他有關航管、搜索、救難之參考事項。

飛行計畫表通常由運航簽派員（dispatcher）所製作，經機長同意後，取得航管單位認可方為有效。我們把提交飛行計畫表稱為「報備」（file），經由管制台給予機長認可則稱為「許可」（clearance）。

酬載之多少與飛機總重量相關，也影響燃料消耗量。如果其內容包含危險物品或動物時，處理就必須給予特別注意。還要檢討依照氣象資料，預計到達時降落機場，或替代機場之預報天候能否安全降落，途中氣候如何，還要依照飛航公告（NOTAM）確認助航設施或通信設施之動作狀態，禁止飛行區域之有無等。

綜合檢討這些要素，將這航線描到航圖上，分成幾區，在各區上預測其風向、風速、計算飛行時間及燃料消耗量，反覆將這些計算起來，就可算出總飛行時間和總燃料消耗量。飛機之裝載燃料之多少，由預計燃料消耗量加上預備燃料來決定。裝載燃料加上酬載決定起飛重量，要確認這項數值不得超過起飛許可重量，如果超出就必須卸下部分貨物或旅客。

目前幾乎所有的飛行計畫表都由電腦計算來完成。全世界的航線，都利用位於倫敦的國家氣象局以數位方式發行全球氣象資料，來選定時間最短，燃料最省的航線，或者適切飛行時間的航線，以電腦製作能滿足任意條件之飛行計畫表。

在起飛之前，機長和簽派員對公司飛行計畫上進行討論，在安全性及其他事項上彼此同意，簽名之後才算定。如果意見不一致時，就採取安全性較高的一方。決定後的飛行計畫，會編入航管飛行計畫，提交給航空交通管制部，管制部將其他提出的飛行計畫作比較檢討之後，如確認無礙，就經由該機場的塔台，對機長認可其飛行，飛機才可出發。

資料來源：Julia航空資訊小站。

一、航空公司營運成本

很多因素會影響航空公司的營運成本，茲將影響因素分成三大項目：

1.航空公司難以掌控的外在經濟因素：如員工薪資、油價、人為事故、機場及航管費用。
2.飛機機型使用及其營運成本：地理環境（如機場跑道長度）之限制、政府簽訂的雙邊航空協定、航空交通流量等，均影響機型之購買，不同機型其使用之引擎效能及維修差異甚鉅。
3.市場經營、產品規劃及財務方針：經營效率是決定因素。

航空公司的成本支出項目非常多，較一般企業行號複雜，可能由於天候、機械、人禍等因素而臨時增加許多營運成本，以下以一般公司的成本分析方式，可分為固定成本及變動成本。

(一)固定成本

固定成本與飛行次數、使用機型無關，不因業務多寡而變動，例如：

1.航空站費用：地勤人員、設備車輛、航空站租金及操作費。
2.固定形象廣告。
3.設備、管理及保險費。
4.飛機購買及租用費。
5.電子機票相關成本及代理商招待費用。

(二)變動成本

變動成本指因飛行次數及銷售量而產生之成本，例如：

1.個別廣告費用：如淡季之促銷。
2.飛行人員相關費用：如機員之薪資及超時工作支出。
3.燃料費、起降費。
4.例行檢修、零件更換費用。
5.飛機折舊費。
6.旅客機上餐飲費。
7.代理商佣金支出。
8.意外成本：如因臨時天災、人禍及飛機延遲之賠償支出。

二、航空公司重要成本支出

經濟環境變化與航空成本最爲密切，任何政治不利因素也會造成航空公司之經營成本提高，此改變往往非航空公司業者所能掌控。航空公司能掌控之成本是：增加經營效率，減少飛機閒置於陸地上的時間；購買適當之機型，配合飛行不同性質之航線與航程，以達到最高的經濟效益；精簡工作人員，降低人事開支等。

(一)人事成本

勞力密集是服務業的特色，人事成本在航空公司的總成本中比例最高，西歐與美洲的航空公司，其人事成本至少占30%以上，而亞洲的航空公司所占比例較低。人事成本與薪資水準有關，在高薪資國家與有加入工會組織的航空公司，其人事成本較高，其中以資深的駕駛員薪水最高，近來有些航空公司為了降低人事成本，採取減薪方式，引起駕駛員的抗議，1999年6月國泰航空資深駕駛員因減薪而集體請假，造成飛行嚴重脫班，損失慘重。2019年英國航空公司（BA）四千名機師因薪資與福利相關爭議經數月談判未達共識，展開四十八小時的罷工，此罷工行動導致近一千六百個航班停飛，波及超過十萬旅客。航空公司恐損失新台幣15億元。也因此越來越多的航空公司乃傾向於聘僱不參加工會組織的員工，以降低成本及減少罷工風潮的危險。

(二)燃油成本

燃油成本以石油商的交貨價再加上國內所徵收的稅金來計算。航空公司購油成本依機場而有不同折扣。航空公司對油料價格反應敏感。石油價格上漲，使得航空公司的獲利減少，航空公司只好傾向於購買引擎效益大、較省油的雙引擎機型。根據長榮航空指出，當每桶原油價格介於70～80美元，航空公司會有獲利空間。

(三)代理商佣金

對一般航空公司而言，經由旅行社或旅行業者售票是其重要的銷售管道。旅行業者代售機票通常可拿到一定比率的佣金，航空公司爲了鼓勵旅行業者增加銷售量，也會提出獎勵佣金，例如美國國內航線，旅行社業者可拿到5%的代售機票佣金。固定佣金外加銷售量獎勵佣金形成航空公司一筆龐大的支出。過去美國的航空公司機票銷售有80%是透過旅行業者代售，在歐洲及美國，一本機票含印刷、勞工的成本及旅行業的佣金，平均約15～30美元。1993年美國的旅行業代售機票佣金收入達75億美元，佣金比率爲14.36%（含達到目標銷售量的額外佣金比率），占美國航空公司經營費用的第三名，僅次於人事費用及油料費用，許多航空公司在節約消費壓力的考量下，不得不開始考慮降低佣金支出，有些採取降低佣金百分比，或者不論一張機票價格是多少，一律採取固定金額的退佣方式，有些則採電子機票及旅客透過電腦直接向航空公司訂位，或者在大型百貨公司裝置自動售票機，不需經由旅行業者服務。今日，在美國超過60%的機位是藉由電話訂位，在歐洲90%的訂位仍透過電腦訂位系統或旅行業。

(四)機場起降費

機場使用費，指降落費、夜航費、停留費、滯留費、候機室設備服務費、地勤場地設備使用費、空橋或接駁車使用費、擴音設備服務費、航空站地勤業機坪使用費、空廚業機坪使用費、民用航空運輸業因業務需要自辦航空站地勤業務機坪使用費、輸油設備使用費、安全服務費、飛機供電設備使用費、機艙空調使用費及自動行李分揀輸送系統使用費；所稱助航設備服務費，指過境航路服務費、航空通信費及飛航服務費。民用航空器於日落後日出前起飛或降落者得視需要收取夜航費。在台灣，民用航空器在機場站內露天或機坪停留者，應計收露天停留費或機棚停留費，若在露天停留未超過二小時者免收。

機場起降費與航線費（如飛越他國領空）約占總營運成本的6%，機場起降費係依飛機重量再加上所載運的旅客數目以及機場使用時段，每座機場收費標準不同，端視機場之營運成本而定，晚間落地費較便宜，以B747-400型飛機爲例，新的赤鱲角機場收6萬港幣，台灣的桃園國際機場則收11萬台幣。桃園機場平均一架飛機降落總收費就要8萬至10萬元，桃園機場2017年大賺200多億元，其中降落費用大約賺入35億台幣。

第五節　旅行社及旅客對航空公司及其產品之選擇

旅行社在規劃一個遊程設計時，應最先考慮行程安排中影響價格最大、操作最困難的部分，旅遊產品的組合往往以航空公司所提供產品的選擇影響最鉅，必須依照航空公司飛行的路線、班次、價格來安排遊程，否則會造成轉機或候機時間的浪費、價格過高或遊程路線安排上的困擾。

航空公司產品的選擇，對旅遊產品能否順暢及獲利有決定性的影響。在行程設計時，對航空公司產品的選擇需考慮下列因素：

一、航空公司飛行的航線及停留點

如果每星期飛行班次多，則行程容易安排，其飛行的航線及停留點若能配合行程需求，旅客則可減少轉機或減少飛行時間。此外，去程與回程飛機的起飛以及抵達時間也很重要，對觀光旅客而言，去程晚上起飛，回程一大早飛回，是較不利的，無形中旅客的旅遊時間少了兩天。至於在旅遊途中也應儘量少安排一大早的班次，對觀光客而言，晚上的旅遊活動是較精彩的，爲了趕飛機只好早睡，一大早起床趕飛機，不但精神狀況不好，且碰到早上上班的交通尖峰時段，易造成塞車延遲現象。

二、機票的價格

觀光客對價格最敏感，而機票價格往往占團體費用的三分之一左右，能取得有支持性的機票票價，無疑是出團成功的要件。一般航空公司通常會提供團體機票每十五位乘客給一張免費機票供旅行社之領隊使用（即FOC），但並非所有航空公司均如此，有些航空公司是採取低價政策或累計後退款方式。

三、機位的供應

旅行社經營最大的困難是淡、旺季機位的供需問題。在旺季時，雖有生意上門，但卻一位難求。以航空公司的經營立場，在旺季時，希望將機位賣給利潤較好的個人旅行，儘量減少價格較低的旅行社團體，因此如何尋求合作之航空公司則值得深思。這時旅行社可尋找航空公司淡、旺季時因供需而合作之夥伴，於淡季時支持航空公司將機位賣出，反之，航空業者則視旅行社於淡季時的支持程度，在旺季時給予所需之機位。此外，旅行社也可以找較新或財務狀況較差之航空公司合作，由於新的航空公司需要旅行社業者支持，會較熱心也較能配合。

四、信用額度

旅行社業者販售機票時需繳交一筆保證金給航空公司或IATA，若能取得較大的信用額度，如機票的開票量及付款日期的延長，對旅行社的現金週轉會有相當大的幫助。

五、有關機票的特性

機票本身因價格、季節、使用對象而有不同的限制條件，旅行社必須充分了解販賣給旅客之機票有何限制，以避免使用不當或過期而造成旅客的損失。

六、服務品質

除了價格外，航空公司的服務品質也是影響旅客選擇航空公司的重要因素之一。各家航空公司也盡其所能，提升服務品質以吸引旅客回流，這些航空公司所提供的服務項目及旅客所關心的服務品質包括：

(一)飛航安檢

1.空中飛行安全控制：駕駛員管理及健康檢查。
2.飛機本身之安全檢查：定期保養是否嚴格執行。
3.旅客登機、搭機之安全維護：旅客安檢及緊急反應能力。
4.航空公司過去的飛航安全形象：有無出事率及其高低。

(二)資訊服務

1.通訊、網路資訊服務：直接定位、付款與航班查詢。
2.機場報到櫃檯顯示看板。

(三)旅客服務流程簡便性

1.訂位、購票手續之簡便性。
2.機場報到作業是否迅速流暢。

3.補位及超額訂位處理 。

(四)人員服務

1.航空公司一般之服務形象。

2.訂位人員之服務態度。

3.報到櫃檯人員服務態度及反應。

4.班機誤點處理方式，安撫及補償溝通能力。

5.空服員機上服務態度及緊急應變能力。

(五)空中服務

1.飛機起降準確性。

2.機艙內餐飲服務。

3.機艙內電影、娛樂服務。

(六)行李處理

1.行李託運之便利性，如行李超重處理。

2.行李遺失或毀損之處理，如提供零用金及後送速度。

(七)飛行時刻便利性與飛行路線安排

1.每天都有班機或一日多班。

2.直飛或轉機時間適中。

第六節　航空公司機艙服務及搭載限制

針對不同需求的旅客，航空公司會提供特殊服務以滿足其需求，而在考慮到安全性及人力有限的狀況下，航空公司也會訂出適當的相關規範，讓乘客一方面能享受旅程樂趣，同時也能確保人身安全。

一、對嬰兒、幼童提供的服務

親子旅遊是海外旅行的焦點，父母們往往利用寒暑假期間帶小孩一起共享海外旅遊樂趣，航空公司也卯足全力讓小孩或嬰兒在漫長的飛行中能安穩舒適地度過，讓父母親們也能安心地搭乘飛機。因此，航空公司對於有嬰兒或小孩同行的旅客均有特別的安排與服務，旅客在搭乘前最好能事先通知航空公司所需之服務項目（一般是出發前二十四小時），以便事先安排，例如特別座位的安排，帶嬰兒者可以安排坐在有電影螢幕的那面牆邊，因爲嬰兒床可以吊在那面牆壁上，或者安排有較大空間的位子可以裝設嬰兒床。一般航空公司對小孩或嬰兒提供之服務包含：

1.兒童餐：如綜合水果、漢堡、薯條、餅乾、甜點等〔註：兒童（Child）係指二歲以上，未滿十二歲之孩童〕。
2.嬰兒餐：須預訂〔註：嬰兒（Infant）係指未滿二歲之嬰孩〕。
3.嬰兒食品：須預訂。
4.紙尿布。
5.換尿布台：設在洗手間。
6.牛奶：依航空公司而定。
7.嬰兒床：依機型不同而有數量限制，每架約四至六張，最好預約。

8.嬰兒車：航空公司允許可折式嬰兒車帶入機艙。

9.玩具：可向空服員索取拼圖、圖畫書、撲克牌等。

二、餐飲服務

機上餐飲的提供隨著艙等而有不同程度的服務。頭等艙高級享受，有鋪好的潔白餐巾、精緻的水晶杯、多種類的餐前酒、爽口高貴且種類繁多的佐酒小品，使用高級瓷盤及各式各樣的主菜選擇，並有高級佐餐酒、餐後酒、新鮮水果及甜點、咖啡或茶；商務艙則精美細緻，使用陶瓷製品、玻璃酒杯，菜色精美，但不如頭等艙多樣化；經濟艙則適合大衆口味，將所有食物全裝在美耐皿一次供應，主菜二選一，使用塑膠杯、紙巾，有可樂、番茄汁、柳橙汁、紅酒、白酒、啤酒、威士忌、白蘭地、茶、咖啡等飲料可選擇，食物一人一份，飲料可續杯。

航空公司爲了迎合不同宗教及飲食習慣者之需求，也推出一些特別餐供旅客選擇，但必須預先約定。例如素食餐，最晚須於班機起飛二十四小時前向航空公司提出申請。

1.素食餐：可分爲普通素食、印度素食、完全素食、生乳製品素食等。

2.低卡路里餐：低脂、低糖、高纖維，配蔬菜水果。

3.猶太餐：肉類須先經過放血處理，且必須經過膜拜程序，並以膠膜密封保存。

4.糖尿病餐：注重纖維質提供，以及適當的醣類或澱粉質控制。

5.低鹽餐：餐中低鹽，較平淡無味。

6.低膽固醇餐：使用無油無糖的餐食。

7.印度餐：不含牛肉。

8.訂蛋糕：蜜月蛋糕、生日蛋糕等。

三、其他相關服務

(一)吸菸

隨著健康訴求及全球禁菸活動，短程的飛機均有禁菸的措施。至於長程航線因考慮癮君子需求，在飛機後段闢有吸菸區，但越來越多的航空公司因顧及大多數人的健康利益，逐漸地取消吸菸區，往後機上抽菸將不復存在（但爲服務癮君子，在機場則有設置抽菸室）。

(二)娛樂

關於機上娛樂，各家航空公司推陳出新，有些在每個座位椅背上裝有個人電視螢幕，可以自由選台，裝配衛星電話，方便旅客對外聯絡，但一般航空公司基本項目包括報紙、雜誌、耳機及可選擇的音樂、新聞、共看電影節目、撲克牌。以後航空公司爲了提供更好的服務，除了在座椅安裝數據系統讓乘客使用手提電腦收發電子郵件或進入企業網站外，未來旅客將可透過空中攝影機，欣賞機外風景，解除長程飛行之無聊。

(三)免稅品購物服務

一般機上的航空服務人員會利用空檔銷售免稅商品，銷售項目及價格可參考機上發給的雜誌。

(四)小孩及老年人之服務

針對單獨旅行之小孩或年長者，可事先要求航空公司協助機上照應及下機之指引。

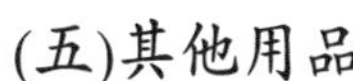

(五)其他用品

越洋航線有梳子、牙刷、襪子等個人清潔用品，同時備有耳機供應旅客欣賞影片及聽音樂。

四、未成年兒童單獨搭機（Unaccompanied Minor, UM）

1.出生十四天以內的嬰兒無論是否有父母陪同，大部分航空公司不受理搭機（註：各家航空公司規定會有差距，最好親自詢問需要搭乘的航空公司）。

2.基於安全及設備因素，嬰兒不得坐在機艙內的上層機艙（僅B747有）。

3.三個月以下的嬰兒，航空公司不接受單獨旅行，超過三個月但不足三歲的小孩如果單獨旅行，需請航空公司派人照顧，但須另外付費。超過五歲的小孩可以允許單獨旅行，不需另請航空公司派人照顧，但須知會航空公司機內人員以便隨時照應。

4.一位成年人只能帶兩位嬰兒，或一位嬰兒和一位小孩一起旅行。

5.UM的合法監護人或父母不可在旅行飛行中途離開，必須陪伴到機場為止。

6.UM不能在旅途中作停留，除非有父母的書面同意，並在轉機地方安排有人接機。

7.有人陪伴的嬰兒旅行如果占位，需支付小孩的機票費用，如果帶超過一位嬰兒，則第二位收取小孩機票費用。

五、特殊乘客搭機

(一)懷孕的母親

1.懷孕三十二星期以內的母親搭機可以不需提出健康證明。

2.距離預產期只剩四週的母親，航空公司得拒絕搭機，除非是特殊狀況或人道因素，但必須經航空公司醫生同意，且有醫生或合格護士在旁照顧一起搭機。

3.生產後七天之內不接受搭乘。

(二)需擔架的乘客

1.原則上一個航班只能接受一位需使用擔架的病患。

2.該病患必須有醫生陪伴，除非醫生出具證明該病患在機上不需接受治療，則可由親屬或監護人作陪。

3.必須事先向航空公司預訂並說明。

4.費用是一般經濟艙全票的四倍，不適用於團體票價（小孩病患亦同）。

(三)使用輪椅的乘客

1.需輪椅上下機，無法自行通過階梯，但在機內不需任何協助者沒有限制。

2.需輪椅，在機內亦無法自行行動者，需有一位醫生或護士陪伴搭機，若有醫生開立證明該病患在飛機上不需接受治療，則可由親屬或監護人陪伴搭機，此監護人之座位必須與病患一起。

3.使用輪椅的乘客座位安排在出口或廁所附近，但不得在緊急出口處。

(四)耳聾乘客

1.耳聾乘客必須有人接送機，如果需轉機必須事先再確定機位。

2.如果有導聾犬協助，一個航次最多只能有兩隻導聾犬。

3.導聾犬將安排靠近牆邊的位置，且必須躺在耳聾乘客之腳下，在機上不能餵食，只能喝水。

(五)眼盲乘客

1.眼盲之乘客如果有人陪伴無限制。

2.一位成年人最多只能陪伴二位盲人搭機。

3.沒有人帶領之盲人必須有人接送機，如果需轉機必須事先再確定機位。

4.眼盲乘客之導盲犬限制如同耳聾乘客。

(六)被拒絕入境之乘客

乘客因為沒有工作證、簽證過期、非法入境、放逐者或被遞解出境者。

1.每一個航班最多只接受四位沒有人監護的被拒絕入境乘客。

2.被拒絕入境者如果是有危險的，航空公司得拒載，除非有監護人。

(七)犯人

1.有危險的犯人必須有兩位監護人押送。

2.沒有危險的犯人必須有一位監護人押送。

3.有酒精之飲料不得提供給犯人及其監護人飲用。

4.一個航班最多只能接受四位犯人搭機。

六、攜帶動物上機

攜帶動物旅行的乘客必須特別注意目的地國相關的法令，每一個國家對動物入境均有不同程度之要求，基本上航空公司為了旅客之舒適，將動物當作一件託運行李看待，如果動物不與人一起搭機或者動物本身體積過大或有野性，應以貨運方式載運。旅客攜帶動物入關，如果不符合該國家相關規定，航空公司及旅客將會遭遇下列情況：(1)該動物將被毀滅；(2)載運之航空公司將被罰款；(3)動物如果需長時間隔離檢疫，費用由旅客支付。

通常攜帶動物上機需注意下列事項：

1.飛機只接受寵物，如狗、貓、鳥在機艙內，該動物必須沒有臭味。

2.一架飛機通常只接受一隻動物在機艙內，寵物加上籠子重量不超過5公斤，長寬高不超過115公分。

3.該動物必須準備好相關文件，如進口檢疫、健康等證明。

4.若攜帶鳥類，必須用布覆蓋在籠子上，所有的寵物除水之外均不得餵食。

5.航空公司對動物在飛行途中遭受任何損傷或死亡不負任何責任。

Chapter 9

機票價格

- 價格區隔
- 航空公司各航線票價考慮因素
- 影響個人機票票價的相關因素

市場區隔與票價區隔是許多企業經營之策略，各有其特性與優缺點。不可否認地，在航空市場，票價區隔有其必要性，至於市場區隔在目前航空公司策略運用上則無顯著差異性。機票票價影響個人旅行意願，尤其是以休閒旅遊爲目的之客人。影響旅客搭機飛行的因素很多，商務客與觀光客的旅遊動機不同，所考慮選擇搭乘之航空公司自然互異。但不可否認地，航線對票價具有決定性之影響。雖然nonstop的航線最貴、最方便，但並不表示最受所有旅客喜愛，觀光客旅行仍以價格低廉爲主要考慮因素。

第一節　價格區隔

所謂價格區隔是生產者將一樣相同的貨品根據不同單元以不同的價格賣給不同需求的人。例如市公車向學生及年長者收取較便宜的票價，雖然價格是根據成本而來，但價格區隔其價格的不同並非直接由不同的成本反應出來，例如大量購買可享有折扣、提早購買有優惠。同在一班機內坐在一起的兩位乘客，他們的出發地相同目的地也一樣、機艙內也享受同樣的餐飲及服務，但其所付機票價格可能相差甚鉅。採用此種價格區隔策略並非只限航空業，也非新發明，在許多行業早已實施此策略。

許多因素影響著航線的價格，除了政治因素及行銷策略外，又可受下列因素影響：

1.旅遊出發時間，如淡旺季。
2.搭機等級，如頭等艙、商務艙、經濟艙。
3.飛行時間長短，如轉機、直飛。
4.可停留在目的地之日期長短，如超過一定天數或停留包括一個星期六晚上。

5.機票購買地及開票地。

6.機票開票時間，如離出發時間長短，七天、十四天或二十一天。

7.同時購票一起旅行人數。

8.購票者身分，如學生、老人、旅遊業者。

除了以上因素外，與航空公司的價格政策、成本結構及市場機能均有關係。此外，不同區域不同路線即使飛行距離相差無幾，價格也不同。在歐洲，長期以來每公里的機票價格比美洲地區高，歐洲和亞洲之間的票價則低於歐洲和非洲之間，即使在歐洲的城市之間，其價格層級也不同，有些城市間價格高有些價格低。

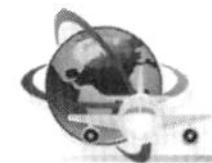

第二節　航空公司各航線票價考慮因素

航空公司在制定價格時，與公共汽車或火車不一樣，並非採取誰先來就先上車，價格統統一樣的制度。他們採取預訂座位的方式，藉由收益管理（Revenue Management或Yield Management）系統或載運量（Load Factor）管理法來計算如何賣掉機票才能最賺錢。目前許多航空公司採用收益管理，就是把產品按不同的價格適時地賣給不同類型的顧客，從中獲得最大利潤，因此在制定價格時，係以市場而非成本爲標準；在銷售時，考慮不同顧客的不同需求，使每一航班中每一航段的每個座位都能以最好的價格出售（如**圖9-1**）。根據航空公司的實證，並非空位越少收益就越大。一架飛機坐滿使用折扣票的客人，這趟飛行仍可能是虧本的。航空公司利用有限制的折扣票來吸引一些不一定要坐飛機的客人，這些多屬於遊客，對票價較在乎，比較早訂位。不在乎票價的旅客屬於商務客，他們通常比較晚訂位，能接受較高的價格。如果航空公司早早就將機位以低價賣掉，臨時要票的旅客可能因買不到機票而誤事，而航空公司也沒賣到好價錢，因此，實行多艙管理及多級票價，可

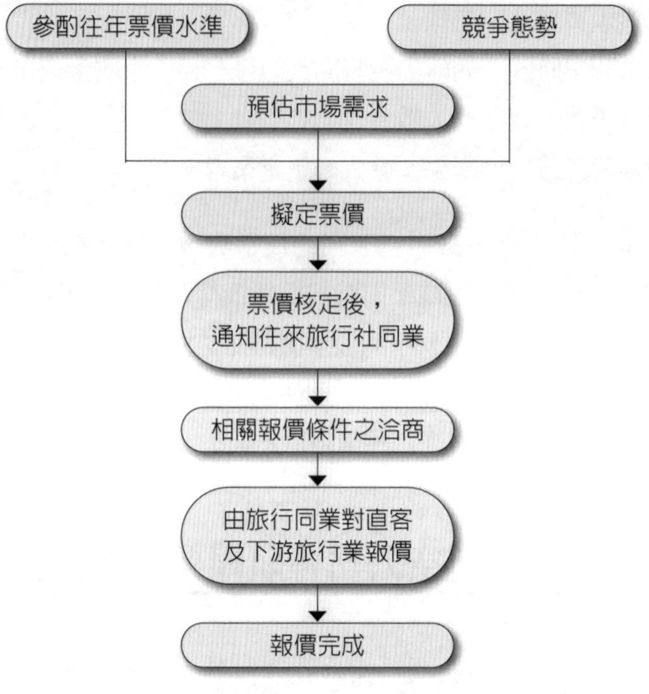

圖9-1　長榮航空公司的票價制定流程

資料來源：《旅報》，148期，頁9，1997年3月1日。

適時賣出一部分折扣票減少空位數，又可滿足較晚訂位旅客的需求，並賺取較高的票價。

Revenue Management與Yield Management計算方式不一樣。Revenue Management強調每一座位每公里或英里所創造的收入，其計算方法是總收入除以座位總數與總飛行公里之值，即：

總收入÷（座位數×總飛行公里）

而Yield Management則強調每一個乘客每公里或英里所創造的收入，其計算方式是總收入除以乘客總數與總飛行公里之值，即：

總收入÷（乘客總數×總飛行公里）

由於飛機起飛的成本是固定的，多載運一個客人的成本增加極爲有限，而多增加一個客人的收入卻相當可觀，因此使用Revenue Management須考慮價格及座位，對於航空公司較能反映出較佳的經濟效益。

航空公司在開發新的航線後，如何決定該航線座位的票價，受到下列因素的影響：

1.兩地往來旅客數量及未來發展。

2.航空公司每星期的飛行班次、載客量以及競爭程度。

3.在航線上使用之機型及容量。

4.機艙內擬提供之服務等級及數量，如頭等艙、商務艙、經濟艙，以及優待票或特別票。

5.決定損益平衡點，一個班次需賣多少個位子才能損益平衡，在固定航線的班機是50～60%之間。

定期航空機位的銷售常以鼓勵提早訂位的方式來吸引旅客，低廉的票價（APEX）被使用在許多航線的經濟艙上，隨著提早訂位的時間不同，票價也有差距，當然這種票價在數量上也是有限制的，會隨著旺季來臨而減少。旅行社團體訂位，票價之所以較低，除了適用團體價格外，也因團體提早訂位得以享受低價優惠。近來不少航空公司採用團體營收管理系統，利用電腦將過去淡旺季機位分配狀況及載客狀況，自動評估未來每一航班機位供給需求，使機位分配能得到最大營收。例如在機位需求大時，電腦可能會拒絕團體加訂機位或要求旅行社加碼以取得機位。

此外，由於空中交通流量變化很大，很容易受到出發地經濟興衰或目的地政治是否安穩的影響，這些不確定因素會使得航空公司以承租的方式來取代購買新機。有些航空公司專門從事購買新機來租給其他航空公司，他們常用濕租（Wet Leases）的方式，所謂「濕租」即除了租用飛機外也包含操作的機組人員，飛機可以塗上租用公司所想要的標誌或圖案。

 第三節　影響個人機票票價的相關因素

航空公司提供的產品，在競爭激烈的航空市場呈現非常多樣化，已經不再單獨根據飛行的距離來決定機票票價。反之，現今的機票票價受到：(1)飛行行程種類；(2)機票之種類；(3)飛行方式；(4)機艙服務等級的影響。

一、飛行行程種類

(一)單程行程（One Way, OW）

由出發地到目的地，沒有再回到出發地。例如：

TPE→LAX

TPE→LAX→NYC

(二)來回行程（Round Trip, RT）

由出發地到目的地再回到原出發地。例如：

TPE→LAX→TPE

TPE→HNL→DEN→HNL→TPE

(三)環遊行程（Round-the-World, RTW）

具有來回行程的特性，但去程與回程經過的城市不同。例如：

MSP→SEA→LAX→MSP

TPE→SIN→LON→BKK→TPE

(四)開口式行程（Open Jaw）

開口式行程本身具有來回或環遊行程的特質，只是有部分行程是包含陸上旅行或非空中旅行。

開口式行程可分為兩種：

1.單開口式行程（Single Open Jaw）：其開口地方可在折返點。如：

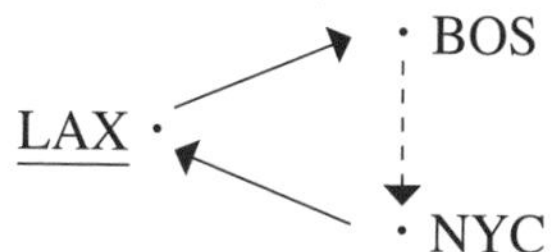

或開口地方在出發城市與目的地城市，如：

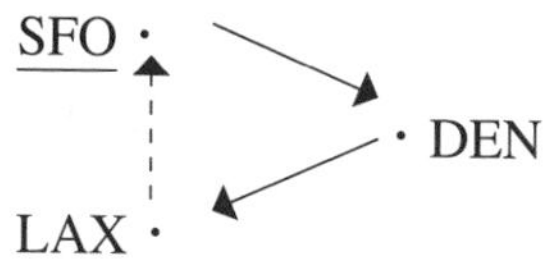

2.雙開口式行程（Double Open Jaw）：開口的地方在兩邊，一邊是在折返點的地方，一邊在出發城市與目的地城市之間，例如：

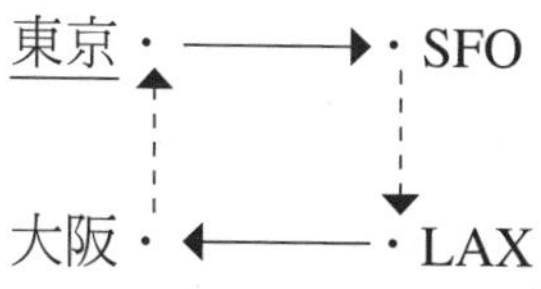

二、機票之種類

航空機票種類繁多，可依使用者年齡、使用時機、運輸限制等而有不同的待遇及價格，大體上可將各種不同條件的機票分成三大類：普通票、優待票和特別票。

(一)普通票

也可稱爲標準的全票，從開始旅行日起一年有效。購買者必須年滿十二歲以上，支付適用於旅行票價之全額，其艙等爲頭等艙的F或P，或超音速客機的R、商務艙的C或J、經濟艙的Y或S。普通票使用時通常沒有太多限制條件，可以退票而不需受到罰款，沒有使用季節、時段的限制，不需有最少停留天數的限制，可以允許中途停留。

(二)優待票

以普通票爲準而打折扣的票價，依使用者身分不同而有不同的折扣優惠。

◆兒童票

凡是滿二歲未滿十二歲的旅客與購買全票之監護人搭乘同一班飛機、同一等艙位，即可購買兒童票，如同全票占有一座位，享有與全票同樣的免費託運行李。一般的航空公司針對兒童收取其適用全票的75%，如果五歲到十二歲的兒童無人陪護，個人單獨搭乘坐飛機時，可以辦理兒童無陪護旅行手續，但需要提前向航空公司申請，兒童於搭乘飛機時航空公司會派有專人來負責照顧該兒童上下飛機，但這樣的兒童就不能享受兒童機票的優惠。旅客在買票前最好事先詢問該公司針對兒童收取的標準。基本上如果兒童獨自旅行，需付全額的機票費用。當兒童在出發旅行當天滿十二歲時，視同成年人，必須購買全額機票，但如果在使用第一張搭乘聯後才滿十二歲，則不需買全額機票。至於國內線，則各國規定不一，台灣國內線爲50%。

◆嬰兒票

所謂嬰兒乃是指出生後未滿二歲的小孩，由其監護人陪同搭乘同一班機、同一等艙位、不占機位，即可購買適用全票10%的機票。其年齡以旅行日爲準，旅行當日如果滿二歲，則需付兒童票，如果於旅途中超過二週歲時，則不需補票。嬰兒票無免費行李，僅可攜帶搖籃及嬰兒用品，在機上一般均有供應搖籃及嬰兒用品，如奶粉等，但須事先申請，航空公司可在機上免費提供固定的小嬰兒床。每一旅客只能購買一張嬰兒票，如果帶超過一位嬰兒時，第二個嬰兒必須購買兒童票（嬰兒若獨自旅行，必須有送機及接機者，且必須付費請空服員陪伴照應）。三個月以下嬰兒，各航空公司均不接受獨自旅行。

嬰兒票在國際航線收取10%，至於國內線則各國不一，台灣國內線收取10%，美國國內線嬰兒免費；到美國計算嬰兒票：(1)當橫渡太平洋時，計算到舊金山（不管行程是否到舊金山）收全額10%；(2)當橫渡大西洋時，則計算到蒙特婁或波士頓，二者比較取票價低者，收取全額10%；(3)當由南美洲到美國，以計算到邁阿密，收取全額10%。若未滿二歲的嬰兒隨父母搭機赴美，其免費託運行李爲可託運行李一件，尺寸長寬高總和不得超過115公分（越南航空行李規定持嬰兒票之旅客，可享有一件限重10 公斤以內的免費託運行李，以及一台嬰兒推車）。

◆領隊優惠票

航空公司爲了協助旅行代理商向大衆招攬團體能順利進行，對帶團的領隊提供優惠票，根據國際航空運輸協會（IATA）規定：

1.十至十四人的團體，可享有半票一張。
2.十五至二十四人的團體，可享有免費票一張（Free of Charge, FOC）。
3.二十五至二十九人的團體，可享有免費票一張、半票一張。

孕婦搭飛機

搭機飛行對於孕婦來說是相當辛苦的，尤其是長時間的飛行更辛苦。懷孕超過三十二週的孕婦乘機，須供包括下列的醫生診斷證明：

1.旅客姓名、年齡。

2.懷孕時間。

3.旅行的航程和日期。

4.是否適宜乘機。

很多航空公司規定，如果孕婦未能出示醫療證明，航空公司可以拒絕孕婦登機。另外，大部分的航空公司都規定懷有單胞胎的孕婦可以在懷孕三十六週（孕滿九個月）前搭乘飛機，而懷有雙胞胎的孕婦則只可在懷孕三十二週前搭乘飛機。

孕婦搭機最好預先通知航空公司，會被安排第一排較寬闊位置，讓孕婦有更多活動空間。坐飛機時，一定要在飛機上多喝水，多站起來走動及伸展雙腳。孕婦絕不可以把安全帶扣在肚上，應該是扣在肚子的底部位置。此外，孕婦一定要隨身帶著產檢的資料，最好中文及英文的都有。

資料來源：Joanne (2017/03/20), Skyscanner；唯寶網（2016）。

4.三十至三十九人的團體，可享有免費票二張。

隨著市場自由競爭，航空公司利潤下滑，有愈來愈多之航空公司取消相關優惠規定。

◆代理商優惠票

針對有販售機票之旅行代理商服務滿一年以上的職員，可視情況申請75% Off的優惠機票，亦即僅付全票的25%，一般稱1/4票或Quarter Fare。根據IATA規定，每個代理營業所每年只能購買二張，效期自發行日起三個月有效，其目的是協助業者出國考察增加業務知識。

◆老人票

各國對老人之年齡限制不同，優惠票價各異，我國針對六十五歲以上中華民國國民，國內線可購買50%的優惠機票。

(三)特別票

航空公司在淡季或針對特定航線、特定日期、人數，為鼓勵度假旅行或基於其他理由所提出的機票優惠，如旅遊票、團體全備旅遊票、APEX Fare等。

◆旅遊票

航空公司所推出之旅遊票都會有一些旅遊上的限制，可能包含：

1.限制最低、最高停留天數。
2.限制使用的季節及時間。
3.必須提前一段時間購票。
4.停留城市的限制。
5.不可退票，如果要退票需付退票費。

基本上旅遊票有效期限依票而異，但必須是購買來回票。例如：

AB　提早購買最低的超級旅遊票

AN　不能退的旅遊票

EE　標準旅遊票

PX　立即購買旅遊票

YHE1Y　Y艙，旺季使用，旅遊票有效期限一年

BLE3M　　B艙，淡季使用，旅遊票有效期限三個月

◆**團體全備旅遊票**

指團體包辦式旅遊，必須達到特定人數，每人才能享受特定程度的優惠。例如GV25、GV10。「GV」表示團體全備旅遊票，「25」表示至少需二十五人以上。

◆**APEX Fare**

這是所有機票中價格最便宜的一種，同時使用限制最多，必須在出發前提早購票，中途不可以停留，必須買來回票，由出發日開始算起有效期間爲三至六個月。在機票的「FARE BASIS」欄有時以AP來表示。例如：

YLAP21　　Y艙，旺季使用，二十一天前提早購買

BOWAP　　B艙，淡、旺季之間使用，限週末使用，必須提早購票

三、飛行方式

旅客的空中旅行會受到航空公司的既定飛行航線影響，其飛行方式可分爲直飛、不停留及轉機三種。

(一)直飛（Direct Flight）

直飛是旅客使用同一航空公司、同一班機號碼，由出發地飛到預定停留的城市或目的地，在飛行途中可有一站或一站以上的停留，此停留可讓旅客登機或下機離開，但其他乘客不下機休息。但實際上，有時因暫停時間較長，航空公司會讓旅客下機等候。如旅客搭SQ12班機由台北直飛到倫敦，途中停新加坡載客或卸客，但由新加坡到倫敦仍使用SQ12班機，該停留城市新加坡並未出現在機票上面。

(二)不停留（Non Stop Flight）

不停留指旅客使用同一航空公司、同一班機號碼，由出發地直飛到預定停留的城市或目的地，途中沒有作任何停留。這種飛行最快、最節省時間，較受歡迎，可避免轉錯機的困擾。

(三)轉機（Connection Flight）

轉機指旅客的空中旅程被中斷，需暫停一個或一個以上的城市，且使用不同的航空公司，或是相同的航空公司、不同的班機號碼，通常此種飛行方式耗時，但票價較便宜。轉機可分兩種型態：

1.On-line Connection：旅客由出發地到目的地，途中需轉機，旅客前後使用同一家航空公司，但不同的飛機及班機號碼。

2.Interline或Off-line Connection：指一個飛行行程中，旅客使用兩家或兩家以上不同的航空公司，採用不同的飛機及班機號碼。

四、機艙服務等級

機艙內的服務等級端視旅客購買搭乘的艙別，不同的艙別，航空公司提供不同的服務，此服務可依座位舒適、餐飲、娛樂和服務品質來區分，旅客所付的價格自然不同。大型的飛機所提供的艙別較多，一般分爲頭等艙、商務艙及經濟艙（長榮航空例外，機艙分爲四級，另提供長榮客艙，係介於商務艙及經濟艙之間）。以西北航空從台北→洛杉磯爲例，F艙需台幣108,000元，C艙50,000～60,000元，Y艙20,000～30,000元。最貴的艙等是協和號的R艙，約是頭等艙費用的1.5倍（已停飛）。

(一)頭等艙（First Class）

座位寬敞、舒適，幾乎可躺平，前後椅距62英寸以上，座位排列2-2-2。餐飲精緻，旅客可自由選擇，使用高級的瓷盤，享受空服員仔細的照顧，且享有使用貴賓室的權利及優先上下飛機的權利。華航頭等艙曾經引進了波音公司概念客艙的設計，規劃十二個具有個人空間的頭等艙，有三位專屬服務的空服員。2005年曾獲得國際航空調查機構（Skytrax）五顆星的最高評價，與國泰、新加坡航空等知名航空公司並列第一。不過現今保有頭等艙之航空公司有大量減縮之趨勢。

(二)商務艙（Business Class）

價格低於頭等艙，有時比照經濟艙原價，服務介於頭等艙與經濟艙之間，有多種主食可任選一種，使用高級餐巾、餐具，座位寬敞、舒適，有較大的座椅斜度。B747商務艙座位排列爲2-3-2或2-2-2，前後座間距爲48～50英寸，較經濟艙3-4-3前後間距36～44英寸寬敞多了。

(三)豪華經濟艙（Premium Economy Class）

介於經濟艙與商務艙間的艙等，價錢約爲經濟艙的110～225%，但座椅寬度、椅距及舒適度都較經濟艙高，豪華經濟艙的航班餐點、飲食種類大多會比經濟艙多一些，餐點品質通常也會較高。豪華經濟艙通常會與其他艙等分開，並設置於經濟艙及商務艙之間，會免費提供個人用品包，但乘客無法使用航空公司的機場貴賓室，此艙等通常只出現在中、長程航線。

(四)經濟艙（Economic Class）

費用最低，得到的照應最基本，使用美耐皿，一人一份的餐盒，食物選擇性低，通常主菜只有兩至三種選擇，座位排列較擠，空服員與乘客比例約1：30至1：40。由於空間狹窄，久坐不動可能發生經濟艙症候群（深部靜脈血栓，Deep Venous Thrombosis）。一般飛機的經濟艙前面座椅背後設有一個折疊式的餐桌外，還設有口袋可放置下列物品：嘔吐袋、航空雜誌、免稅商品目錄、安全逃生措施卡等。

Chapter 10 各國時差與時間換算

- 時差
- 日光節約時間
- 時間換算及飛航時間計算

雖然每一個地區均有固定的時差，但由於有部分地區（尤其是一些歐美國家），另外再實施夏令節約時間，於某個時間（每一國家實施日期不一定一致）將時間撥快一個小時，也因此造成時間之計算更加複雜，除了要知道時差外，尚須知道該地區是否有實施夏令節約時間，及何時開始？何時終止？南半球又與北半球在實施上有些不同。

第一節　時差

時區是根據太陽因地球的自轉導致的全球時間不一致。地球由北到南共分成三百六十個經度，其表面共畫分成二十四個時區，每一個時區十五度，每時區相差一個小時。由格林威治子午線開始算起爲零度，此線經過英國位於倫敦的格林威治國立天文台，此地的時間稱爲格林威治時間或世界標準時間（Greenwich Mean Time，簡稱G.M.T）。倫敦格林威治天文台所使用的原子鐘已失效，已由環球時間所取代，或稱斑馬時間，其與格林威治時間只是名稱不同。由G.M.T往西延伸（到美國）爲減小時，一直到－12小時、180度爲止；往東延伸（經歐洲、中東到亞洲）爲加小時，一直到＋12小時、180度的國際換日線（International Date Line）相會合。搭船或飛機經過國際換日線時，時間會有重大改變，往東走多一天（譬如7月21日會變成7月20日），往西走則少掉一天（7月21日變成7月22日）。

當地時間（Local Time）指某一個地方當時的時間。在航空時刻表裡所呈現的出發時間及抵達時間均指當地時間，並非完全以出發城市爲主，而是指出發城市當時的出發時間，而抵達時間則指抵達城市當時的時間。因此時間必須經過換算才能算出正確的飛行時間，要換算時間則必須先知道當地時間與格林威治時間的差別。基本上每個時區是相差一個小時，但也有例外的，如印度的斯里蘭卡爲＋5.5，加拿大的紐芬蘭省爲－3.5，分隔時區的經線並非直線，爲了避免人口密集區時差不同造成的困擾，它成曲線分布，經過人煙罕至的地區。

時區的分布因國而異，以經過倫敦的G.M.T爲準，爲標準時間。整個英國爲0，台灣爲＋8（亦即英國凌晨一點時，台灣爲同一天的早晨九點）。世界上占最多時區的前蘇聯，由＋2到＋12，其橫跨十一個時區；其次是加拿大，由－3.5到－8；美國有50州由－5到－10，共跨六個時區（本土大陸有四個時區），若含海外屬地總共有九個時區；澳洲大陸本土爲＋8到＋10；印尼爲＋7到＋9。基本上領土越大（東西越寬）所跨時區越多，但唯一例外的是中國大陸，只跨一個時區，所有的地區、城市均爲＋8。**表10-1**爲一些主要國家、城市與G.M.T相差的時區。

時區畫分

時差是根據「經度」劃分，俄羅斯橫跨歐亞大陸是全球面積最大的國家，其本土就可以分為十一個時區。美國若含屬的也有十一個，澳大利亞和英國並列第四位，有九個時區。中國按照的區劃分標準，也橫跨五個時區。但是他們不是全球擁有時區最多的國家，由於法國在全球擁有很多分散屬地，時區最多共有十二個。

依據領土分布，全中國從東到西可橫跨五個時區，1949年中華人民共和國成立後，整個中國定立統一的GMT+8時區，稱為北京時間（或稱作中國標準時間）。全國統一時間優點是，人民不須做時間換算，但缺點是，當大陸東部八點已經上班，中西部八點還是黑夜，還沒有上班！影響行政效率。

資料來源：整理自維基百科。

表10-1　主要國家、城市與G.M.T相差的時區

	主要城市國家	相差時區
東半球	紐西蘭	+12
	澳洲（+8、+9.5、+10） 坎培拉、雪梨、墨爾本、布里斯班 阿得雷德、達爾文 伯斯	 +10 +9.5 +8
	關島	+10
	日本、韓國	+9
	台灣、中國大陸、香港、新加坡、菲律賓、馬來西亞	+8
	泰國、印尼（雅加達）	+7
	印度	+5.5
	阿拉伯聯合大公國（杜拜）	+4
	俄羅斯（莫斯科、聖彼得堡）、沙烏地阿拉伯	+3
	歐洲 希臘、埃及、芬蘭、東歐、南非 法、德、西班牙、義大利、荷、比、盧、丹麥、瑞典 英國	 +2 +1 +0
西半球	加拿大（−3.5、−4、−5、−6、−7、−8） 渥太華、多倫多、蒙特婁 卡加立、艾德蒙吞 溫哥華	 −5 −7 −8
	美國 Eastern Time：紐約、波士頓、奧蘭多、亞特蘭大 Central Time：芝加哥 Mountain Time：丹佛、鹽湖城 Pacific Time：拉斯維加斯、洛杉磯、舊金山、西雅圖 阿拉斯加州 夏威夷群島	 −5 −6 −7 −8 −9 −10
	墨西哥（−6、−7、−8） 墨西哥市	 −6
	巴拿馬	−5
	巴西（−2、−3、−4、−5） 里約熱內盧、巴西利亞、聖保羅	 −3
	阿根廷	−3
	智利	−4
	秘魯	−5

資料來源：旅遊百科—各國時差，http://www.gloriatour.com.tw/time.shtml

第二節　日光節約時間

日光節約時間最初的實施，主要是因爲早年由於世界曾發生能源危機，爲了節省能源，有心人士提議在一年之中太陽比較早升起的那段時間，將每天日常生活作息提早一小時，如此可充分利用有陽光的時間。於是世界各國紛紛於夏季來臨時採行日光節約時間（Daylight Saving Time），於午夜二十四時將時鐘撥快一個小時，成爲隔日的一時，於是形成夏季時白晝特別長，某些地區到下午九時才天黑（如在英國6月底，九時三十分天色才逐漸暗下），若靠近時區線可能產生近下午十時才天黑。絕大部分西歐國家均有實施日光節約時間，台灣曾在民國34年開始實施日光節約時間，前後中斷兩次，但在民國69年正式停止施行。

同時每一個國家開始實施日期也不相同。英國於3月底開始實施日光節約時間，10月底結束；美國則於4月初開始，10月底結束；澳洲因位居南半球，夏季時分與北半球相反，因此實施日光節約時間開始於10月底，於次年3月底結束。即使一國有實施日光節約時間，也可能其國內某些地區不實施，例如美國的夏威夷、亞利桑那兩州及印第安那州的東邊則不實施日光節約時間；加拿大的薩克其萬省（Saskatchewan）也沒有實施。因此在計算時間時必須注意兩地之間的時差，以及是否有實施日光節約時間？何時開始及結束？

第三節　時間換算及飛航時間計算

一、G.M.T與當地時間的換算

世界各國均有固定的時差及標準時間，台灣比格林威治時間早八小時，以+8來代表與G.M.T的時差，其換算方式為：

G.M.T+（時差）=當地時間

例1：台北時間**1**月**12**日上午**11:30**，換算成**G.M.T**時間？

解：台北與G.M.T的時差為+8

G.M.T+8=11:30

G.M.T=3:30

G.M.T的時間為同天的凌晨3:30

例2：舊金山時間**1**月**12**日下午**8:00**，換算成**G.M.T**時間？

解：舊金山與G.M.T的時差為-8

G.M.T+（-8）=20:00

G.M.T=28:00

28:00-24:00=04:00（次日）

G.M.T的時間為1月13日凌晨4:00

例3：台灣時間**8**月**20**日上午**10:00**，紐約是幾點？

解：8月時美國紐約州有實施日光節約時間，原本紐約與G.M.T時差為-5，實施日光節約時間後變為-4

台灣沒有實施日光節約時間，時差仍為＋8

G.M.T＋8＝10:00

G.M.T＝02:00

G.M.T－4＝紐約時間

02:00－4＝紐約時間

26:00－4＝22:00

紐約的時間為8月19日下午10:00

二、飛航時間計算

由於世界各家航空公司的時刻表上所載明的起飛時間及抵達時間均爲當地時間，因此在計算兩據點之間總共花費之飛行時間（包括中途轉機或暫停），則必須考慮下列兩點因素：

1.出發地與目的地是否同一個時區，若不是同一時區，則分別找出與G.M.T的時差。

2.是否有實施日光節約時間。

將起飛地點的當地出發時間及目的地的當地抵達時間，均換算成G.M.T的出發時間及抵達時間並相減。

例1：**長榮航空032班機1月24日18:20由台北起飛，於同天21:30飛抵紐約，途中於安克拉治短暫停留，其飛航總時數為多久？**

解：台北＋8，紐約－5

將台北出發時間及紐約抵達時間均換算成G.M.T時間

G.M.T的出發時間

G.M.T＋8＝18:20

G.M.T＝10:20

G.M.T的抵達時間

G.M.T－5＝21:30

G.M.T＝26:30

26:30－10:20＝16:10

長榮032班機由台北飛到紐約需16小時10分鐘

（7月時台北飛到紐約，由於美國有實施日光節約時間，長榮航空台北18:20起飛，飛行時間仍為16小時10分，但飛抵紐約時間則為22:30）

例2：達美航空**7**月**24**日**14:45**由西雅圖起飛，於同天**22:04**飛抵亞特蘭大，其飛航總時數為多久？

解：西雅圖－8（7月實施日光節約時間為－7）

亞特蘭大－5（7月實施日光節約時間為－4）

G.M.T的出發時間

G.M.T－7＝14:45

G.M.T＝21:45

G.M.T的抵達時間

G.M.T－4＝22:04

G.M.T＝26:04

26:04－21:45＝4:19

由西雅圖飛到亞特蘭大需4小時19分

例3：華信航空**AE802**於**1**月**24**日**12:00**由雪梨起飛，同天**18:00**飛抵台北，其飛航總時數為多久？

解：雪梨＋10（1月實施日光節約時間為＋11）

台北＋8

G.M.T的出發時間

G.M.T＋11＝12:00

G.M.T＝01:00

G.M.T的抵達時間

G.M.T＋8＝18:00

G.M.T＝10:00

10:00－01:00＝09:00

由雪梨飛到台北需9小時

例**4**：國泰航空於**2**月**25**日**14:10**由法蘭克福起飛，中途在香港暫停，於**2**月**26**日**11:40**飛抵台北，其飛航總時數為多久？

解：法蘭克福＋1

台北＋8

G.M.T的出發時間

G.M.T＋1＝14:10

G.M.T＝13:10

G.M.T的抵達時間

G.M.T＋8＝11:40＋24:00

G.M.T＝27:40

27:40－13:10＝14:30

由法蘭克福飛到台北需14小時30分

例**5**：英亞航空於**2**月**24**日**19:40**由台北起飛到倫敦，其飛航時間共**16**小時**45**分，問該班飛機於何時飛抵倫敦？

解：台北＋8

倫敦＋0

G.M.T的出發時間

G.M.T＋8＝19:40

G.M.T＝11:40

G.M.T的抵達時間

G.M.T＋16小時45分＝27:85＝28:25

28:25－24:00＝04:25（2月25日）

該班飛機抵達倫敦時間為2月25日凌晨4:25

時　差

大多數人搭乘飛機至遠地旅行時會有「時差」（Jet Lag）的經驗，由於我們身體內生理時鐘的節奏，這些旅人跨越時區旅行時，會感到疲倦，在白天充滿了濃濃的睡意。而時差發生的原因是因為日夜節奏無法與環境的正常作息相互配合所造成的。當身體內的時間是凌晨三點時，當地的時間卻是早上八點，此時人們不但仍想睡覺，實際上睡眠也被剝奪了。

而有趣的是，搭乘飛機的航線與是否造成時差會有密切的關係。現在，假設你要飛往美洲，可以選擇向東飛越太平洋至美國；亦可向西經中亞、歐洲，越過大西洋而至美國。請問您覺得哪一條航線比較會產生時差經驗呢？

結果是，往東飛行要比往西飛行造成更大的時差。這是因為當往東飛行時，會使睡覺的時間提早來到，而我們的生理時鐘較容易延長而不容易縮短，就像是提早起床比提早入睡容易。因此要克服向東飛行所引起的時差最好的方法就是飛行前幾天提早起床，這樣一來逐漸調整也變得比較容易，或在搭飛機時就應配合目的的時間起居，例如抵達目的的時間是晚上，在機上時就少睡。

資料來源：Klein & Wegmann, 1974.

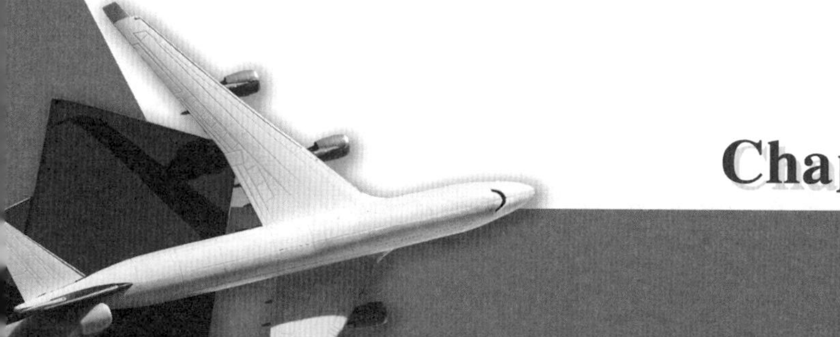

Chapter 11

機票內容及使用須知

- 機票的類型與構成回顧
- 機票內容及其說明
- 機票使用應注意事項
- 航空票務作業流程

傳統機票的構成要素有四聯，每一家航空公司均有印製自己的機票，但也會加入聯運組織，使用標準化的機票以服務旅客，簡便作業手續。無論機票是屬於手寫或由電腦印出，除了些微不同外，基本上組成要件與代表內容均有其共同點。

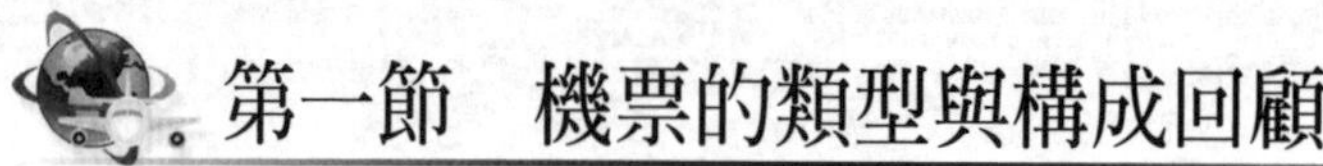

第一節　機票的類型與構成回顧

本節將回顧過往機票的類型與機票的構成，以及填發機票時應注意之事項。

一、機票類型

機票過去有手寫機票及經由電腦再由開票機開出的機票。手開機票由人工繕寫在已印有航空公司名稱的機票；開票機開出之機票簡潔、清楚，若經由中性機票及銀行清帳計畫（Billings & Settlement Plan, BSP）所印製之機票則稱為標準化機票（中性機票），此種機票格式內容一致，可開出不同航空公司的機票，只要有授權之航空公司均可使用，比手開機票方便、清楚。無論何種款式的機票，構成要素、內容均一樣，只是在格式及位置上有些不同。

機票可分三大類型：

1.手寫機票：一般以國內航線使用居多。
2.電腦自動開出的機票：可分為航空公司自行印製的機票及BSP的標準化機票。
3.ATB：電腦自動開出附有登機證的機票，ATB I是沒有條碼的，ATB II則是附有條碼系統的機票，這種附有登機證的機票，旅客可以減少劃位排隊等待的時間。ATB II因有電腦條碼，可以減低機票遺失被冒用的機會。

二、傳統機票的構成

一本機票內含有關運送人及被運送人之義務與權利，除了一些使用說明與規定外，機票主要由四個不同聯（Coupon）所組成，每一聯顏色不一，各有其功能與用途：

1.審計聯（Auditor's Coupon）。
2.公司聯（Agent's Coupon）。
3.搭乘聯（Flight Coupon）：分為一張、二張（以國內線居多）及四張搭乘聯三種。
4.旅客存根聯（Passenger Coupon）。

在台灣的BSP印製機票，第一聯為公司聯，第二聯為審計聯，排列順序與一般不同。審計聯與公司聯應於填妥機票後撕下來，作報表用，旅行代理店將審計聯與支票每十五日作成報表一併繳給航空公司，公司聯則由填發機票之公司收執歸檔，至於搭乘聯與旅客存根聯則一併交給旅客，在交給旅客前要確認搭乘聯沒有撕錯。旅客在機場辦理登機手續時，應將搭乘聯與旅客存根聯一起交給航空公司，航空公司將搭乘聯撕下，再將剩餘之搭乘聯與旅客存根聯一併還給旅客，旅客應特別注意航空公司是否有不小心多撕一張搭乘聯，以免在下一站時因少了搭乘聯而無法登機。

一本機票，審計聯、公司聯、旅客存根聯均只有一張，只有搭乘聯因實際旅行旅客可能不只到一個城市，因此設計有二張及四張搭乘聯可使用，亦即一本機票旅客可到二個或四個不同的城市去旅行，如果超過機票上面填寫的城市，則使用第二本有相同搭乘聯的機票且必須連號，沒有用完的搭乘聯則寫上「VOID」使之作廢。

搭乘聯本身有先後順序之號碼，第一張搭乘聯爲Coupon1或FC-1，第二張搭乘聯爲Coupon2或FC-2，第三張搭乘聯爲Coupon3或FC-3，第四張搭乘聯爲Coupon4或FC-4（均以藍色格式表示）。在使用搭乘聯時，應依照號碼順序使用，不可顛倒使用，否則航空公司有權拒絕搭載旅客。

三、填發機票時應注意之事項

1.機票爲有價證券，必須妥善保管。
2.塡機票必須使用大寫的英文字體，字跡不可潦草。
3.避免塗改，塗改之機票無效。
4.開立機票應按機票號碼順序塡發，避免跳號。
5.一本機票只能一人使用，且限制只能由本人使用，不可轉讓給他人使用，否則航空公司有權拒絕理賠。
6.機票空白地方應塡入「VOID」使之作廢。

機票拼錯姓名　誰該賠？

丁小姐打電話向旅行社訂購「台北—香港—重慶—香港—台北」的重慶來回四段票；返台時，卻遭重慶機場人員拒絕登機，理由是「機票與護照姓名不符」。

但她不熟識英文，又急著返台，於是聽從機場人員建議，自費人民幣1,935元（約台幣8,132元）再購買重慶飛香港機票一張，自費港幣2,049元（約台幣8,742元）購買香港飛台北機票一張，總計台幣16,874元整。

事後丁小姐向消基會陳情，消基會向旅行社查詢，得到旅行社反應如下：第一，一般發生姓名X和S之間的誤植（陳情人案情），航空公司大多能通融，消費者應該在第一時刻向旅行社反應，好讓旅行社有機會協助。第二，機票訂購確認單上有註明，消費者需自行核對姓名是否正確，消費者未做好確認，也有一定比例過失。

消費者委託業者代辦行程或代購機票所繳交費用，已包含給業者服務費用，業者自當提供消費者值得信賴的服務。業者應校對過、正確無誤機票。但消基會提醒消費者，為使行程順利，消費者還是要仔細核對護照及機票姓名，並注意機票的種類、有效期限及相關限制規定；若是團體票，付款後通常就不可取消或要求退費，也不能增減旅遊天數；促銷票可能會有限制搭乘航空公司指定航班的情形。

核對電子機票三步驟：

1.拿到機票後馬上核對機票上的名字，和自己護照和台胞證上的名字有沒有不同，發現不同，要馬上向旅行社反應。

2.出發時間和航點也要核對，是否和原旅行計畫相符。

3.機位沒有秀OK的話，要請旅行社再確認。

資料來源：《民生報》，2006/10/31。

第二節　機票內容及其說明

過去機票的格式可能因不同地區、不同航空公司發行而有不同的排列方式，但大體上不會相差太多，而且機票四聯中每一聯的格式及內容均不致變化太大（如**圖11-1**）。雖然現今電子機票已經不再格式化，但許多內容及資訊仍沿襲過去紙本機票之內容。了解紙本機票之格式及內

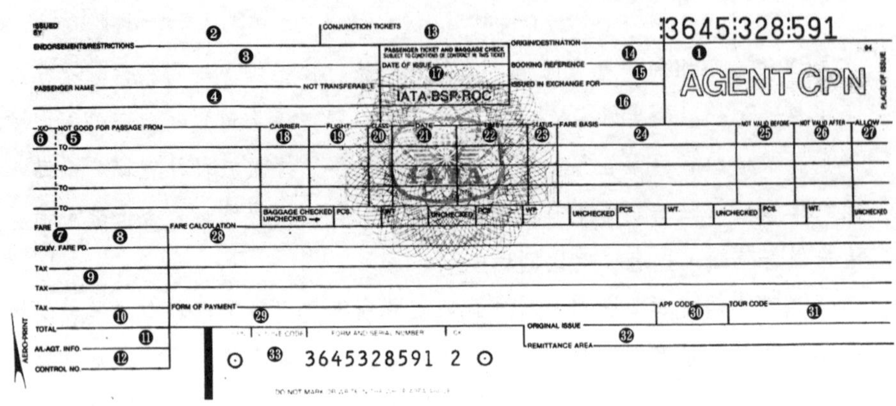

說明：

❶開票航空公司或旅行社
❷發行的航空公司
❸重要限制條件
❹旅客姓名
❺各段行程
❻中途可否停留
❼不含稅的票價
❽付款貨幣及金額
❾稅
❿含稅的票價
⓫航空公司及旅行社間的聯絡號碼
⓬管制號碼
⓭機票連號
⓮出發地城市及目的地城市
⓯訂位記錄
⓰機票來源
⓱開票日期
⓲使用航空公司代號
⓳班機號碼
⓴艙等代號
㉑搭機日期
㉒出發時間
㉓訂位狀況
㉔票價依據
㉕搭乘聯開始使用日期
㉖搭乘聯使用截止日期
㉗免費行李託運量
㉘票價計算
㉙付款方式
㉚機票價格核准代碼
㉛團體代號
㉜原始資料號碼
㉝機票票號

圖11-1　機票範本（公司聯）及內容說明

容有助於電子機票內容之判讀及對機票屬性之認識。

機票內容說明：

❶PLACE OF ISSUE：此欄是由開立此張機票之航空公司或旅行社蓋鋼印以證明有效。內容包含公司名稱、地點及代號。由電腦開出之機票無須蓋鋼印或簽名，可由刷機票機直接印出，但人工開票則需由出票人直接簽名並蓋鋼印。

❷ISSUED BY：指發行此本機票之航空公司，必須填寫航空公司英文全名。

❸ENDORSEMENTS／RESTRICTIONS：指使用此機票重要限制條件。如：

- NON-ENDORSABLE：不可背書轉讓搭乘另一家航空公司（NONEND）。
- NON-REROUTABLE：不可改變行程（NONRTG）。
- NON-REFUNDABLE：不可以退票，否則會課罰金或作廢（NONRFND）。
- NON-TRANSFERABLE：不可將機票轉讓給他人使用。
- VALID ON ×× ONLY：僅可搭乘××航空。
- VALID ON DATE／FLIGHT SHOWN：限當日當班飛機。
- EMBARGO FROM：限時段搭乘。

❹NAME OF PASSENGER：填入旅客的姓名，姓在前，姓與名字以「／」分開，最後加上此人之稱謂，名字有時也可以縮寫（initial）方式來表示。如：

CHANG／WANYEN MR（MRS，MS，MISS，MSTR）

CHEN／P.D.　MS

MSTR指小男孩，MISS指小女孩、少女。

（如果旅客是複姓時，中間不加空格或「－」，如：陳張→CHENCHANG）

❺FROM／TO：指旅客的行程，含出發城市、中途轉機或停留城市，以及目的地城市，如果空格沒有填滿，則在未填的空格打入「VOID」，指名作廢。如果位置不夠則再開立一本機票（必須連號），第一本機票的最後城市需寫在第二本機票的第一個位置，除非有中斷旅行可以不寫。城市要寫英文全名，不可只寫代號（如**圖11-2**）。

(1)當一個城市不只一個機場時，必須註明是哪一個機場。

CATHAY PACIFIC AIRWAYS 1603109234238/39
IT8CX3RC07020/NONEND/RTG/RFND
PASSENGER TICKET AND BAGGAGE CHECK
DATE OF ISSUE 01JUL98
TPETPE SITIN.E.H.S. EXPRESS 97
IB/URQKGV
CHANG/JUITCHI MR NOT TRANSFERABLE IATA-BSP
TAIPEI PSGR CPN TW
34300630 /NU/F738/1

X/O	NOT GOOD FOR PASSAGE FROM	CARRIER	FLIGHT	DATE	TIME	STATUS / FARE BASIS	NOT VALID BEFORE	NOT VALID AFTER	ALLOW
	TAIPEI TPE	CX	4010	01JUL	1825	OKYEXT/C000		05AUG	20K
X	HONG KONG	CX	1030	01JUL	2300	OKYHGV7/C000		05AUG	20K
O	CAIRNS	CX	1020	05JUL	0920	OKYHGV7/C000		05AUG	20K
O	BRISBANE	AN	65K	09JUL	1030	OKY/KCX/C000			20K
O	MELBOURNE								

FARE TWD
FARE CALCULATION TPE CX X/HKG CX CNS CX BNE AN MEL AN CBE//SYD CX X/HKG CX TPE OTWDOSITI
TAX 1690C
TAX 570AU
TAX 740R
FORM OF PAYMENT INV/AGT
TOTAL TWD 813
TOUR CODE IT07
A/L AGT INFO 7766/
CONTROL NO 07320507756
160 3109234238 5
DO NOT MARK OR WRITE IN THE WHITE AREA ABOVE

CATHAY PACIFIC AIRWAYS 1603109234238/39
IT8CX3RC07020/NONEND/RTG/RFND
PASSENGER TICKET AND BAGGAGE CHECK
DATE OF ISSUE 01JUL98
TPETPE SITIN.E.H.S. EXPRESS 97
IB/URQKGV
CHANG/JUITCHI MR NOT TRANSFERABLE IATA-BSP
TAIPEI PSGR CPN TW
34300630 /NU/F738/1

X/O	NOT GOOD FOR PASSAGE FROM	CARRIER	FLIGHT	DATE	TIME	STATUS / FARE BASIS	NOT VALID BEFORE	NOT VALID AFTER	ALLOW
O	MELBOURNE	AN	160K	10JUL	0625	OKY/KCX/C000			20K
O	CANBERRA		VOID	VOID	VOID				
O	SYDNEY	CX	1100	14JUL	0745	OKYHGV7/C000	06JUL	05AUG	20K
X	HONG KONG	CX	4020	14JUL	1655	OKYEXT/C000	06JUL	05AUG	20K
	TAIPEI TPE								

FARE TWD
FARE CALCULATION TPE CX X/HKG CX CNS CX BNE AN MEL AN CBE//SYD CX X/HKG CX TPE OTWDOSITI
TAX 1690C
TAX 570AU
TAX 740R
FORM OF PAYMENT INV/AGT
TOTAL TWD 813
TOUR CODE IT07
A/L AGT INFO 7766/
CONTROL NO 07320507756
160 3109234239 6
DO NOT MARK OR WRITE IN THE WHITE AREA ABOVE

圖11-2 行程範例

(2)當旅客抵達一個機場，但由同一個城市另一個機場離開時，均必須註明抵達的機場及離開的機場，可合併寫在一起或分開填寫，但城市名字不可省略。

(3)當一個城市名字在另一州或另一個國家也有時，必須註明該城市的州名或國名，或特別註明其城市或機場代號，如Springfield在美國許多州均有。

(4)當旅客行程涉及使用地面交通工具時，該城市仍須填號，但在其他資料欄寫上「VOID」，並將該無效之搭乘聯撕下與審計聯一起繳回。如：旅客由舊金山到拉斯維加斯是使用巴士，但由拉斯維加斯到洛杉磯是搭飛機。

❻×／○：×／○影響到機票之價格，填寫在機票上的城市如果是轉機城市（非旅客原本計畫要停留之城市，之所以會暫停乃因航空公司飛行路線因素）則填入「×」，如果是停留城市，亦即旅客計畫停留的城市，則打「○」，通常「○」也可不寫，不寫即表明是停留城市，就必須計算其價格，但「×」則不可省略。

❼FARE：指這本機票不含稅的票價。在價格前面必須註明ISO或IATA的國家貨幣單位（參考附錄五），通常爲旅行出發地或開機票地方的貨幣單位。

❽EQUIV. FARE PD.：指Equivalence Amount Fare Paid，亦即當旅客付款的幣值不是出發城市的幣值時，需將原本機票之價格轉換成旅客付款的幣值及金額，其價值等於「FARE」欄內的價格，同樣不含稅。

❾TAX：稅，含國內或國外需課徵之稅款，例如美國的出入境稅五美元及交通稅十二美元是依附在國際線機票內。台灣的機場稅台幣三百元則是旅客到了機場再繳交（1999年開始內含到機票內），至於航空捐，我國已停止課徵。一般稅目可分爲：離境稅、入境稅、交通稅以及安全稅。

❿TOTAL：指機票含所有稅捐後的總價格，亦即Fare加上Taxes，金額前必須有貨幣代號。

⓫A／L-AGT.INFO.：指Airline和Agent之間的聯絡號碼。

⓬CONTROL NO.：管制號碼，共十二位數，第十位數如果是「4」表示人工計算票價，「5」爲自動計算票價。

⓭CONJUNCTION TICKETS：填寫機票票號欄，當一個行程停留許多城市必須開立兩本以上機票時，將第一本機票票號填入後再加上其他本機票的票號最後兩個數字。例如1603109234238／39／40，同樣的號碼也要寫在第二本及第三本機票此欄上。

⓮ORIGIN／DESTINATION：填入旅客此行程的出發地城市及目的地城市。行程的最後一個城市稱爲目的地，行程如：TPE→×／TYO→SFO→NYC→LAX→×／TYO→TPE時，目的地也是TPE，並非NYC，在第二本機票上的此欄其出發地與目的地也均是TPE。在此欄的右邊則依買票及開立機票地方而填入SITI、SOTI、SITO、SOTO四種情況之一（依行程出發地爲準來決定in或out，因買機票地方未必是開立機票的地方）。如：

SOTI：S→指Sale（買機票付費）

O→指Out（買機票地點不同於出發地）

T→指Ticket（開機票）

I→指In（開立機票地點在出發地）

⓯BOOKING REFERENCE：指訂位紀錄。當旅行社透過電腦爲旅客完成一個旅客訂位紀錄（PNR）時，CRS（電腦訂位系統）在檢查無誤後會回應給此PNR一個電腦代號，一個PNR可以包含數個人或一個旅遊團。當旅客在海外作回程機位確認時，可告知此電腦代號，航空公司職員即可透過此電腦代號很容易地知道旅客訂位紀錄，便於確認或修改行程內容。此代號有六位數，通常由英文字母及數字所組成。

⓰ISSUED IN EXCHANGE FOR：指此本機票的來源，將原始的憑證號碼填入此欄。例如當旅客的原始機票遺失，向航空公司申請補發後，在新補發的機票此欄填入被遺失的機票票號。

⓱DATE OF ISSUE：指開票日期，亦即機票生效日期，正常機票通常有效期限爲一年，由開票日開始計算。例如開票日爲2007年7月1日，則填入01JUL07。日期先寫，以二位數表示，其次爲三個英文字母的月份縮寫，最後使用西元的最後兩位數字。

⓲CARRIER：填入旅客飛行使用之航空公司兩個字的代號。由於市場競爭，航空公司紛紛採取合作聯盟策略，在航空公司同意下，旅客可拿別家所發行之機票搭乘另一家航空公司的飛機，航空公司之間會自

已去拆帳。所以旅客可使用一家航空公司的機票而能搭乘其他數家航空公司，行李也可直接轉運，減少旅客許多不便。

⑲FLIGHT：指班機號碼。固定的航線，航空公司會給予固定的班機號碼，由於航空公司合作聯營關係，許多航空公司會使用共同班機號碼。

⑳CLASS：機艙內的艙等代號。航空公司為了服務旅客，將機艙內畫分數個不同等級的客艙，以滿足不同旅客的需求。一般來說可分成三個等級（長榮航空除外，多一個豪華經濟艙代號YD），頭等艙設在飛機最前面，在駕駛艙之後，因離飛機引擎遠也較安靜，它的價格最高，約為經濟艙票價的三倍或更多，但最受航空公司禮遇，無論在服務、餐飲、艙內座椅尺寸及擺設等，均是最好的。例如貴賓室的使用、行李、優先登機服務、空姐的服務比例、使用瓷盤等較高級器皿、精緻高級且無限供應的餐飲、前後座間距較大且坐臥兩用的座椅。在頭等艙之後則是商務艙，其設置目的則是提供商務人士搭機時有個舒適、安靜、能放鬆又能思考工作的空間，其價格約比經濟艙多一倍，設備介於頭等艙與經濟艙之間，目前最受航空公司重視。緊接著是經濟艙，座位數最多，享受的待遇不如頭等艙及商務艙，但費用最低，由於市場的競爭壓力，經濟艙的旅客所能享受的服務也越來越好。雖然三種艙別價格各異，但即使在同一艙等，由於航空公司促銷因素，坐在一起的旅客所購買的機票費用也會差異相當大。以下所列是各艙等不同的代號，有折扣的等級在餐飲服務上並無不同，差別在機票上的使用限制。

(1)頭等艙：（P與F艙位一般設在機身最前段）

P→First Class Premium，價格較昂貴的頭等艙。

F→一般的頭等艙。

A→First Class Discounted，有折扣的頭等艙。

R→Supersonic，只限於協和號超音速班機，僅大西洋航線才有固定班次（其他為包機），票價比頭等艙還高，約為頭等艙票價的1.5倍（協和號超音速班機於2000年因意外失事停飛）。

(2)商務艙：

J→Business Class Premium，價格較昂貴的商務艙。

C→一般的商務艙。

D.I.Z→Business Class Discounted，有折扣的商務艙。

(3)經濟艙：

W→Economy Class Premium，價格較貴的經濟艙。

S.Y→一般的經濟艙。

B.H.K.L.M.Q.T.V.X→有折扣的經濟艙。

㉑DATE：搭機時當地日期及月份。日期先寫，以二位數來表示，若為個位數則前面加0，月份後寫，以每個月的前面三個英文字母表示，如03JAN。

㉒TIME：指當地班機起飛時間，以四位數字方式來表示，例如早上八時為0800，下午四時半為1630。

㉓STATUS：訂位狀況。

OK→表示機位已訂妥。

RQ→已去電要求訂位，但尚未訂妥，正在等候（Waiting）中。

SA→不能預先訂位的票，空位搭乘。亦即必須等到該班機的旅客都登機了，尚有空位，才能補位登機，因此此種機票有極大的折扣。

NS→Infant No Seat，指嬰兒無座位。

（若由⑲、⑳、㉑、㉒到㉓均未填寫，只以OPEN表示，則指旅客在這段航程尚未決定啟程日期，一旦旅客決定出發日期後，向航空公司訂位，OK後只需再貼上一張Sticker即可，Sticker的格式如同⑲項到㉓項）

㉔FARE BASIS：機票票價的依據，由一系列縮寫組成，內容包括六項

要素，除了第一項「CLASS」一定會顯示外，其他五項則不一定均會同時出現於此欄內，當出現時必須按順序顯示，Prime Code永遠排在第一位。

六項要素按順序如下：

(1)Prime Code：與「CLASS」欄所記載類似。

(2)Seasonal Code：季節代號。

H→旺季。

O→介於旺季與淡季之間，其他代號有K（第二高）、J（第三高）、F（第四高）、T（第五高）及Q（第六高）。

L→淡季。

(3)Week Code：星期代號。

W（Weekend）→限週末旅行，歐美等先進國家通常指週六、週日。

×（Weekday）→除週末外的其他日子。

(4)Day Code：白天或晚上代號。「N」指夜間旅行，若無代號表示白天旅行。

(5)Fare and Passenger Type Code：使用者身分代號及票價代號。

(6)Fare Level Identifier：當同樣的票價依據可分階層時，「1」表示最高級，「2」表示第二級，「3」表示第三級。

㉕VALID BEFORE：開始可以使用此張搭乘聯之日期，在這個日期之前不可以使用此搭乘聯。

㉖NOT VALID AFTER：搭乘聯使用截止日期，亦即在這天沒有使用本搭乘聯，過了今日便失效。

航空公司發行之優惠票往往會有許多限制，價格越低限制越多。航空公司在淡季時，機位過剩，會提出促銷方案，但在淡季中可能含有數天是旺季，航空公司不希望持有優惠票之旅客在旺季使用機票，減少營收，乃對機票有最少停留及最多停留天數之限制，或者在某一段時間不可使用。在美國，星期一到星期五商務旅客忙著出差洽公，因此機票價格較高，星期六、日反而成為淡季，航空公司乃提出週末優惠機票，鼓勵人們搭機旅行。有些航空公司也會和度假區合作，推出至少要停留超過一個星期日的優惠票，希望旅客能停留在度假區久些。

㉗ALLOW：免費託運行李。航空公司對於搭乘飛機的乘客（二足歲以上），無論小孩或成年人均有免費託運行李及免費隨身行李之規定。

㉘FARE CALCULATION：票價之計算，含城市之間所搭乘之航空公司、分段票價以及匯換比率。如：

TPE NW×／TYO NW MSP NW NYC M927.39 NW×／DTT NW CLT NW×／DTT NW TPE M927.4NUC 1854.79END ROE27.705NW

「×」表示為轉機城市，M927.4NUC表示由NYC回到TPE依哩程計算法所得票價為927.4NUC。NUC為計算票價單位，其價值以美金為基礎，公告票價通常以當地貨幣及NUC為單位，計算票價時再將之轉換為出發地的票價。ROE為Rate of Exchange。

㉙FORM OF PAYMENT：付款方式。

(1)CASH：表示付現或旅行支票。

(2)CHECK／AGT：以支票付款，若加上AGT表示由旅行社支票付款。

(3)信用卡付款，需先填寫信用卡種類代號，後接信用卡卡號十六個數字。

㉚APP CODE：航空公司與旅行代理店有關機票價格之核准代號。

㉛TOUR CODE：團體代號，針對團體式包辦旅遊，申購之旅行代理店獲得航空公司認可後，航空公司會給予認可代號，前面兩個字母以BT或IT表示。

如：IT8CX3PG43

(1)第一及第二個字「IT」指固定代號。

(2)第三字「8」指西元的最後一個數字，例如：2008。

(3)第四及第五個字「CX」指認可之航空公司代號。

(4)第六個字「3」指IATA所畫分的Traffic Conference 1.2.3區中的第3區，亞洲地區。

(5)第七個字以後爲航空公司所指定的特別代號，通常不會超過八個字。

㉜ORIGINAL ISSUE：塡入原始資料號碼，包含航空公司代號、原始票號、發行地、日期、代理店的代號。

㉝TICKET NUMBER：機票代號，每一本機票均有票號，總共十三位數，前三個數字爲航空公司本身的代號，第四位數爲來源號碼，第五位數爲搭乘聯張數，其他數字則爲機票本身之號碼（BSP的票號則不同）。如：

106	9412048391　4
106	爲美國航空公司的代號（001爲AA，297爲CI，695爲BR）
9	爲美國聯合航空來源號碼
4	表示機票爲有四張搭乘聯（2表示有二張搭乘聯）
12048391	機票本身票號
4	爲檢查號碼，防止盜印用，非票號之一。檢查號碼計算方式爲： 9412048391÷7＝1344578341.57143 0.57143×7＝4.00001　檢查號碼爲4

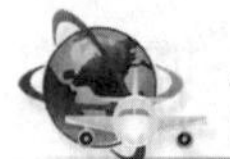

第三節　機票使用應注意事項

機票使用有許多限制，必須注意其使用規定，以免遭受損害，基本上機票越價廉，限制條件越多。

一、英文姓名與護照不相符合

航空公司有權拒絕搭載機票上英文姓名與護照上英文姓名不相同之旅客（團體劃位時，航空公司通常會要求審查護照及簽證）。

二、逾期之機票

旅客購買優惠票，必須注意其使用期效，航空公司不接受逾期之機票。如果是一年有效票，過了效期不可使用，但可申請退票。

三、機票調整

航空公司在不違反政府相關規定下，可隨時不另行通知而調價，其調價規定與一般交通運輸事業略有不同。所謂生效日期，除非航空公司另有說明，否則旅客在使用機票之第一張搭乘聯開始旅行之日期即爲機票生效日期。生效日期影響到機票價格之調整，例如：

1.2007年2月1日開始旅行，同年2月1日前機票漲價，旅客必須補漲價之差額。

2.2007年2月1日開始旅行，3月1日回程，同年2月15日機票漲價，旅客可以不必補漲價之差額。

四、機票遺失

過去旅客遺失機票或搭乘聯，如能提出充分之證據，並簽署保證書，保證該遺失之機票或搭乘聯未被使用，可申請退票或免費塡發新機票以代替所遺失之機票，航空公司對申請遺失機票之退票或補發會收取手續費。如今因為電子機票之使用，許多機場劃位時已經不要求查看機票，航空公司電腦保有訂位紀錄，只須檢驗護照即可查出。

五、退票

未使用之票根如有退票價值可於規定內申請退票，退票可分為自願退票及非自願退票。

(一)自願退票

指依旅客之意願不願使用全部或部分之機票，原則上對無折扣之機票（一年有效之票）不收退票手續費，但各家航空公司規定略有出入。至於退票之金額依情況而定，如果是屬於特惠機票，因票價低廉且又扣除已使用的航段後，票值可能所剩無幾。

(二)非自願退票

指因航空公司因素或基於安全、法律之需求，旅客未能使用其機票之全部或部分者，此種不收取退票手續費。如果機票已使用部分時，可退未使用之部分票價，或以其全部機票票價減去已使用部分票價之差額，二者比較取其較高之金額退給旅客。以華航機票為例，凡旅客持有前已訂妥之機票，不論原票是否有航班限制或搭乘時段限制（例如購買之機票是限搭晚班或原先購買之機票不可搭乘週末航班），若因颱風或罷工致使班機取消，於機票效期內，可改訂一次相同行程及機場之其他航班，航空公司不收價差及手續費（但只限一次）。如果旅客決定取消行程要求退票（Refund），針對完全未用機票，可按實際費用，全額退費，不扣手續費；針對部分未使用機票，以非自願退票（Involuntary Refund）方式計算，不扣手續費。

六、退票之貨幣

退票應受原購買機票地政府及申請退票地政府之法令約束，一般退票幣值可依下列方式處理：

1.以付款之幣值支付。
2.以其航空公司所屬之國家幣值支付。
3.以旅客申請退票地國家幣值支付。
4.以機票上所示之原購買地支付。

七、退款之受款人

航空公司之退票款僅支付給予該機票或雜費支付單上所記載姓名之旅客，除非購買機票時，購買人有指定退票款之收受人。對於使用信用卡購買機票者，其退票款僅能退給該信用卡之持有人。對以先付款開機票通知單（Prepaid Ticket Advice, PTA）方式購買機票之退票時，僅可退給該PTA之付款人。至於機票逾期是否仍可申請退款，各家航空公司均有不同之規定。

八、機票效期之延期

(一)非自願延期

由於飛行班機改變及訂位錯誤之非自願延期，在下列情況下，航空公司會延長機票效期。

1.航空公司取消班機。
2.飛機過站不停旅客機票上所示之城市。
3.航空公司本身的因素致使旅客錯失轉接之班機。
4.航空公司無法提供旅客先前已訂妥之機位。
5.以不同機艙取代旅客原定之艙等。

(二)班機正好客滿時

當旅客在機票有效期內提出訂位搭機，航空公司無機位讓旅客順利在有效期內搭機，機票可以延期到有同等機位的第一班有空位之班機，此延期不得超過七天，且僅適用於普通票或一年有效之機票。

(三)旅客旅途中生病

旅客於旅行途中生病，未能在機票有效期限內完成旅行，旅客本身及其直系親屬得延長機票期限，但須有醫生證明。

1.如果旅客是買一年效期機票：
(1)可延到康復可旅行日。
(2)病癒後可旅行，但機位客滿，可延長效期到有該等位之班機第一天止。

(3)如果搭乘票根尚有一張以上時，得延長到醫生證明書上所載可旅行日起三個月以內爲限。

2.如果旅客是買特別票：得依據醫生證明延期至旅客康復可旅行日，但無論如何效期延期不得超過旅客康復可旅行日起七天。

(四)旅客旅途中死亡

1.旅客因故於旅行途中死亡，與其同行之同伴或其直系親屬之機票有效期限可延長至完成其宗教或習俗葬禮爲止，但不可超過死亡日起四十五天。

2.機票延期必須提出有效之死亡證明書，該證明書航空公司至少須保留二年。

九、機票有效期限之計算

普通機票自開始旅行日起一年之內有效，如果機票未經使用任何票根時，自填發日起一年之內有效。機票有效期之計算方式，以第二天爲計算有效期限的第一天。

例如：七天有效之旅行票，如旅客在7月1日開始旅行，該機票之效期則至7月8日止。至於有效期限期滿則以其最後一天的午夜爲準，但於未期滿前搭飛機，在飛行過程中期滿，只要不換班次，仍可繼續旅行。

1.月之計算：以旅客開始旅行日期以後之各月中的同一日期。

(1)三十天效期：4月1日至5月1日。

(2)三十一天效期：4月1日至5月2日。

(3)一個月效期：1月31日至2月28日或1月31日至2月29日。

2.年之計算：以旅客開始旅行日期以後次年的同月同日。

(1)一年效期：2007年1月1日至2008年1月1日。

(2)一年效期：2007年2月29日至2008年2月28日（依情況而定）。

十、機票不可轉讓

機票不可轉讓給任何第三者使用。航空公司對於被他人冒用之機票，以及被他人申請而被冒領之退票，概不負責。航空公司對因冒用他人機票，對其行李之遺失、損壞或延誤，以及因冒用而引起其私人財物之損失，概不負責。

第四節　航空票務作業流程

旅行社開票須與航空公司配合，並有一定流程。

一、接受訂位

負責航空票務作業的人員必須小心謹慎、思考周密，因為機票金額高，一旦弄錯，個人或公司將損失不貲。因此，在接受客人打電話訂位買機票時，必須問清楚客人的需求及相關重要資料，例如：英文名字（必須與護照上的一致）、出發日期及希望抵達時間、抵達城市及機場；若有小孩或嬰兒則必須問清楚出生年月日，然後交換姓名及電話號碼。訂好機位後如果是後補，必須告知旅客並詢問是否要另改時間，同時告知旅客飛航細節，例如：直飛或轉機、停留城市和時間，以及有關機票之限制，以避免因認知不同而導致事後爭執，最後告知開票日期、付款方式及電腦代號。

如果已訂好某班次位子但後來須更換日期或班機時，應先向航空公司說明原訂班機日期及名字，或先取消原訂位紀錄再重新訂位，以避免重複訂位招來航空公司負責機位人員責罵。若先前訂的位子是候補，新訂好另一個機位後必須記得取消候補位子。絕對不可在同一班機上用同一名字訂兩個候補企圖搶位子。

二、填發機票限期與訂位

機票填寫務必要小心謹慎，避免寫錯；若寫錯須註銷說明，但旅行社須自行負擔每張退票手續費。不管是FIT或團體開票，均應有詳細的代收轉付收據。除非特殊狀況，一般航空公司對機位之控制及開票均有一套規定，以確保機位能有效運用。

1.在飛機起飛七十二小時之前訂位時，一旦機位訂妥後，應於班機起飛七十二小時以前填寫機票。
2.在飛機起飛前七十二小時內訂位時，應於機位訂妥後，一個小時內填發機票。
3.如果訂妥機位，逾時未付款填發機票，航空公司即自動取消其訂妥機位。至於其他之優惠案各有其規定。

三、機位之再確認

除非該航空公司有特別申明，一般情況旅客已經不需做再確認手續。

四、結報付款

目前BSP的銷售結報日期每月分四期，由旅行社將報表彙總，包含銷售報表送達BSP資料處理中心，再轉交給各家航公空司。至於匯款日則爲每月月底及15日兩次，旅行社須於月底或15日當天下午3:30以前將應付之票款存入BSP指定之銀行，讓銀行進行扣帳、轉帳作業。

Sydney錯寫成Sidney 德國人飛雪梨落到蒙大拿

搭機準備前往澳洲雪梨與女友相見的二十一歲德國青年古特，在透過航空公司網路訂票系統訂位的時候，誤將目的地「雪梨」（Sydney）輸入成「西德尼」（Sidney），結果在抵達距雪梨13,000公里之遙的美國蒙大拿州準備轉機時，才驚覺來到美洲大陸。

古特23日從德國出發，預計在雪梨度過四週的假期。但古特上機後，非但沒有到達南半球的炎熱澳洲，還發現自己來到寒風刺骨的蒙大拿州。

為配合澳洲夏季而一身短衫短褲的古特告訴記者說：「我真的很驚訝，但不想說什麼了。我只告訴自己，還可以經由美國飛到澳洲。」

古特所持的機票，使他經由俄勒岡州波特蘭來到蒙大拿州畢林斯。他是在準備登上一架飛往蒙大拿州東部西德尼的通勤班機時，才發現自己鑄下大錯。因為西德尼是人口只有五千人的蒙大拿州產油小鎮。

古特隨身僅攜帶一件薄夾克禦寒，等到遠在德國的父母及朋友匯來600歐元（約台幣26,000元），使他能夠買一張至澳洲的機票後，古特已經在畢林斯機場滯留了三天。

資料來源：聯合報／路透柏林，2006/12/31。

Chapter 12

電腦訂位系統及銀行清帳計畫

- 電腦訂位系統
- 銀行清帳計畫

航空公司電腦訂位系統（Computer Reservation System, CRS）的發展，對航空公司及旅行業者在行銷、經營、管理及旅客服務上影響甚鉅，至於旅遊業者實施銀行清帳計畫，則有助於業者在管理機票及結帳上更有效率。

第一節　電腦訂位系統

原本忙亂的航空公司訂位作業及旅行社辦公室內堆積厚重的ABC或OAG（Offical Airline Guide）、航空價目表（Air Tariff）及各種參考資料自從電腦訂位系統的發明，如今可以簡化了。過去旅行社向航空公司預訂機位須事先由ABC或OAG班機表查好預定班機，再請航空公司票務組人員算出票價，由訂位組訂位經過確認有機位後再回電給旅行社，此過程繁雜費時。隨著電腦科技的發展，航空公司專用的電腦訂位系統的發明而有突破性的改變，使得航空公司、旅行社得以簡化大量繁瑣的工作，在行政工作、業務推展、機票促銷方面達到最高的效率。

電腦訂位系統有兩大功能：

1.對外方面能便於航空公司或旅行社直接、迅速地提供消費者在訂定機位及開立機票的需求。

2.對內方面能讓航空公司、旅行社更有效率地處理會計、經營管理、旅客建檔及旅遊資訊流通等需求。

一、電腦訂位系統的定義與功能

電腦訂位系統是座巨大的資料庫，裡面儲存許多旅遊相關資訊，這套系統的擁有者爲航空公司。航空公司藉此系統可以販賣自己的產品及其他航空公司的產品，同時，也可以提供飯店訂房、租車、簽證、護照、戲票等相關資訊的服務及交易功能。在資訊功能方面，CRS提供的旅遊資訊是可以讓旅行社獲得最新的航空公司飛行時刻表、機位狀況、航空票價。在交易功能上讓旅行社立即訂位，由電腦上能迅速看出是否有適用之機位，並可當場將它訂下來，並可透過航空公司所設定的哩程限額或價格規定，馬上報給旅客、開立機票、開發票以及印出旅客旅行行程表。如今CRS已能更進一步地直接讓消費者上線，進入航空公司訂位系統取得航班資訊及直接購買機票。

二、電腦訂位系統沿革

1950年代，美國的航空公司開始引進電腦當作商業用途，以解決訂位的繁瑣工作及追蹤機位銷售狀況。在一個偶然機會，美國航空公司的總裁C. R. Smith與IBM的總裁Tom Watson相遇，在談論商業問題時，Watson問Smith航空公司最頭疼的問題是什麼？Smith說是「回答旅客的電話詢問」，於是兩巨頭開始討論資料處理的應用問題，並開始兩大公司合作關係。1959年美國航空和IBM宣布合作開發成功電腦訂位系統，Sabre於焉問世，為世界最大的旅遊電腦網路和資料庫。

航空公司雖然有了電腦可協助訂位，但旅行社仍須透過電腦向航空公司訂位，既耗時且浪費人力。在1970年之後，航空公司乃進一步研究讓旅行社進入航空公司資料庫並直接訂位的可能性；將航空公司的電腦訂位系統裝在旅行社，此舉將可減少雙方工作人員花在電話上的時間，也可增加旅行社對顧客的服務。但是其中有一個很大的問題是各家航空公司訂位系統不同，無法相容，而且旅行社也負擔不起租用每一家航空公司的電腦終端機。這使得航空訂位系統的發展及功能受到限制。1975年，美國最大的旅行社團體美國旅遊協會（American Society of Travel Agents）為了旅行社方便乃出面協調，提出共同開發計畫，希望能將各家航空公司的訂位系統整合，使旅行社只需購買一種系統，節省人力、財力，但歷經數次會議，各家航空公司爲了自身利益爭執不下（CRS向旅行社收月租金，並可向每家航空公司收取訂位手續費；加入CRS的旅行社簽約時間長，且不可任意終止契約加入另一家CRS，否則會受到處罰，過分保障CRS的利益），該計畫終於在1976年宣告失敗。

1976年聯合航空、美國航空、環球航空開始將自己發展的CRS給旅行社使用，新研發的CRS不同於先前的訂位系統，它不但提供主要航空公司的飛行資訊，也可提供其他加入此系統的航空公司及其他旅遊相關行業的資料給旅行社。

隨著科技的演進，CRS的操作也更人性化，速度及功能也擴大許多，不需記指令即可查知班機時刻、價格及是否尚有空位。航空公司爲了減少開銷，也開放一般消費者進入其電腦部分系統直接訂位付費，此措施也衝擊到旅行社之營業收入。

三、CRS及主要使用的股東航空公司

CRS經過發展壯大、合併、重組，其功能不斷增強，將各項資源集聚於CRS共同利用，建立多用戶功能，部分最終也演變成爲全球分銷系統。全球分銷系統（Global Distribution System, GDS）也出現了集中和兼併的趨勢。有關各國之CRS沿革簡述如下：

(一)美國

◆Sabre（Semi-automated Business Research Environment）

美國目前有數家四大訂位系統，Sabre最早於1960年成立，是美國最大的CRS。發起股東航空公司只有一家，即美國航空，它是目前世界最大的電腦訂位系統之一，很最受旅行業者、飯店業者、郵輪業者及航空業者歡迎。Sabre的電腦網路系統總站剛開始設在奧克拉荷馬州的土

耳沙（Tulsa），目前總部在德州的Southlake。後來又發展成Sabre全球分銷系統。

◆**Apollo**

在美國Apollo僅次於Sabre，發起股東航空公司為聯合航空，也非常受旅行社歡迎。於1993年與Galileo合併，其系統跨越北美洲、歐洲、亞洲及紐澳。如今已加入Travelport GDS系統。

◆**Worldspan**

Worldspan是由PARS及DATAS Ⅱ兩大系統合併而成，1990成立，股東航空公司曾經有三家，分別為環球、西北及達美，曾擁有Abacus 5%的股權，是美國第三大電腦訂位系統。如今已加入Travelport GDS系統。

(二)歐洲

◆**Amadeus**

歐洲的訂位系統也有相當的市場占有率，是歐洲所發展的CRS，於1987年成立，總部設在西班牙的馬德里，創始的四家航空公司分別為法航（AF）、西班牙航空（IB）、北歐航空（SK）及德航（LH），許多觀光相關業者有加入使用其系統。

◆**Galileo**

Galileo也是歐洲的航空公司合股發展的CRS，於1987年成立，1993年與美國著名的旅遊經銷公司柯維耳（Covia）合併，公司總部設在伊利諾州的芝加哥，其股東航空公司包括愛爾蘭航空、加拿大航空、義大利航空、奧地利航空、英國航空、荷蘭航空、奧林匹克航空、瑞士航空、葡萄牙航空、聯合航空及全美航空（US）等十一家，其中聯合航空占38%，股份最多。如今已加入Travelport GDS系統。

(三)其他地區

在加拿大地區有Gemini、澳洲地區有Fantasia、日本地區有Infini、Axess，以及由不同地區航空公司合作成立但總公司設在亞特蘭大的Gets。Travelsky於2001成立，總部在北京，主要股東爲中國大陸之航空公司。至於Abacus則是亞洲地區電腦訂位系統，也是亞洲地區最大的CRS，成立於1988年，總公司設於新加坡，創立目的在於促進亞太地區旅遊事業的發展、提升旅遊事業生產能力。Abacus由中華航空、國泰航空、馬來西亞航空、菲律賓航空、皇家汶萊航空、新加坡航空、港龍航空、全日空航空、勝安航空、印尼航空及長榮航空等航空公司合資，並與美國的Worldspan合作，1988年轉而加入全球數一數二的訂位系統——Sabre，此合作協定使得更名爲Abacus International的先啓資訊向前邁進一大步。此一波的合作關係Sabre持有35%股權，原來的Abacus股東則持有65%的股份。台灣的旅行社曾經使用Abacus最多，國內市場占70%以上。Sabre於2015年與Abacus達成協議，由Sabre收購Abacus所有股權，並以Sabre商標爲系統之新品牌。此一強大的組織結合，帶給台灣旅行社業者、航空公司及供應商能更直接取得Sabre領先業界的科技技術，以及快速取得最新資訊。

Abacus的功能包含：

1.全球班機資訊的查詢及訂位。

2.票價查詢及自動票價計算及自動開票功能。

3.中性機票及銀行清帳計畫（BSP）。

4.旅館訂位。

5.租車。

6.客戶檔案儲存與查詢。

7.資料查詢系統。

8.旅遊資訊。

9.旅行社造橋（指某一個旅行社之資料可連接到其他旅行社共用）。

CRS經過多方面的革新，功能加大、效率增強，可以讓旅行業者在三秒內完成機位確認。旅行業者除了電腦及CRS外，可以不再需要在辦公室內存放任何書籍，同時減少購買旅遊書籍的開銷。旅行社使用CRS每月須付軟體使用費，CRS成了非常賺錢的工具，甚至比航空公司本身賺的還多，航空公司乃紛紛加入CRS成為其股東，CRS也不遺餘力地加強服務能力，以便吸引更多的旅行社使用其系統。

四、共同股東資料分享

航空公司即使當初沒有投資CRS，但仍可參加電腦訂位系統，其加入方式有四種：

1.第一種最貴，加入的航空公司提供與股東航空公司相同的資金，旅行業者可直接訂位並可得到航空公司的回應，得到訂位代號確認機位。

2.第二種可允許旅行業者進入航空公司系統，直接訂位並可得到航空公司的回應，得到訂位代號確認機位。

3.第三種是可讓旅行業者得到加入的航空公司班機時刻表及尚餘機位數，但訂的機位需經過一段時間等候，不能馬上確認機位。

4.第四種加入費用最低，但旅行業者只能看到加入航空公司的班機時刻，無法得知是否還有機位。

航空公司以四種方式成為CRS的股東，CRS則將他們的班機時刻表放在其他競爭航空公司前，由於在電腦螢幕上一個畫面只能呈現六到八個飛行班表，根據報告指出，呈現在第一個畫面的航空公司班表最容易被旅行業者採用，而CRS的設計通常將股東航空公司的班次優先其他航空公司放在第一畫面上，這種做法曾經引起抗議，美國的民用航空委員會於1984年作出決議，禁止訂位差別待遇情況存在，警告股東航空公司不可將其飛行時刻表優先放在第一螢幕，雖然如此，這條規定並沒有被澈底執行。

五、CRS對旅行社的影響

自從電腦訂位系統開放讓旅行社也能進入後，分攤了航空公司大量的業務，也對旅行社內部作業及市場行銷產生重大好處：

1.增加服務效率及品質：旅行社可以一面與旅客通電話，同時進入CRS迅速完成旅客的需求，也可藉由電腦整合旅客資料，加強各分公司服務，更可與商業客戶的辦公室連線，減低聯繫成本。同時用BSP的自動開票作業，透過印表機印出收據、行程表及電子機票，可以更正確、迅速地將機票送達旅客手上。

2.節省費用：旅行社可以節省與航空公司電話詢問、訂位的電話費用，以及訂閱OAG / ABC、TIM、Air Tariff及Hotel Index等參考書籍的費用。

3.節省空間：CRS的資料庫內容豐富，擷取容易，可以節省儲放厚重參考資料及各式樣表格的空間。

4.增加收入：大部分的旅行社裝了CRS後，販賣機位的時間大為縮短，一天內，旅行業者可承辦完成的業務增加，可減少人事成本、增加收益。

六、CRS使用費用

旅行社使用CRS必須支付費用，分為系統使用費、線路使用費及定位費用。系統使用費係按月繳交給CRS系統商，費用隨租用之連線電腦設備（如電腦台數、印表機、開票機、數據機等）之多寡而增減，如硬體設備屬旅行社自有，則費用相對減少。

另關於線路使用費部分，依旅行社業務量，決定是否向中華電信公司申請數據專線，並按月繳交線路使用費，其計費係依使用時間收費。定位費用指每筆透過CRS訂位開立機票所徵收之費用。

第二節　銀行清帳計畫

銀行清帳計畫（The Billing & Settlement Plan, BSP），英文舊稱Bank Settlement Plan，乃經過國際航空運輸協會（IATA）各會員航空公司與會員旅行社共同擬定，旨在簡化機票銷售代理商在航空業務作業、銷售、結報、匯款轉帳以及票務管理方面之手續，制定供航空公司及旅行社採用之統一作業模式，進而大幅增進業務上的效率，節省時間與精力（如**圖12-1**）。

TC-3地區最早實施BSP的國家為日本，於1971年開始，隨後澳洲、紐西蘭、菲律賓、南韓、泰國、香港、新加坡等相繼跟進，台灣則於1992年7月開始實施，IATA則於台灣設立辦事處負責BSP之推動。

一、BSP作業流程及優點

旅行社獲得IATA認可，取得IATA號碼之後，必須在IATA台灣辦事

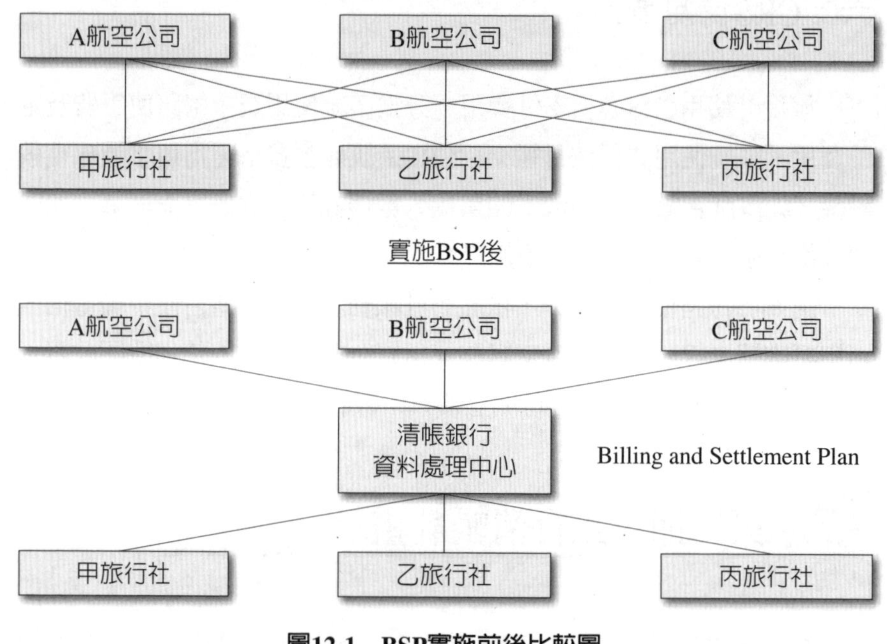

圖12-1 BSP實施前後比較圖

處上完BSP說明會課程，才能正式成爲BSP旅行社，然後向BSP航空公司申請成爲其代理商（申請航空公司名版，Carriers Identification Plate, CIP），並由往來銀行出具保證函，IATA台灣辦事處將根據保證函之額度及航空公司提供之資料來審核計算機票配發量。旅行社依規定將機票銷售報表彙總送達BSP資料處理中心，依指定時間匯款至指定的銀行（如**圖12-2**）。

旅行社參加BSP之優點爲：BSP未開始實施前，旅行社代售機票必須分別與各家航空公司交涉，談妥配合條件，並提供給航空公司供給之空白機票等值保障，旅行社販賣機票，必須庫存各家航空公司機票並與各家航空公司結帳，手續繁雜。BSP開放實施後，這些繁雜之事可透過CRS交由BSP集中處理（如**表12-1**），其優點如下：

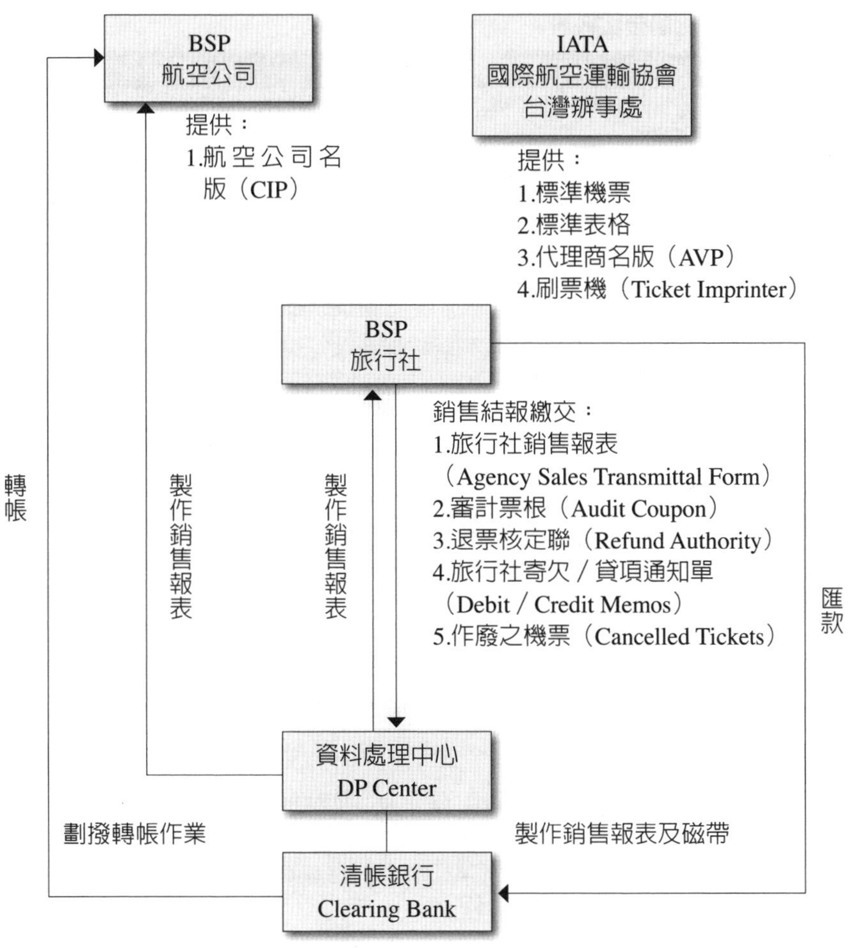

圖12-2　BSP作業流程

資料來源：陳嘉隆編著（2000）。《旅運業務》。

1.票務：使用標準化機票，如電子機票，實施自動開票作業可減少錯誤，節約人力。

2.會計：(1)可簡化結報作業手續；(2)電腦中心統一製作報表；(3)一次清帳，旅行社一次繳款至銀行，再由銀行轉帳給航空公司。

表12-1　BSP實施前後比較表

項目	BSP實施前	BSP實施後
航空公司與旅行社配合情形	分散於各航空公司與旅行社自行作業	集中於BSP統一管理
開票作業	前往航空公司櫃檯等待開票	可自行訂位、開票，一氣呵成
票價計算（FIT機票）	電話聯絡航空公司票務組人員等待報票價	可自行選擇有利段點計算票價
行政報表	須準備分向各家航空公司結報之各類不同報表	只在每一結報期結束前填具一份單一的銷售結報報表
銷售結報	替每家航空公司詳細列明結報報表、個別銷售結報	將已填妥之結報報表，交予BSP集中處理後，發出統一帳單給各旅行社
銀行清帳	須向各家航空公司個別結清票款	透過指定之清帳銀行作一次結帳即可
機票配發	向各家航空公司領取空白機票	統一由BSP「機票分發處」供應標準之中性機票

資料來源：陳嘉隆編著（2000）。《旅運業務》。

3.管理：單一機票庫存，如今只開電子機票，有助於機票保管之安全。

4.業務：提升旅行社效率與服務水準，建立優良、專業形象。

二、旅行社加入IATA流程

機票銷售代理商在加入BSP前，必須是IATA的會員，一旦審核通過後，由航空公司授權給機票銷售代理商CIP卡，CIP卡上有航空公司名稱、標誌與代碼，於開立標準化機票時打到機票上，使該機票生效，銷售代理商還必須有刷票機來開發機票，並將銷售代理商之商號名稱、地址及國際航協、數字、代號鐫刻於代理商名版上，此名版則固著於刷票機上，以防失落。刷票機可向製造廠商購買或租用。

三、BSP旅行社提供銀行保證書實施辦法

第一，凡參加中華民國地區銀行清帳計畫之旅行社均應依照本辦法向國際航空運輸協會提供銀行保證書，俾便配發空白機票（定期存單亦可）。

第二，立保證書人：旅行社可洽請中華民國境內合法營業之任何金融機構依照國際航空運輸協會之保證書範本，出具銀行保證書予國際航空運輸協會。

第三，保證期間：一年。

第四，保證範圍：就該旅行社在保證期間內代參加中華民國地區銀行清帳計畫之各航空公司簽發由國際航空運輸協會配發之空白機票（二聯式手動票、四聯式手動票及四聯式自動票）、雜費支付單及其他與該項票證相關之一切應付帳款及因違約而應賠付之款項，立保證書人均負連帶給付責任。

第五，保證額度：旅行社如有欠款及違約情事，致使參加中華民國地區銀行清帳計畫之各航空公司蒙受損失，立保證書人應在保證額度內負連帶賠付之責。立保證書人一經接獲國際航空運輸協會之書面通知，當即如數給付，絕無異議，並同意拋棄先訴抗辯權。

第六，機票之配發：國際航空運輸協會依據保證函、計算平均值及業者信用額度三個方向來配發機票予旅行社；保證函以銀行所開的保證函或定期存單質權設定爲主；平均值計算以總開金額除以總張數；信用額度除了相當額度保證外，亦視業者的銷售金額而定。IATA暫訂每張空白機票之平均值爲新台幣1萬元整，保證金額度可放實1.1倍到1.8倍不等。例如：繳交保證金200萬元的旅行社，若依1.1倍放實額度，則可領取220張的空白機票。

第七，機票之補充：國際航空運輸協會依據旅行社機票庫存量及保

證額度，繼續配發機票予旅行社。旅行社機票庫存量之計算依據下列公式：

旅行社之配票量－已向清帳銀行結清票款之票量＝機票庫存量

第八，旅行社如有嚴重違規事項，則國際航空運輸協會將立即收回所有庫存機票。

四、旅行社對保證金額度的爭議

旅行業者大部分屬於中小型企業，資金週轉壓力大，由於開立機票須押注資金，往往須預付數千萬，同時，若機票張數用完或信用額度用完必須馬上付足所領機票量之金額，旅行業者時有抱怨，希望IATA能將保證金額度放鬆，將1.8倍的上限比例再放寬。但IATA也有其立場與困難；機票每張平均金額大，旅行業者倒閉時有所聞，部分業者開票量大，萬一倒帳往往金額很高，對IATA衝擊很大，有時反而會緊縮信用。

What do you know?

1.自從電腦訂位系統的發明，使得航空公司、旅行社得以簡化大量繁瑣的工作，在行政工作、業務推展、機票促銷方面達到最高的效率。

2.電腦訂位系統是座巨大的資料庫，裡面儲存許多旅遊相關資訊，這套系統的擁有者為航空公司。

3.Sabre於焉問世，為世界最早最大的旅遊電腦網路和資料庫。

4.Sabre最早於1960年成立，是美國最大的CRS。發起股東航空公司只有一家，即美國航空。

5.Amadeus是歐洲的航空公司合股發展的CRS。

6.Abacus則是亞洲地區電腦訂位系統，也是亞洲地區最大的CRS，成立於1988年，總公司設於新加坡。

7.旅行社使用 CRS 必須支付費用，分為系統使用費、線路使用費及定位費用。

8. 銀行清帳計畫（The Billing & Settlement Plan, BSP）旨在簡化機票銷售代理商在航空業務作業、銷售、結報、匯款轉帳以及票務管理方面之手續，進而大幅增進業務上的效率，節省時間與精力。

9.加入銀行清帳計畫之旅行社必須先加入國際航空運輸協會（IATA）。

相關憑證與常用專有名詞

- 預付票款通知
- 雜費支付單
- 相關常用專有名詞

旅行社或航空公司因作業需求，常使用先付款開票通知單及雜費支付單以方便旅客旅行。

第一節　預付票款通知

預付票款通知（Prepaid Ticket Advice, PTA）是航空公司或其旅行代理店在收到機票款後，藉由電報、郵件或其他方式告知在另一個城市的航空公司，請其針對某一個特定人或團體開立機票或其他服務。基本上，付款的人與需機票搭飛機的人各在不同的城市，此目的是方便旅客在無力購票的情況下，可請親友在另一地預先付款，旅客再去拿機票，開始其旅程。PTA不可單獨拿來當匯款目的使用，在使用PTA時，購買者必須付服務費。通常，航空公司會收取處理PTA的費用。自從電子票務問世以來，PTA的使用已大大減少。

PTA的使用涵蓋範圍有：

1.預付機票票款及稅。
2.預付超重行李費。
3.旅行途中需花費之零用金。
4.代付稅金。
5.相關意外事件花費。

例如：Mrs. Inge Christensen向位於哥本哈根的旅行社要求達美航空提供服務，在預付機票款DKK14,890、服務費DKK200後，請該航空公司開立一張機票給位在西雅圖的Miss Ulla Christensen。達美航空收到預付款後，即開一張PTA（如**圖13-1**），並通知位在西雅圖的達美航空根據PTA上註明的資料開立一張機票給Miss Christensen（如**圖13-2**）。此張機票上的International Sale Indicator爲SOTI（因在西雅圖開機票，在哥本哈根付費）。

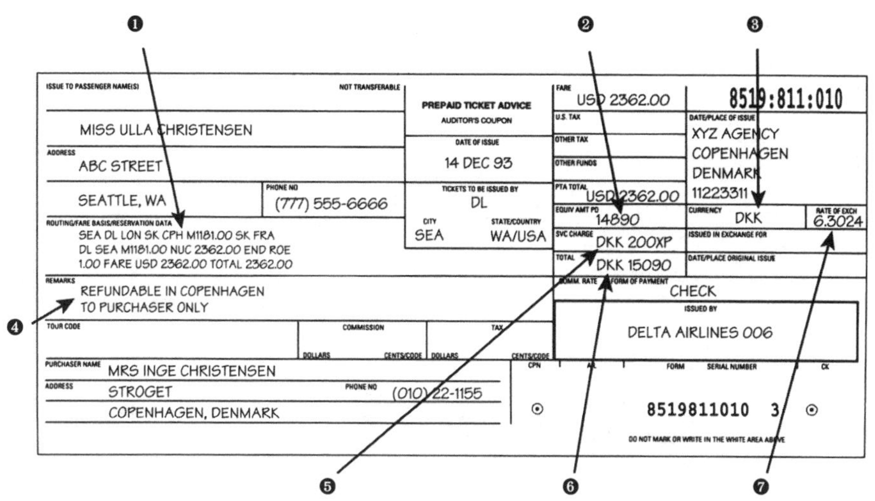

ISSUE TO PASSENGER NAME(S) NOT TRANSFERABLE
MISS ULLA CHRISTENSEN
ADDRESS
ABC STREET
SEATTLE, WA
PHONE NO (777) 555-6666
ROUTING/FARE BASIS/RESERVATION DATA
SEA DL LON SK CPH M1181.00 SK FRA
DL SEA M1181.00 NUC 2362.00 END ROE
1.00 FARE USD 2362.00 TOTAL 2362.00
REMARKS
REFUNDABLE IN COPENHAGEN
TO PURCHASER ONLY
TOUR CODE | COMMISSION | TAX
DOLLARS CENTS/CODE DOLLARS CENTS/CODE
PURCHASER NAME MRS INGE CHRISTENSEN
ADDRESS STROGET PHONE NO (010) 22-1155
COPENHAGEN, DENMARK

PREPAID TICKET ADVICE
AUDITOR'S COUPON
DATE OF ISSUE 14 DEC 93
TICKETS TO BE ISSUED BY DL
CITY SEA STATE/COUNTRY WA/USA

FARE USD 2362.00
U.S. TAX
OTHER TAX
OTHER FUNDS
PTA TOTAL USD 2362.00
EQUIV AMT PD 14890
SVC CHARGE DKK 200XP
TOTAL DKK 15090
COMM. RATE
FORM OF PAYMENT CHECK
ISSUED BY DELTA AIRLINES 006

8519:811:010
DATE/PLACE OF ISSUE
XYZ AGENCY
COPENHAGEN
DENMARK
11223311
CURRENCY DKK
RATE OF EXCH 6.3024
ISSUED IN EXCHANGE FOR
DATE/PLACE ORIGINAL ISSUE

CPN A/L FORM SERIAL NUMBER CK
8519811010 3
DO NOT MARK OR WRITE IN THE WHITE AREA ABOVE

說明：

❶飛行路線及機票費用，以NUC為單位再轉換為當地幣值。

❷機票款，以丹麥的幣值Krone為單位。

❸代理通知的旅行社。

❹若辦退費，只能將退款給購買人。

❺PTA的服務費以XP表示。

❻購買者總共付給旅行社的費用。

❼銀行匯率，1美金＝6.3024DKK。

圖13-1　預付票款通知（PTA）

資料來源：*International Air Fares Construction and Ticketing*, Helle Sorensen.

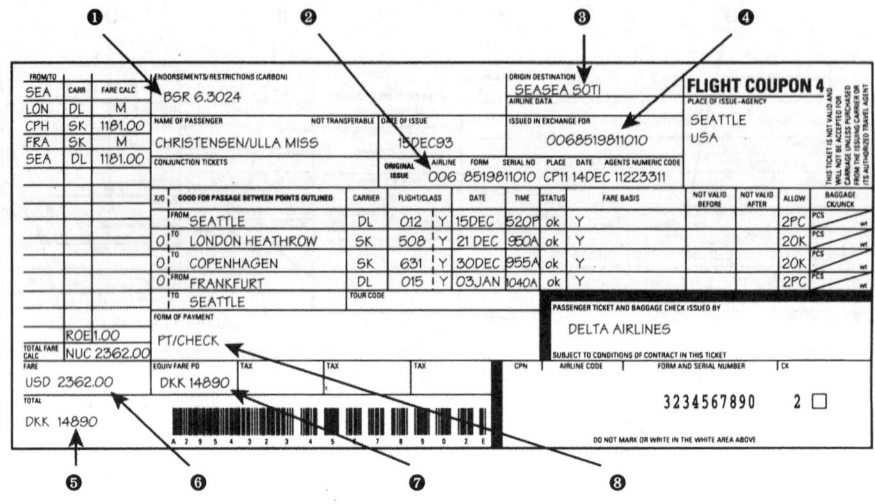

❶ ❷ ❸ ❹

FROM/TO	CARR	FARE CALC
SEA	DL	M
LON	DL	M
CPH	SK	1181.00
FRA	SK	M
SEA	DL	1181.00

ROE 1.00
TOTAL FARE CALC NUC 2362.00

ENDORSEMENTS/RESTRICTIONS (CARBON) BSR 6.3024
ORIGIN DESTINATION SEASEA SOTI
AIRLINE DATA
FLIGHT COUPON 4
PLACE OF ISSUE–AGENCY SEATTLE USA
NAME OF PASSENGER CHRISTENSEN/ULLA MISS
NOT TRANSFERABLE
DATE OF ISSUE 15DEC93
ISSUED IN EXCHANGE FOR 0068519811010
CONJUNCTION TICKETS
ORIGINAL ISSUE — AIRLINE 006 FORM 8519811010 SERIAL NO PLACE CP11 DATE 14DEC AGENTS NUMERIC CODE 11223311
THIS TICKET IS NOT VALID AND WILL NOT BE ACCEPTED FOR CARRIAGE UNLESS PURCHASED FROM THE ISSUING CARRIER OR ITS AUTHORIZED TRAVEL AGENT

X/O	GOOD FOR PASSAGE BETWEEN POINTS OUTLINED	CARRIER	FLIGHT/CLASS		DATE	TIME	STATUS	FARE BASIS	NOT VALID BEFORE	NOT VALID AFTER	ALLOW	BAGGAGE CK/UNCK
	FROM SEATTLE	DL	012	Y	15DEC	520P	ok	Y			2PC	
O	TO LONDON HEATHROW	SK	508	Y	21 DEC	950A	ok	Y			20K	
O	TO COPENHAGEN	SK	631	Y	30DEC	955A	ok	Y			20K	
O	FROM FRANKFURT	DL	015	Y	03JAN	1040A	ok	Y			2PC	
	TO SEATTLE	TOUR CODE										

FORM OF PAYMENT PT/CHECK
PASSENGER TICKET AND BAGGAGE CHECK ISSUED BY DELTA AIRLINES
SUBJECT TO CONDITIONS OF CONTRACT IN THIS TICKET
FARE USD 2362.00
EQUIV FARE PD DKK 14890
TAX TAX TAX
TOTAL DKK 14890
CPN AIRLINE CODE FORM AND SERIAL NUMBER CK
3234567890 2
A 2 9 5 4 3 2 3 4 5 6 7 8 9 0 2 E
DO NOT MARK OR WRITE IN THE WHITE AREA ABOVE

❺ ❻ ❼ ❽

說明：

❶銀行匯率：將出發地的幣值轉換為付費地的幣值。

❷航空公司數字代號、PTA票號、地點、日期、旅行社代號。

❸International sale indicator代號。

❹航空公司數字代號及PTA票號。

❺機票款（含稅在內），以丹麥的Krone為單位。

❻機票款以美金為單位。

❼未含稅的機票款，以丹麥的Krone為單位。

❽PT指PTA的交易，Check指以支票付款。

圖13-2　根據PTA所開的機票

資料來源：*International Air Fares Construction and Ticketing*, Helle Sorensen.

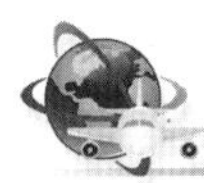

第二節　雜費支付單

雜費支付單（Miscellaneous Charges Order, MCO）是由航空公司或旅行代理店發行的旅遊憑證，替旅客安排旅行並用來支付與旅遊有關的各項開支，使旅客在旅行時更爲方便。MCO不可單獨拿來當作匯款之目的使用。

一、MCO的使用

MCO使用的項目涵蓋有：

1.旅客空中或地面交通運輸。
2.行李超重費用。
3.行李空運費。
4.套裝旅遊，陸上安排費用。
5.租車費用。
6.地面住宿費用。
7.額外開支。
8.超支費用或不足額款項之費用。
9.稅金。
10.訂金。
11.退款。
12.PTA（以PTA爲目的使用）。
13.旅客使用額外設備之開支，如患病旅客使用氧氣、救護車或特別用品等。
14.機上臥鋪。

15.行程變更手續費、預約等各項費用。

MCO從發行日起有效期爲一年，用法可分爲有特定目的用法及無特定目的用法兩種。MCO的構成可分爲：

1.審計聯（Audit Coupon）：MCO的第一張，填完後撕下繳回總公司作帳用。
2.公司聯（Agent Coupon）：填完後撕下，發行公司存查作帳用。
3.交換聯（Exchange Coupon）：旅客使用時，需出示交換聯，以換取交換聯上所記載之服務項目，MCO有四種版本，分爲一張、二張、三張或四張交換聯。
4.旅客聯：旅客自己存查。

特定目的用法即有特定的公司提供服務項目，如使用特定的航空公司、輪船、鐵路運輸、巴士及其他陸上交通。而無特定目的用法則爲MCO上沒有載明旅客需何種交通工具或何種服務。例如在「TYPE OF SERVICE FOR WHICH ISSUED」欄裡寫「FURTHER TRANSPORTATION AND OR EXCESS BAG-GAGE」。

二、MCO的填寫

雜費支付單範本見**圖13-3**。

①姓先寫，後面接／，再寫名字及稱謂，MCO除了可以記載單獨一個旅客姓名外，也可將團體旅客之姓名一併記載。

例如：SMITH／J MR／R MRS／JAM MISS.

②載明需服務項目。

例如：CHANGE OF RESERVATION CHARGE、TRANS-POR-TATION AND RELATED SERVICE、PTA，如果是套裝旅遊，需寫上旅遊名稱

有一張交換聯的雜費支付單

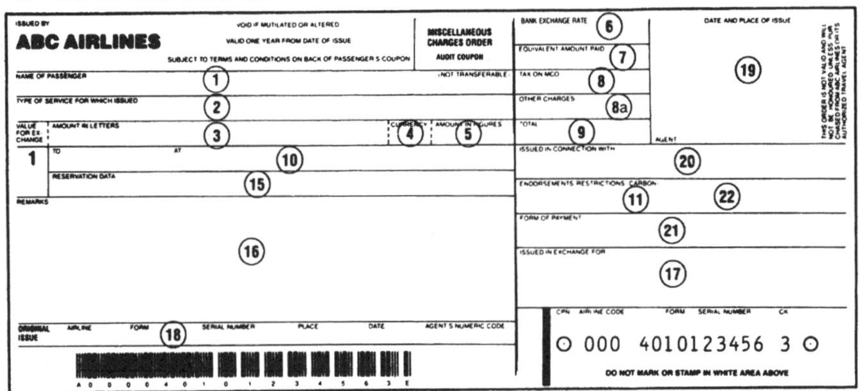
ISSUED BY
ABC AIRLINES
VOID IF MUTILATED OR ALTERED
VALID ONE YEAR FROM DATE OF ISSUE
SUBJECT TO TERMS AND CONDITIONS ON BACK OF PASSENGER'S COUPON
MISCELLANEOUS CHARGES ORDER
AUDIT COUPON
NOT TRANSFERABLE
NAME OF PASSENGER (1)
TYPE OF SERVICE FOR WHICH ISSUED (2)
VALUE FOR EX CHANGE AMOUNT IN LETTERS (3) CURRENCY (4) AMOUNT IN FIGURES (5)
1 TO AT (10)
RESERVATION DATA (15)
REMARKS (16)
ORIGINAL ISSUE AIRLINE FORM (18) SERIAL NUMBER PLACE DATE AGENT'S NUMERIC CODE
BANK EXCHANGE RATE (6)
EQUIVALENT AMOUNT PAID (7)
TAX ON MCO (8)
OTHER CHARGES (8a)
TOTAL (9)
DATE AND PLACE OF ISSUE (19)
AGENT
THIS ORDER IS NOT VALID AND WILL NOT BE HONOURED UNLESS PURCHASED FROM ABC AIRLINES OR ITS AUTHORIZED TRAVEL AGENT
ISSUED IN CONNECTION WITH (20)
ENDORSEMENTS RESTRICTIONS (CARBON) (11) (22)
FORM OF PAYMENT (21)
ISSUED IN EXCHANGE FOR (17)
CPN AIRLINE CODE FORM SERIAL NUMBER CK
000 4010123456 3
DO NOT MARK OR STAMP IN WHITE AREA ABOVE

有三張交換聯的雜費支付單

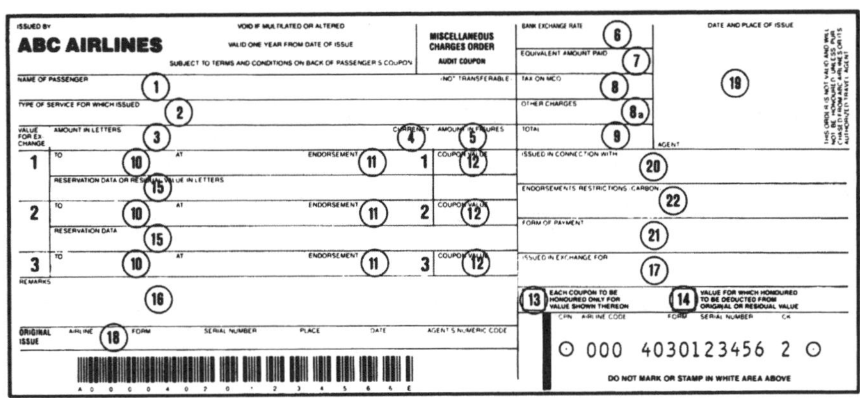
ISSUED BY
ABC AIRLINES
VOID IF MUTILATED OR ALTERED
VALID ONE YEAR FROM DATE OF ISSUE
SUBJECT TO TERMS AND CONDITIONS ON BACK OF PASSENGER'S COUPON
MISCELLANEOUS CHARGES ORDER
AUDIT COUPON
NOT TRANSFERABLE
NAME OF PASSENGER (1)
TYPE OF SERVICE FOR WHICH ISSUED (2)
VALUE FOR EX CHANGE AMOUNT IN LETTERS (3) CURRENCY (4) AMOUNT IN FIGURES (5)
1 TO (10) AT ENDORSEMENT (11) 1 COUPON VALUE (12)
RESERVATION DATA OR RESIDUAL VALUE IN LETTERS (15)
2 TO (10) AT ENDORSEMENT (11) 2 COUPON VALUE (12)
RESERVATION DATA (15)
3 TO (10) AT ENDORSEMENT (11) 3 COUPON VALUE (12)
REMARKS (16)
ORIGINAL ISSUE AIRLINE (18) FORM SERIAL NUMBER PLACE DATE AGENT'S NUMERIC CODE
BANK EXCHANGE RATE (6)
EQUIVALENT AMOUNT PAID (7)
TAX ON MCO (8)
OTHER CHARGES (8a)
TOTAL (9)
DATE AND PLACE OF ISSUE (19)
AGENT
THIS ORDER IS NOT VALID AND WILL NOT BE HONOURED UNLESS PURCHASED FROM ABC AIRLINES OR ITS AUTHORIZED TRAVEL AGENT
ISSUED IN CONNECTION WITH (20)
ENDORSEMENTS RESTRICTIONS (CARBON) (22)
FORM OF PAYMENT (21)
ISSUED IN EXCHANGE FOR (17)
(13) EACH COUPON TO BE HONOURED ONLY FOR VALUE SHOWN THEREON
(14) VALUE FOR WHICH HONOURED TO BE DEDUCTED FROM ORIGINAL OR RESIDUAL VALUE
CPN AIRLINE CODE FORM SERIAL NUMBER CK
000 4030123456 2
DO NOT MARK OR STAMP IN WHITE AREA ABOVE

圖13-3 雜費支付單範本

資料來源：*Ticketing Handbook*, IATA, 1996.

及團號，如FUN TOURS IT2BA12345。

③MCO的票面金額，但不含稅，必須以英文字母大寫記載，剩餘空白位子要畫一條線，以防止遭塗改。

④出發地貨幣代號，以IATA所規定的三個英文字母代號爲依據。

⑤以數字方式填寫金額，其金額需與第③項一致，若兩者金額有差距，以第③項「AMOUNT IN LETTERS」欄所載爲準。

⑥貨幣兌換比率。

⑦當付款的幣值不同於「VALUE FOR EXCHANGE」欄時，以付款地的貨幣來表示，但價值必須與第③項相符。

⑧當地政府對發行MCO所課之稅金，以付款地的幣值表示。

⑧a其他費用，例如PTA的服務費、額外的稅金。以XP表示PTA的服務費。

⑨⑦＋⑧＋⑧a 的總金額，金額前需加付款貨幣單位。

⑩對旅客提供服務的公司及地點，如XYZ AIRWAYS MONTREAL。

⑪及㉒背書或限制條件，如REFUNDABLE ONLY IN R.O.C.、NOT REFUNDABLE / NOT ENDORSABLE。

⑫交換聯的價值：

(1)特定目的用法：如果MCO在填寫時有決定使用目的，且使用不只一張交換聯時，必須依照使用目的所需之金額，在各交換聯上載明其需花費之費用，同時在第⑬項「EACH COUPON TO BE HONOURED ONLY FOR VALUE SHOWN THERE NO」欄中打上「×」的符號。

(2)無特定目的用法：如果MCO在填寫時尚未決定使用之目的，不需在交換聯上載明金額，只需在票面金額上載明金額數，其金額上限爲三百五十美元，即使是以其他幣值支付，亦不能超過三百五十美元的價值。如果超過，此MCO無效（在特定目的用法，並無限制其金額）。當旅客使用這種MCO時，收受者應先計算提供服務所需之金額，然後填入第一張交換聯之金額欄裡，並從票面金額欄之數額扣除所花費之金額，再將餘額用數字大寫填入殘額欄（第⑮項）「RESERVATION DATA OR RESIDUAL VALUE IN LETTERS」。同時在第⑭項「VALUE FOR WHICH HONOURED TO BE DE-DUCTED FROM ORIGINAL OR RESIDUAL VALUE」欄中打上「×」的符號。

⑬在□內打上×，如果有特定目的用法。

⑭在□內打上×，如果無特定目的用法。

⑮填入訂位資料及狀況。如果MCO是用在無特定目的用法時，則需填入大寫的剩餘金額。

⑯填入任何與本服務項目有關之資料。

⑰填入原始文件的號碼，如111 4041 254345。

⑱填入原始文件的號碼、發行地點、日期和代理店的代號，如111 4041 254345 NYC 20OCT91 99-9-99993。

⑲發行此張MCO者蓋章證明有效。

⑳填入與此張MCO有接連的票號。如果MCO的目的是用在套裝旅遊、免稅證明、空中或陸上交通時，此欄必須填寫。

㉑付款方式，如CASH。

雜費支付單填寫實例見**圖13-4**。

三、其他注意事項

1.MCO若爲無特定目的用法，其可使用金額不可超過三百五十美元。若MCO的目的是爲了Refund Only，則不在此限。

2.塡MCO時必須大寫。

3.塗改過之MCO，一律視爲無效。

4.沒有旅客聯只有交換聯，提供服務者可以拒收。

有其他費用的雜費支付單

ISSUED BY
ABC AIRLINES
VOID IF MULTILATED OR ALTERED
VALID ONE YEAR FROM DATE OF ISSUE
SUBJECT TO TERMS AND CONDITIONS ON BACK OF PASSENGER'S COUPON
MISCELLANEOUS CHARGES ORDER
AUDIT COUPON
BANK EXCHANGE RATE: USD1.00=DEM1.460
EQUIVALENT AMOUNT PAID: USD1087.40
DATE AND PLACE OF ISSUE
VALIDATE
THIS ORDER IS NOT VALID AND WILL NOT BE HONOURED UNLESS PURCHASED FROM ABC AIRLINES/ITS AUTHORIZED TRAVEL AGENT
NAME OF PASSENGER (NOT TRANSFERABLE): GRINFELD/ELIOR MR
TAX ON MCO: ——
TYPE OF SERVICE FOR WHICH ISSUED: PTA INCL TAX
OTHER CHARGES: USD25.00XP
VALUE FOR EXCHANGE — AMOUNT IN LETTERS: ONE FIVE EIGHT SEVEN 50/100 —— CURRENCY: DEM AMOUNT IN FIGURES: 1587.50
TOTAL: USD1112.40
AGENT
1 TO: XYZ AIRLINE AT: FRANKFURT
ISSUED IN CONNECTION WITH
RESERVATION DATA: FRA XY FCO Y/OPEN/ROM XY TLV Y/OPEN
ENDORSEMENTS RESTRICTIONS (CARBON): REFUNDABLE IN ISRAEL TO SPONSOR ONLY
REMARKS:
SPONSOR:
AVIAD GRINFELD
10 YONATHAN ST.
YEHUD
TEL: 5366633
PSGR CTC:
SIHLSTRASSE 15
8000 MUNICH
TEL: 2111528
FORM OF PAYMENT: CASH
ISSUED IN EXCHANGE FOR
FRA XY ROM XY TLV M965.47END ROE1.64065
FARE DEM1584 TAX DEM3.50DE TOTAL DEM1587.50
ORIGINAL ISSUE — AIRLINE FORM SERIAL NUMBER PLACE DATE AGENT'S NUMERIC CODE
CPN AIRLINE CODE FORM SERIAL NUMBER CK
000 4010123456 3
A 0 0 0 0 4 0 1 0 1 2 3 4 1 6 3 E
DO NOT MARK OR STAMP IN WHITE AREA ABOVE

圖13-4　雜費支付單填寫實例

資料來源：*Ticketing Handbook*, IATA, 1996.

5.MCO之使用需按照順序，不可跳號。餘額用盡，剩下不再使用之交換聯，在填寫「VOID」後，一併與審計聯、公司聯撕下。

6.在填寫金額時，儘量靠左邊，剩餘空白部分畫一條橫線，以防塗改。

7.在「EQUIVALENT AMOUNT PAID」欄若沒填入資料，則畫一橫線。

8.若是旅行代理店發行之MCO，不可以用「無特定目的的用法」。

9.旅行代理店發行之MCO只有兩種版本，分爲一張及二張交換聯。

如同電子機票一樣，現在大多數MCO以電子方式發行，因此也稱爲vMCO（虛擬雜項收費單），MCO正在逐步淘汰，並被電子雜項單所取代。

第三節　相關常用專有名詞

出國旅遊或領隊在外帶團，在訂機位時，或是在機場或機內，須知道或常用到一些專用英文術語，了解這些常用到的英文名詞可以減少犯錯或損失，讓旅遊更為平順。

ABC（ABC WORLD AIRWAYWS GUIDE）　航空公司各類資料指引

ADULT FARE/FULL FARE　成人票價

AIRLINE CODE　航空公司班機代號

AIRPORT CODE　機場代碼

AIRPORT TAX　機場稅

AISLE SEAT　走道座位

BAGGAGE TAG　行李標籤

BOARDING GATE　登機門

BOARDING PASS　登機證

BOOKING/BLOCK　訂位

CHARTER FLIGHT　包機班機

CHECK-IN COUNTER　辦理登機手續櫃檯

CITY CODE　城市代碼

CLAIM　要求賠償

COPILOT　副駕駛

COCKPIT　駕駛員座艙

CONJUNCTION TICKET　連接之機票

CONNECTION　轉機

COUPONS　票根

CURRENCY CODE　各國幣值代號

DAYLIGHT SAVING TIME　日光節約時間（並非所有國家都有實施）

DESTINATION　終點站

DIRECT FLIGHT　直飛

DUTY FREE SHOP　免稅店

EARPHONE/HEADSET　耳機

ECONOMIC CLASS　經濟艙

EMERGENCY EXITS　緊急出口

ENDORSABLE　可以背書轉讓

EXCESS BAGGAGE CHARGES　超重行李費

EXCURSION FARE　旅遊票

FOC（FREE OF CHARGE）　免費票

FIRST CLASS　頭等艙

FLIGHT NUMBER　班機號碼

FREE BAGGAGE ALLOWANCE　免費託運行李額度

FULLY BOOKED　客滿

HIGH SEASON/PEAK SEASON　旺季

INITIAL　一個字的起首字母，一般first name 只報initial

LAVATORY　廁所

LIFE VEST　救生衣

LOST & FOUND　行李遺失詢問處

MINIMUM CONNECTING TIMES　最短轉機時間

NIGHT FLIGHT　夜間飛行

NON-SMOKING AREA　禁煙區

NON-STOP FLIGHT　中途不靠站

NORMAL FARE　普通票票價

NO-SHOW　沒到

OAG（OFFICIAL AIRLINES GUIDE）　航空公司各類資料指引

OFF SEASON/LOW SEASON　淡季

ORIGIN　出發站

OVERBOOKING　超額訂位

OVERRIDE/INCENTIVE　後退金

QUARTER FARE　四分之一票

RECONFIRM　再確認

ROUND-THE-WORLD（RTW）　環遊行程

RQ（WAITING LIST）　機位尚未確認

SCHEDULED FLIHGT　定期班機

SEAT BELT　安全帶

SHOULDER SEASON　旺季與淡季間之季節

SHUTTLE FLIGHT　兩點之間的往返班機

STAND-BY　候補

STOPOVER　停留站

SUBJECT TO CHANGE WITHOUT NOTICE　如有變動不另行通知

TARIFF　航空價目表

TRANSIT　過境

TRANSIT WITHOUT VISA　過境免簽證

UPPER DECK　上層機艙（B747才有）

VALIDITY　機票效期

VOID　作廢

WINDOW SEAT　靠窗座位

Chapter 14

電腦訂位系統相關內容之顯示與認識

- 班機時刻顯示
- 可售機位顯示
- 旅客訂位紀錄內容說明
- 機票票價及各種代號說明

航空公司班機時刻表、機票價格及相關條款內容之顯示，除了由OAG或時刻表可查到外，也可藉由電腦螢幕顯示出來，其內容相當複雜，有各種不同的代號，除了標準代號外，其餘則須另外向航空公司查詢，即使是旅客訂位紀錄（PNR）之顯示，各家亦略有不同之處。

第一節　班機時刻顯示

藉由電腦訂位系統可以查出兩地之間班機時刻表，包含飛行之航空公司、起飛及抵達時間、服務艙別及機型等（如**圖14-1**）。

第二節　可售機位顯示

對於可售機位，是採取公平顯示所有參與的航空公司機位的做法，絕不偏頗任何一家航空公司。首先，顯示的是nonstop班機、直飛班機，接著顯示轉機班機。顯示的班機由輸入指令的時間開始顯示，且可依不同的指定（日期、時間、轉機點、艙等及航空公司）而作不同的顯示（如**圖14-2**）。

第三節　旅客訂位紀錄內容說明

每個旅客訂位紀錄必須含有五大要素才算完整之訂位紀錄，每筆訂位紀錄不限一位旅客，可多人或一個團體共用一個訂位紀錄（如**圖14-3**），旅行社訂位時須輸入旅行社之PCC（Pseudo City Code）號碼方便辨識定位來源。

旅客訂位紀錄五大要素（PRINT）：

```
CONST AT SFO ALLOW 40MIN PRKG ⓫          ⓬
 23APR  THU - 07MAY  THU   TPE/Z≠8     SFO/PDT-15
FOR MORE AVAILABILITY SEE OAK SFO SJC             ⓭  ⓮  ⓯
❶1UA     844 F  C  Y  B  M  H  TPESFO  100P  905A 744  DB  0  DC
             Q  V
 17APR  - 04MAY
❷2UA     844 F  C  Y  B  M  H  TPESFO  100P  905A 744  DB  0  DC
             Q  V
 05MAY  - 07JUL
❸3BR      18 F  C  Y  M  Q  L  TPESFO  710P  310P 74E  DB  0  DC
             V  K  S  T  B  U  H
 09APR  - 30JUN
 4CO/BR 9698 C  Y  H  K  B  V  TPESFO  710P  310P 74E  0  TA
          ❹  ❺                   ❻   ❼    ❽     ❾    ❿
```

說明：

❶航班及該航次提供之艙等

❷班次及時刻表適用時間

❸共用班機號碼之航空公司

❹班機號碼

❺該班次所提供之艙等

❻出發地

❼目的地

❽出發時間

❾抵達時間

❿使用機型

⓫台北與斑馬時間（格林威治時間）的時差

⓬台北與舊金山之時差，PDT（Pacific Daylight Saving Time），MST（Mountain Standard Time）

⓭機艙內提供之餐別

⓮停留城市數目，0表示未停，1表示停一站

⓯與CRS簽約等級

圖14-1　班機時刻顯示

資料來源：Abacus電腦資料。

```
CONST AT SFO ALLOW 40MIN PRKG
 21JUL  TUE   TPE/Z≠8     LAX/PDT-15
FOR MORE AVAILABILITY SEE BUR LAX LGB ONT SNA
1SQ       6  P4 J4 C4 Y4 M0 TPELAX   1055P  805P 744 M 0 DCA
2BR      16  F2 C4 Y7 M7 Q7 TPELAX   1155P  910P 744 B 0 XWS DC
             L7 K7 T7 B7 H7 V7 U
3CO/BR 9012  C5 Y7 H7 K7 B7 TPELAX   1155P  910P 744 0 XWS TA
             V7 Q7
4UA     844  F4 C4 Y4 B4 M4 TPESFO    100P  935A 744 DB 0 DC
             H4 Q0 V0
5UA    2031  F4 Y4 B4 M4 H4    LAX 5 1150A  114P 733 0 DC
             Q4 V4
```

說明：

❶表頭：日期、星期、出發城市與格林威治之時差、到達城市與出發城市之時差

❷飛機機型，744指B747-400

❸餐點服務：如為空白則表示無該班機餐點服務資料

B＝早餐　L＝午餐　D＝晚餐　R＝早午餐　S＝點心　M＝餐點

H＝熟食

❹轉機點：0表示直飛班機無轉機點，1表示停一站，2表示停兩站

❺每週飛行星期代碼

M＝星期一　T＝星期二　W＝星期三　Q＝星期四　F＝星期五

J＝星期六　S＝星期日

❻參與本系統之航空公司簽約等級

❼航段行數

❽航空公司代號

❾班機號碼

❿可售機艙等級及一次可訂之座位數

⓫飛機抵達或離開準時率，5表示50%至59%（十五分鐘以內為準）

⓬出發時間

⓭抵達時間

圖14-2　可售機位顯示

資料來源：《Abacus使用手冊》。

```
❶ 1.1LEE/BERNARD MR❼       ❽       ❾                    ❿
❷  1 NX 501Y 19AUG W TPEMFM HK1  1020A 1205P /DCNX*H3JSS
❸  2  ARNK
   3 CZ 354Y 21AUG F CANPEK HK1   150P  440P /DCCZ*H3JSS
  TKT/TIME LIMIT
❹   1.TAW16AUG/
  PHONES
❺   1.TPE ABC TRVL 2751-0399 MS WINNY-A
  PASSENGER DETAIL FIELD EXISTS - USE PD TO DISPLAY
  TICKET RECORD - NOT PRICED
❻ RECEIVED FROM - WINNY              ⓫
  X508.X508*AWS 2053/26APR98 SPWKYD
```

說明：

❶旅客姓名

❷行程

❸城市之間交通若不搭機，則以ARNK表示

❹開票日期為8月16日

❺旅行社電話及聯絡人

❻訂位者是Winny

❼星期

❽出發地及目的地

❾一個位子OK

❿航空公司回覆之電腦代號

⓫CRS回覆之電腦代號

圖14-3 旅客訂位紀錄

資料來源：Abacus電腦資料。

1.旅客姓名（N）：姓放在前面，需註明稱謂。

2.行程（I）。

3.開票資料（T）：註明應開票日期及機票號碼。

4.聯絡電話（P）：含訂位者及旅客電話。

5.資料來源（R）：訂位者姓名。

第四節　機票票價及各種代號說明

機票的計價方式依照艙等、路線、優惠狀況、使用期限等的不同而有差異，在訂位時，這些情況都必須要註明清楚；另外，在訂位時會依個人需求代訂像租車、特殊餐點、特殊服務等，如此發展了許多訂位代碼，方便使用及節省空間。

一、機票票價說明（美國地區，Sabre）

機票票價說明見**圖14-4**。

二、租車代號及說明

租車代號可分為四大類：第一類是等級（Class）；第二類是車型（Type）；第三類是自排或手排（Automatic / Manual）；第四類是冷氣（Air Conditioning）。當業者代訂租車時，可從這四大類中各選擇一個英文字代號來組合（如**表14-1**）。此表重點在讓讀者了解可選擇的車子式樣、大小及功能。

```
  FQNYCLAX17OCT-AA.
❶ ORG-NYC    DST-LAX     TRIP-OUTBOUND    CXR-AA  17OCT93    USD
❷ CO   DL   HP   MG   ML   NW   PA   TW   UA   US   YX
     QTE    F/B          BK   FARE     EFF   EXP   TKT    AP   MIN/MAX   RTG
  01  -     F            F X  1017.00  -     -     -      -      -/-      2
  02  -     C            C X   677.00  -     -     -      -      -/-      2
  03  -     Y            Y X   623.00  -     -     -      -      -/-      2
  04  -     KE7X234N     K R   338.00  -     20DE  25JL   ##   SUN/-      2
  05  -     KE7Z234N     K R   298.00  -     20DE  25JL   ##   SUN/-      2
  06  -     QXE7P50      Q R   509.00  -     -     -      ##   SUN/-      2
  07  -     QWE7P50      Q R   551.00  -     -     -      ##   SUN/-      2
  08  -     QAP7         Q X   348.00  12JL  -     25JL   7      -/-      2
  09 26JL   QAP7         Q X   368.00  12JL  -     -      7      -/-      2
  10  -     HXE14N       H R   446.00  -     -     -      ##   SUN/-      2
  11  -     HWE14N       H R   488.00  -     -     -      ##   SUN/-      2
  12  -     VXE14N       V R   426.00  -     -     -      ##   SUN/-      2
  13  -     VWE14N       V R   468.00  -     -     -      ##   SUN/-      2
  14  -     B            B X   569.00  12JL  -     25JL   -      -/-      2
  15 26JL   B            B X   589.00  12JL  -     -      -      -/-      2
  16  -     M            M X   477.00  12JL  -     25JL   -      -/-      2
  17 26JL   M            M X   497.00  12JL  -     -      -      -/-      2
❸    2   ATL BHM BNA BTR BUR BWI CHI CMH DFW DSM EUG EWR GSO HDN
         HSV ICT IND JAN LAS LGB LIT MEM MKC MOB MSY OAK OKC OMA
         ONT PDX PHL PHX RDU RNO SAN SEA SFO SHV SJC SLC SMF BNA
         STL SWF TUL TVL WAS
```

❶出發地紐約，目的地洛杉磯，USD指票價單位為美金

❷其他航空公司也提供此票價

QTE：票價起售日期

F／B：Fare Basis

BK：訂位等級，X表示單程，R表示來回

FARE：票價，含稅在內，若是單程票價，乘以2即成為來回票價

EFF：Effective Date，即開始旅行日

EXP：Expiration Date，旅行終止日

TKT：開票日

AP：提早購票天數

MIN／MAX：最少停留及最高停留天數，SUN指Sunday

RTG：Routing Number，指由紐約到洛杉磯，中途可允許轉機的城市（列在最下面行）

❸Routing Number（路線號碼）

圖14-4　機票票價說明

資料來源：Abacus電腦資料。

表14-1　租車代號

Class（等級代號）		Type（車型代號）		Automatic / Manual（自排或手排）		Air Conditioning（是否有冷氣）	
M	Mini	C	Car	A	Automatic	R	Yes
E	Economy	W	Wagon	M	Manual	N	No
C	Compact	V	Van				
I	Intermediate	L	Limo				
S	Standard	R	Recreational Vehicle				
F	Full-Size	T	Convertible				
P	Premium	S	Sports Car				
L	Luxury	F	4-Wheel Drive				
X	Special	P	Pick-Up				

資料來源：《Abacus使用手冊》。

三、各種代號及說明

(一)常用餐點代碼說明

以下代號乃是旅行社或航空公司人員在接受旅客訂機位、建PNR時，接受旅客於搭機時之特別要求而輸入之指令代號。如旅客因身體狀況希望搭機時吃低鹽食物，則可輸入LSML，告知航空公司這位旅客要吃低鹽餐。

代碼	說明	
AVML	亞洲素食	Asian vegetarian meal
BBML	嬰兒餐	baby meal
BLML	無刺激性餐	bland meal
CHML	兒童餐	child meal
DBML	糖尿病餐	diabetic meal

EZML	簡餐	easy meal
FPML	水果盤	fruit platter meal
GFML	無澱粉質餐	gluten free meal
HFML	高纖維餐	high fiber meal
HNML	印度餐	Hindu meal
JPML	日本餐	Japanese meal
KSML	猶太餐	Kosher meal
LCML(LCAL)	低卡洛里餐	low calorie meal
LFML(LOCH)	低膽固醇／低脂肪餐	low cholesterol meal / fat
LPML	低蛋白質餐	low protein meal
LSML	低鹽（鈉）餐	low sodium meal / no salt
MOML	回教餐	Moslem meal / Muslim
NLML	無乳糖餐	non lactose meal
ORML	東方餐	oriental meal
PRML	低酸餐	low purine meal
RVML	生菜素食餐	raw vegetarian meal
SFML	海鮮餐	seafood meal
SPML	特別餐（需加入敘述）	special meal / describe
VGML	中式素食餐	vegetarian meal / non dairy
VLML	奶蛋素食餐	vegetarian meal / milk-eggs

(二)常用設備代碼說明

代碼	說明	
WCHR	輪椅（旅客可自行上下階梯）	wheelchair / PSGR can walk up stairs
WCHS	輪椅（旅客可自行走到機位上）	wheelchair / PSGR can walk to seat

WCHC	輪椅（旅客需由人攙扶）	wheelchair / PSGR must be carried
WCBD	輪椅（電動，裝乾電池）	wheelchair / with dry cell battery
WCBW	輪椅（電動，裝濕電池）	wheelchair / with wet cell battery
WCMP	輪椅（手動）	wheelchair / manual power
WCOB	輪椅（登機）	wheelchair / on-board
STCR	擔架	stretcher assistance
BLND	盲人	blind PSGR
DEAF	聾啞	deaf PSGR
NSST	非吸菸座位	no smoking seat
MUNR	未成年少年單獨旅遊	unaccompanied minor
SMST	吸菸座位	smoking seat
FQTV	持會員卡旅客	frequent traveler
PETC	攜寵物登機	pet in cabin compartment
OTHS	其他需求	other requests
XBAG	額外行李	extra baggage
BIKE	腳踏車	bicycle
BSCT	搖籃	bassinett
BULK	巨大行李（需註明數量、重量、尺寸）	bulky baggage / specify nbr, wt, size
EXST	額外座位	extra seat
MEDA	醫療證明	medical case
RQST	要求特定座位	seat request / include specific seat nbr
LANG	註明只會說某種語言	specify languages spoken

SEMN	船員	ships crew / seaman
MAAS	需要協助與接機（需註明原因）	meet and assist / specify details
NSSA	非吸菸靠走道座位	no smoking aisle seat
NSSB	非吸菸靠艙壁座位	no smoking bulkhead seat
NSSW	非吸菸靠窗座位	no smoking window seat
SMSA	吸菸靠走道座位	smoking aisle seat
SMSB	吸菸靠艙壁座位	smoking bulkhead seat
SMSW	吸菸靠窗座位	smoking window seat

Chapter 15

消費價值與搭機行為

- 消費價值
- 消費行為與搭機安排
- 機場及搭機國際禮儀
- 入出境機場常用會話與單字

第一節　消費價值

消費價值指消費者對於某一商品所帶來效用的期待或需求程度。希斯（Sheth）、紐曼（Newman）和格羅斯（Gross）在1991年提出五種消費價值來解釋消費者爲何選擇購買或不購買。此五種消費價值分別爲功能價值、社會價值、情感價值、體驗／嘗新性價值、條件價值。基於西方價值的影響，「享樂主義價值觀」也逐漸受到關注。通常消費者選擇商品時，可能只受到其中的一種價值影響，但是大部分情況可能受到多種以上的影響。

1.功能價值：是指商品本身所具有的實體屬性，能滿足消費者使用該產品後達到功能上的目的，如搭乘之飛機可準時抵達目的地，基於此價值功能，消費者較可能去購買廉價航空機位或紅眼班機。

2.社會價值：當產品之使用能讓消費者獲得社會群體連結獲認同。此情況下，消費者選擇產品並非基於理性的功能需求，而是該產品是否能提升自身的社會地位及形象。社會價值包括社會階級、符號價值以及參考團體的依附。例如辦金卡可升等搭乘商務艙，或加入飛行常客獎勵計畫（Frequent Flyer Program）。基於此價值功能，消費者較可能去花較高費用購買商務艙。

3.情感價值：是指消費者獲得的消費價值來自於所選擇的產品而引起的情感依附或喜愛感受。例如遠居國外之華僑選擇搭乘自己國籍之航空飛行。基於感情依附，消費行爲較不理智，願意配合他人，會花較高費用買機票，飛行時段較不考慮。

4.體驗／嘗新性價值：是指消費者選擇取決於產品是否具有滿足好奇心、新鮮感和追求新知。例如第一次搭乘飛機的興奮感或參加航空公司新航線首航。

5.條件價值：是指消費者面臨特定情況時所作的選擇。消費者會由於產品的特殊條件而改變了原先的購買行爲，產品之條件價值基本上並非長期持有而是短暫出現。例如價格特低或其他產品缺貨。新加入營運之航空公司爲推廣新航線所推出之優惠機票往往會吸引休閒遊客撿便宜的旅遊動機。

時間價值

時間價值非直線，越長價值越高，而是一個曲線，時間越久其價值會遞減。衡量旅行者的「感受」可依據時間價值的概念去提供不同服務以增加時間價值滿意度。對遊客而言，旅行成本之一就是時間。旅客在搭乘運輸系統中時，每一分鐘所「感受到」的時間成本包括車輛舒適性、可靠度、安全性等感受，同樣是搭乘飛機，搭乘商務艙與搭乘機經濟艙之時間價值不同，因此短程飛行航線，航空公司較少提供商務艙服務因為在時間價值考量下消費者願意忍受短時間之不舒服。

同樣的服務，對不同人的感受也會不同，因而衍生出依據距離與時間的「差別定價」。時間是「隱形成本」，常常被消費者忽略。規劃公司會去計算各種不同運具之間的「時間價值」，每一個人根據收入和社經背景，感受到的時間價值都不一樣。一般來說，收入越高或政經地位高者，其時間價值也越高。商務旅客的時間價值會高過於團體旅遊客人。代表著商務旅客願意花更高的價格去買時間及服務。也因此直飛班機比轉機機票貴，自時間成本考量下，參加旅遊團者必須注意搭機出發及返回之時間，價格便宜之團往往使用夜晚出發及早晨返國之航班，此種行程無形中讓遊客之旅遊時間成本增加，旅遊價值降低。

旅遊業產品與一般實質產品性質不完全一樣，也會涉及到享樂價值及時間價值。時間價值，對商務人士特別敏感，其願意以較高價格購買較佳時段及較短飛行路線，與休閒爲目的之遊客剛好相反，其願意用較低之價格買較長之時間。原則上參加旅遊行程時，旅遊時間與旅行成本成正比，時間越長，旅遊成本越高，時間平均單價高，也因此有些國人出國在有限時間成本考量下，認爲玩越多景點越值得。同時因爲難得有機會出國，較會放縱自己，享受奢侈，較願意花高價去體驗平時捨不得之娛樂活動，許多旅遊供應商抓住遊客此心態，會適時推出額外的高端活動，賺取利潤。

第二節　消費行爲與搭機安排

外出旅行很難不發生意外，但是多一點準備就可以減少飛行中不順利。消費者的行爲及其價值判斷極大地影響了他們的使用行爲以及他們的消費態度。重要的是，旅行者乘坐飛機旅行時要有正確的概念。爲避免任何不幸，旅行應遵循航空公司之協議，在準備開始國際空中旅行時應預先安排並規劃相關步驟。搭機飛行可能會給旅遊者帶來一些壓力，尤其是第一次飛行或在陌生機場時。很多因素可能會影響錯過航班，爲確保順利飛行有些搭機行爲須注意。

1.確認航班：購買機票後，會收到航空公司或旅行社的確認電子郵件。檢查確認英文名字及飛行時間並注意飛行時間是否有改變。原則上航空公司會發送訊息告知航班延誤，但要面對許多遊客，常有意外，因此主動監控很重要，在冬季或惡劣天氣時，須格外警惕並主動與航空公司聯繫，如是否仍然須到機場等候。請記住，航空公司無需爲延遲或取消的航班賠償旅客，萬一飛機延誤，大多數航空公司都會幫旅客預訂下一個航班。如果飛機晚點，航空公司可能會支付餐費或住宿費，但各航空公司政策不同，因此須詢問相關資訊。如果延誤是由於惡劣天氣或其他無法控制的情況造成的，航空公司將不提供任何補償。若是超售機位，根據法律才需要賠償給旅客。

2.超額售位和機位被拉下（overbooking and bumping）：超額預售機位是合法的，大多數航空公司都這樣做。但是，如果座位不足，他們必須要求旅客自願讓位。如果旅客自願讓位，則由旅客和航空公司商談賠償。通常，航空公司會在登機口發布公告提供賠償條件，賠償可能是現金或代金券，當然旅客有權選擇替代航班繼續飛行或選擇退款。如果未經您的同意而被要求讓位「非自願退票」，只要旅客按時辦理登機手續，就有權獲得賠償。補償多寡取決於旅客的飛行時間長短和提供給旅客的替代飛行時間。但是也有例外，如果航空公司安排了替代飛行，而該飛行在旅客原定到達時間的一小時內將旅客帶到最終目的地（包括之後的中轉），旅客將無法獲得補償。

3.打包相關文件：最好將文件放在容易取得的地方免得忘記。不少遊客發生簽證不對或忘記攜帶有效的旅行護照而無法乘坐飛機的窘況。也曾發生過一個旅遊團因一位團員無法順利上機，造成其他人無法使用團體機票，必須補差價情況。

4.提早到達：遊客必須重視時間觀念。有很多變數會延誤抵達機場。大機場通常會分到達（arrival）和離開航站（departure terminal）。如果有帶小孩或與殘疾人士旅行，或是自行開車，最好早點出發，並先留意汽車停放位子並先確定出發之航站，許多國際機場有分數個航站，航站與航站間距離相當遠，走錯了很耗時間。開車者必須記住，在旺季高峰旅行時間，機場停車位也會很快客滿。

5.登機手續：到達機場需要做的第一件事就是找到預備搭乘之航空

公司的櫃檯。在機場，不同航空公司使用不同辦理登機櫃檯，遊客可以查看機場電腦螢幕來找出航空公司所在的櫃檯。了解航空公司英文及縮寫與相關航空用語是有必要的。切記，絕對不可以替陌生人託運行李。

6.登機證登機：需要登機牌才能登機。有一些航空公司還提供自助登機亭（kiosk）。一些航空公司還可提供電子登機選項，此情況遊客會在計畫的起飛時間前24小時收到一封電子郵件，可自行印出登機證，也可以用智慧型手機作登機，年輕族群較會使用。儘早辦理登機手續不僅節省時間，而且還可以選擇更好的座位。

7.超重行李：超大行李建議避免使用。許多航空公司會收取超重之託運行李費用，遊客可將較重之物品放在手提行李，以避免超重。雖然手提行李也有大小與重量限制，但較不會嚴格檢查重量。

8.通關：對於喜歡將行李隨身攜帶的旅客，打包需要一些策略。為了避免阻塞通關，清除任何液體或凝膠。根據美國交通安全部（Transportation Security Administration, TSA）有通關3-1-1液體規則，3-1-1規則涉及三個主要組成部分，這些組成指每種液體必須放在3.4盎司或更少的容器中（”3”），所有容器必須放置在在一個乾淨的夸脫大小的塑料袋（”1”）中，每個乘客只能攜帶一個塑料袋（”1”）。這又稱為3-3-3規則。此外通關須脫下外套、鞋子、皮帶和金屬首飾或配件。年齡在75歲以上或13歲以下，則不會被要求脫鞋。遊客應自己檢查口袋，掏出鑰匙或其他任何可能引起金屬探測器晃動的金屬製物品。如果攜帶筆記型電腦旅行，須取出並放在傳送帶上進行掃描。

9.找登機門：通過安全檢查後，就該先找出登機門方向再去逛免稅店，男性買菸酒，化妝品則最受女性歡迎。不少遊客熱衷於逛免稅店而錯過登機時間。如果找不到登機口，可向機場工作人員尋求幫助。大型國際機場提供多元的美食廣場、免稅購物中心、水療中心、互聯網、藝術品展覽、花園，甚至還有游泳池等多元娛樂設施，旅客可盡情享受，但須注意登機證上註明之登機時間。即使旅客已經辦理了登機手續，如果沒有準時到達登機口，航空公司也可以取消預訂並將座位交給其他等候候補之乘客。

10.機上坐位：進入飛機內後，找到座位並坐下，盡量不要擋住身後的人。第一次搭飛機的人較喜歡靠窗的座位，可欣賞飛機起飛及降落狀況及遠眺機外風景。原則上靠窗的座位適合短途飛行。如果是搭乘長途航班，適合坐在走道座位上（但較容易會被他人叨擾）。應避免長時間坐在狹窄的空間，缺乏活動時，靜脈血液回流受阻，血液稠度增加，造成靜脈血管內出現微小血栓，由大腿部位，然後漸漸擴至心肺部位。一旦站起來，血栓到達肺部，引起呼吸困難、胸痛，嚴重時會陷入虛脫，甚至猝死，此現象稱深部靜脈血栓（Deep Venous Thrombosis），又稱經濟艙症候群。無論是喜歡窗戶還是走道，起飛前可檢查（如SeatGuru）飛機詳細座位圖，以確認在飛機上選擇的位置不會太靠近廚房或洗手間，以及它們相關的噪音和氣味。

如何減輕旅行壓力

造成旅行壓力的原因相當多樣，尤其是當我們在陌生的環境中很難避免可能導致的焦慮，但旅客可以預見一些常見問題，並從中解脫出來。

1.機內座位上方行李空間（overhead bin space）：若飛機客滿，又是最後一個登機，擔心在自己座位上方行李箱中沒有足夠的空間放行李嗎？行李不見得要放在自己位子上方，任何開放空間都可以，當登上飛機並進入座位時，睜大眼睛尋找通過的任何開放式行李箱空間。即使是在飛機的前端也可以。盡可能攜帶較軟的行李，而不是硬皮或滾輪行李，方便將行李塞入較狹窄的行李箱空間。

2.機場保安：知道什麼不可攜帶時可以輕鬆地通過機場安全流程，但是有時候，排長隊和篩選過程使旅客感到恐懼。減輕焦慮的最好方法是確保有足夠的時間去機場。大多數主要機場在其網站上提供估計的等待時間，還有一些應用程式也提供了訊息，包括GateGuru和My TSA。一般規則是計劃起飛之前至少九十分鐘到達。在繁忙的假期或國際旅行，建議在航班時間早三個小時抵達。

3.病痛：充分休息，保持水分並保持清潔。飛機、公共汽車、火車和班車都擠滿了人，這些人都有自己的病菌和衛生習慣。盡力控制自己的環境。保持雙手清潔，並在要觸摸飛機的表面上使用抗菌擦布。假期期間，盡力獲得充足的休息和規律的飲食。有些遊客喜歡享受更多的異國食品，尤其是較價廉的海鮮，要警惕食物的清潔條件，避免後遺症。

4.遺失照片：在旅途中的每一天拍攝結束時上傳照片，將快照上載到Facebook、Instagram、Apple的iCloud或Google Drive等。

5.吵鬧的孩子：尖叫的聲音，尤其是當它持續一段時間時，會導致耳內的壓力增加。一旦飛機降落，飛機上的孩子通常會停止哭泣。如何處理此壓力取決於個人個性，但在這種情況下，孩子的父母可能比他人感到更大壓力。同情這些父母並詢問他們是否需要任何幫助，或嘗試與孩子互動以使他平靜下來。也可攜帶耳機、MP3播放器或耳塞，或深呼吸以放鬆身心。

資料來源：2020 Smarter Travel Media LLC.

第三節　機場及搭機國際禮儀

出國旅遊是一件愉快之事，每個人都希望盡興出門，自己玩得愉快，同時也須尊重他人權益，讓別人也一樣盡興而歸。因此，在搭機過程中，有些行爲舉止須注意，避免干擾他人。我國古籍禮記有言：「入竟而問禁，入國而問俗，入門而問諱」，西人亦有「在羅馬行如羅馬人」之古諺（中華民國外交部《國際禮儀手冊》）。

根據台灣《大紀元時報》（2015）及《中時電子報》（莊楚雯，2017）整理出一些相關機場及機內禮儀，供遊客參考。

1.登機行李：登機大廳check-in時，大都會排長隊，航空公司針對超重行李的處理也愈來愈嚴格，若這時被要求將超重行李的物品取出，不但耽誤check in時間，在一大群旅客面前重新整理行李，也相當不光彩。建議出門前就要檢查隨身或是託運行李是否超重。

2.靠邊站：通過電動快速走道或上下樓梯時，記得靠邊站讓別人順利超越。依各國的習俗選擇「靠右邊」還是「靠左邊」，通常在台灣和美國是靠右邊，英國則是靠左邊站。

3.機場Duty-free消費：買東西前先了解所有外幣的面額，在排隊結帳時就先準備好正確的金額。建議支付大鈔讓櫃檯找零或是使用信用卡付款，免得浪費其他排隊顧客的時間，尤其是入境時，時間較緊迫。

4.占用位置：在候機室等待登機時，人多時避免占用位子來放置自己的行李。

5.音量放低：機場內不要大聲喧譁，避免將電腦和手機的音量開得太大聲。在公共場合聽音樂，應使用耳機。

6.避免脫鞋：長時間旅行，不少人會脫鞋翹腳放鬆，但在公共場合，裸露腳丫子是不雅觀也不禮貌的。在機內，如果想脫鞋，建議別把襪子脫掉。

7.按機位號碼登機：航空公司通常都會根據座位號碼前後來安排登機次序，除了頭等艙及商務艙外，一般經濟艙是號碼後面的先登機，以讓登機過程順利並加快速度。在地勤人員未叫到你的座位號碼或是登機組別時，不要先行登機。

8.領行李：許多旅客喜歡擠在輸送帶旁苦等行李，擋住他人提領行李，建議可以拉大空間，方便他人。此外應遵守先到先排禮儀，不要插隊，若看到行李出現時，禮貌地向兩旁等待的旅客說聲：「對不起，借過一下」，然後快速從輸送帶上取下行李。

9.機上座位扶手：根據英國航空公司調查，即使坐在中間的位置，霸占兩邊扶手也是很沒有禮貌的。同時切忌將手臂、腳跨出扶手外。在三排座位上應使用哪一個座位扶手才不會失禮；如果是靠窗座位，就使用靠窗那邊的扶手；如果靠走道座位，就使用走道扶手。

10.座位上方置物櫃：若先進入機艙，將自己行李放在自己座位上方置物櫃，不要占用別人座位上方的置物櫃，並適時協助弱小婦孺放上隨身行李。

11.更換位置：團體旅行在機艙內更換位置容易打擾他人，如欲更換座位，應等候全體乘客就座後，始行更換。根據Expedia.com「2019年搭機禮儀調查」公布，美國人和台灣人樂於和他人交換座位的意願最高，偏好窗邊座位的旅客數量約是走道座位的2倍，因為多數乘客都希望能欣賞窗外風光，可在窗邊睡覺，不用擔心被打擾。此外僅新加坡和日本人偏好走道座位，因為坐在走道能無須越過他人，較可隨意起身，自由走動使用廁所。內側乘客須上廁所，而外側乘客正在休息，禮貌上要輕聲把對方叫醒，不可直接跨越他人。

12.小酌：機上提供免費酒精飲料，須適可而止，千萬勿喝得酩酊大醉，在飛機上保持安靜是一種基本的禮貌。喝醉酒後的醜態，不僅影響機上安寧，也會讓人厭煩。

13.座位扶正：飛機起飛、降落時，須豎直椅背。移動椅背往後傾之前，記得注意一下後面乘客。用餐時，需將椅背扶正，以免妨礙後座用餐。

14.洗手間：洗手間門上標示著「OCCUPIED」表示有人正在使用，「VACANT」是表示沒有人，可推門入內，確定燈亮，表示門已上鎖。男士用廁時，要將坐墊掀起，「FLUSH」即表示沖水鈕，用畢沖水以利下一位旅客使用。

15.夜航班機：夜間長程飛行時，空服員會在送完餐後將客艙燈光調暗，這時候有可能窗外還是明亮的，仍須將窗戶關上，避免光線的干擾，方便旅客休息、調整時差。如果睡不著，需要光線看書，可以打開閱讀燈。

16.切勿爭先恐後下機：飛機停好後燈亮，常見到許多乘客急忙站起來拿行李，站在走道上急著下機，影響下機秩序。請依座位序號先後下機，禮讓前排，切勿爭先恐後。

旅客搭機希望選到寬敞的位子，鄰座最好沒人或是友善的旅客，最擔心是旁邊有哭鬧的嬰孩聲或是有強烈體味的乘客。根據Expedia.com 2019年調查，搭飛機時碰到什麼樣的乘客最會讓人頭疼，第一名是在機上喝醉的乘客，第二名是不斷踢前座椅背、在座椅上大力晃動的乘客，第三名是可能會散播病菌的乘客，第四名是噴灑過多香水的乘客，第五名則是疏於照顧孩童的父母。若不幸遇到行爲不良之乘客，如何向不當行爲表示抗議呢？亞洲旅客傾向於請空服員來調解，避免直接與對方起衝突；歐洲人則傾向直接跟鄰座旅客溝通。

搭機禁忌——十大不妥之搭機行為

英國的倫敦城市機場公布他們向乘客進行「搭機禮貌」調查，並評選出的「令人反感的十大乘客壞習慣」。

1.座椅過度靠後，影響後座通行。

2.鄰座乘客霸占整個扶手，且兩旁都占據，不留空間給他人。

3.花錢是大爺心態，對空姐很沒禮貌。

4.手提行李過大。

5.與同行友人大聲聊天喧譁。

6.飛機抵達目的地後，急著衝出機門。

7.頻繁離開座位，打開機上置物櫃拿行李。

8.把腳放在前座的兩椅中間，還碰到前座乘客肩膀。

9.不斷罵髒話。

10.獨占窗口風景，別人只能看他的後腦勺。

資料來源：中央社（2018）。

搭機時勿做事項

基於安全與衛生，搭機時最好也別做下列事項：

1.不要老是坐在座位上：在長時間飛行中，缺乏運動會增加罹患深部靜脈栓塞的風險，需站起來走動就可降低這種風險。

2.不要鬆開安全帶睡覺：飛機隨時會遇到亂流或其他意外事件，所以在小睡時最好綁上安全帶。

3.不要喝咖啡或熱茶：飛機上的過濾系統是否清潔很難預料，用來煮咖啡和茶的熱水是否乾淨須注意。

4.不要赤腳在機艙行走：雖然每架飛機的機艙在起飛前都清潔過，但細菌及危險物仍會殘留在地板上，例如眼鏡掉下來了尖銳物，或是旅客丟下的麵包屑和食物。

5.不要把擦鼻涕的紙巾放入座椅靠背的口袋，令人噁心。

資料來源：《世界日報》（2019/12/31）。

第四節　入出境機場常用會話與單字

出國旅遊及通過海關，或在機場辦理登機手續時，容易感到緊張。因此學習一些常用的基礎旅遊英文、單字與用語，讓旅行更加順暢，避免發生不愉快的語言誤解。

一、常見的搭機英文對話

Where will you be flying today?（你今天要前往哪裡？）

Would you like a window seat or an aisle seat?（你的座位要靠窗還是通道？）

How many bags are you checking in?（你有多少行李要託運？）

Please put your baggage on the scale.（請把你的行李放在秤上。）

Here is your boarding pass.（這是您的登機證。）

May I have your declaration card, please?（請把您的申報卡給我？）

What is your final destination?（你最終的目的地是哪裡？）

What's the purpose of your visit?（你旅行的目的是什麼？）

Where are you staying?（你住在哪裡？）

How long will you be staying?（你會停留多久？）

How much currency are you carrying with you?（你攜帶多少現金？）

Do you have anything to declare?（你有東西要申報嗎？）

Who packed your bag?（誰打包你的行李？）

二、常用搭機相關英文單字

Aisle Seat　靠走道座位

Arrival　入境

Airport Tax　機場稅

Airport Lounge　候機室

Baggage　行李，也可使用Luggage

Bags　行李袋

Boarding Gate　登機門

Boarding Pass　登機證

Business Class　商務艙

Baggage Carousel　行李轉盤

Baggage Inspection　行李檢查

Baggage Allowance　免費行李重量

Baggage Claim　行李提領區

Cabin　機艙

Cabin Crew　機艙人員

Cockpit Crew　駕駛艙人員

Captain　機長

Check In　登機報到

Carry-On Baggage　隨身攜帶的行李

Checked Baggage　託運行李

Currency　現金、貨幣

Connecting Flight　轉機航班

Customs　海關

Claim Tag　行李提領單

Car Hire　租車

Chartered Flight　包機

Currency Exchange　外幣兌換

Coin Locker　投幣式置物櫃

Departure Terminal　出境航站

Departure Gate　登機門

Declare　申報

Declaration Card　申報卡

Duplicate Bookings　重複預訂

Duty Free Shop　免稅商店

Economy Class　經濟艙

Excess Baggage　過重行李

Express　快車（Airport Express）

Estimated Arrival Time　預計到達時間

Estimated Departure Time　預計出發時間

Flight Attendant　空服員

First Class　頭等艙

Free Internet Access　免費網路使用提供

Final Destination　目的地

First Officer　副機師

Fictitious Or Speculative Bookings　虛擬或投機預訂

Ground Transportation　地面交通運輸

Hijack　劫機

Jet Lag　時差

Legroom　腿部空間

Long-Haul Flight　長途飛行

Luggage Tag　行李牌

Lobby　大廳

Luggage Locker　行李暫存箱

Lost And Found　失物招領

Multi-Faith Room/ Prayer Room　信仰室

Money/ Currency Exchange　貨幣兌換處

Nursery　育兒室

Oversized Baggage/ Overweight Baggage　超大行李／超重行李

Observation Deck　觀景台

Overhead Compartment　座位上方置物櫃

Purpose　目的

Passport Control　護照檢查

Pilot/ Co-Pilot　駕駛員（副駕駛）

Packed　包裝

Property Irregularity Report（PIR）　行李遺失報告

Quarantine　隔離；檢疫

Red-Eye Flight　半夜起飛之班機

Residence Permit　居留證

SOPK（Stover On Package Tour）　非自願轉機團體旅客之食宿招待

Stopover/ Layover　中途短暫停留

Steward　男空服員

Stewardess　女空服員

STPC（Stopover Paid By Carriers）　非自願轉機旅客之食宿由航空公司招待

Security Check　安全檢查

Smoking Lounge　吸菸室

Shuttle Bus　接駁車

Scale　秤

Ticket Office　購票處

Tax Refund　退稅

Transfer　轉機

Transit　過境

Terminal　航廈

Unclaimed Baggage　未提領行李

Vacation　度假

Visa　簽證

Waitlisted Segments　候補航段

Window Seat　靠窗座位

附　錄

- 搭機常識問答
- 歷年導遊領隊相關考題
- 航空公司代號
- 城市與機場代號（City Codes & Airport Codes）
- 貨幣代號
- 航空飛行相關術語與解釋

附錄一　搭機常識問答

以下問題是有關搭機常識，希望讀者在搭乘飛機時能更安全舒適。

是非題

1.搭機時，如果你攜帶了手提電腦上飛機，將之放置在座位上方的行李箱比較安全。

2.假如你是孕婦，最好要求坐在靠近飛機緊急出口的座位，因爲此座位比較寬，對孕婦比較舒服。

3.飛機失壓時氧氣罩會自動落下，時間緊迫、分秒必爭，如果你有小孩同行，應先替小孩戴上氧氣罩，再戴上自己的。

4.一旦飛機爬到一定高度後不再爬升，繫上安全帶的燈熄掉，即使飛機在平穩中飛行，有經驗的乘客通常還是會將安全帶繫住。

5.飛機後面的位子比前座安全。

6.當飛機緊急降落著地，旅客須馬上離機，你應先去拿重要物品，包含身分證件、金錢，再緊急疏散。

7.在長程旅行深夜飛行時，應將窗簾拉下，但你若想看書可開自己座位上的小燈。

8.飛機降落時應將椅子拉回，恢復原狀並將椅背小餐桌回復。

9.雖然飛機上的緊急逃生門大小不同，但它們開門操作方式是相同的。

10.許多飛機機艙內裝有電話供旅客使用，但費用較貴，在飛行中旅客如有緊急事情可用自己手機向外聯絡。

11.你不需要刻意去注意緊急逃生門的位子，因爲門上有寫字，地上也有夜間反射燈指引。

12.若機艙內冒煙，煙往上升，接近地面空氣較清潔，因此逃生時應匍伏地面前進。

13.飛機緊急降落後，應馬上離開飛機、保持安全距離並注意往來交通。

14.由於自己行李不多，有搭同班飛機的陌生者要求協助，請求幫忙託運行李，看在同是台灣來的人份上可以幫忙。

15.搭機時除了三餐外，旅客不可以向空服員要求飲料喝。

解答

1.（×）遇到亂流可能會掉下來而砸到人。
2.（×）孕婦行動不便會影響逃生速度。
3.（×）須先讓自己有能力去協助小孩。
4.（○）隨時可能有亂流發生。
5.（×）沒有足夠統計數字證明。
6.（×）應馬上逃離現場免得影響別人逃生。
7.（○）
8.（○）
9.（×）不一定。
10.（×）嚴禁使用手機。
11.（×）若有濃煙視線將受阻。
12.（×）應蹲低快速離開，機上走道狹小會阻礙別人。
13.（○）
14.（×）你可能幫人走私毒品。
15.（×）可按燈要求飲料。

附錄二　歷年導遊領隊相關考題

第一章　航空概論

1.依據我國交通部民用航空局規定，桃園國際機場（TPE），是屬於何種等級航空場站？

(A)超等級

(B)特等級

(C)甲等級

(D)乙等級

解答：(B)

第二章　國際航空組織與航空運輸之認識

1.下列何項屬於我國國籍航空公司之代碼（Airline Code）？

(A) X2

(B) Q3

(C) J5

(D) B7

2.若旅客航空行程為大阪－台北－新加坡－墨爾本，第一段搭乘JL，第二段搭乘CI，最後一段搭乘SQ，在墨爾本機場提領行李時，發現託運行李箱嚴重損壞，依據IATA規定，建議旅客應向哪一家航空公司提出賠償申請？

(A) JL

(B) CI

(C) SQ

(D) QF

3.就台灣桃園國際機場而言，下列何者爲Off-Line之航空公司？

(A) AI

(B) JL

(C) MH

(D) SQ

4.下列何者不是「星空聯盟」（Star Alliance）的創始航空公司？

(A)美國聯合航空

(B)德國漢莎航空

(C)國泰航空

(D)泰國航空

5.星空聯盟（Star Alliance）成立於西元1997年，是世界第一大國際航空聯盟，其成員航線遍及全球，提供全球旅客哩程優惠、外站轉機、行李掛運等更加便捷的服務。其營運總部設於何處？

(A) FRA

(B) ZRH

(C) PAR

(D) MAD

6.中華航空公司加入下列哪一個航空公司合作聯盟？

(A) Star Alliance

(B) Sky Team

(C) One World

(D) Qualiflyer Group

7.航空公司對於旅客收取行李超重費是由哪個國際組織制訂？

(A) AAA

(B) ICAO

(C) IATA

(D) PATA

解答：1. (D) 2. (C) 3. (A) 4. (C) 5. (A) 6. (B) 7. (C)

第三章　國際空中交通的演進

1.下列空中巴士的機型，何者酬載量（可載客數）最小？

(A) A310

(B) A320

(C) A330

(D) A340

2.目前何種客運飛機在分三艙等情況下，可搭載乘客人數最多？

(A) Boeing 747 Air

(A) Bus 380

(B) Boeing 787

(C) Air Bus 340

3.下列何種機型爲擁有四具發動機配備的客機？

(A)波音767型客機

(B)波音777型客機

(C)空中巴士A330-200型客機

(D)空中巴士A340-300型客機

4.民航客機機型之標準載客數，下列何項機型爲最多？

(A)波音777客機

(B)空中巴士340客機

(C)空中巴士380客機

(D)波音747- 400客機

解答：1. (B)　2. (B)　3. (D)　4. (C)

第四章　全球航空市場

1.依交通部民用航空局統計，第一家進軍台灣的低成本航空公司（LCC）爲：

(A)樂桃航空公司

(B)宿霧太平洋航空公司

(C)眞航空公司

(D)新加坡捷星航空公司

2.亞洲地區第一家成立的低成本航空公司（LCC）爲：

(A) Spring Airlines

(B) Tiger Airways

(C) AirAsia Airlines

(D) Jetstar Airlines

3.依據IATA規定，在機票票務方面，被視爲同一國區域行程（One Country Rule），下列何項正確？

(A)日本、韓國

(B)挪威、瑞典、丹麥

(C)澳洲、紐西蘭

(D)荷蘭、比利時、盧森堡

4.國際航空運輸協會（IATA）爲統一管理及制定票價，將全世界劃分爲三大區域，下列哪一個城市不屬於TC3的範圍？

(A) DPS

(B) MEL

(C) DEL

(D) CAI

5.「北極航線」一般是指TC2及TC3經過TC1，到歐洲任一城市，其前提是經由北緯幾度以上的城市？

(A)北緯55度

(B)北緯60度

(C)北緯50度

(D)北緯45度

6.依據國際航空運輸協會（IATA）之規範，美國的亞特蘭大市位於下列哪一個運輸會議區？

(A) TC1

(B) TC2

(C) TC3

(D) TC4

7.艾瑪迪斯（AMADEUS）電腦訂位系統的營運總部設於何處？

(A)日本東京

(B)美國芝加哥

(C)法國巴黎

(D)西班牙馬德里

8.本國CI航空公司無法取得東京至福岡的國內線航權，是受到第幾航權的限制？

(A)第六航權

(B)第七航權

(C)第八航權

(D)第九航權

9.將航空公司登記國領域內之客、貨、郵件，運送到他國卸下之權利，亦稱卸載權，此爲第幾航權？

(A)第二航權

(B)第三航權

(C)第四航權

(D)第五航權

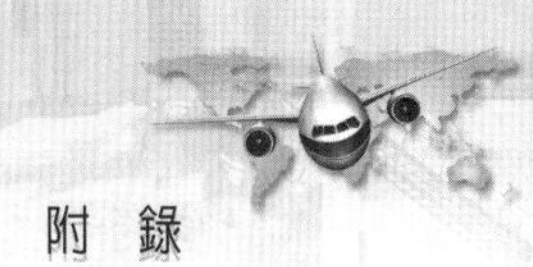

解答：1. (D)　2. (C)　3. (B)　4. (D)　5. (B)　6. (A)　7. (D)　8.(D)　9. (B)

第五章　航空責任保險與飛安事故

1.搭機旅客攜帶防風（雪茄）型打火機回台灣，其帶上飛機規定爲何？

(A)可以隨身攜帶，但不可作爲手提或託運行李

(B)不可隨身攜帶，但可作爲手提或託運行李

(C)不可隨身攜帶及手提，但可作爲託運行李

(D)不可隨身攜帶，也不可作爲手提或託運行李

2.關於乘客不得攜帶或託運危險物品進入航空器，是依據我國下列哪一項法律條文規定？

(A)航空貨運承攬業管理規則第20條

(B)民用航空運輸業管理規則第28條

(C)民用航空法第23條

(D)民用航空法第43條

3.旅客因糖尿病需於航程中注射胰島素，應於機場向何單位提出申報，並經同意後可攜帶上機？

(A)航空公司地勤人員

(B)領隊人員

(C)航空警察局安檢人員

(D)海關人員

4.強力磁鐵屬於IATA規定的第幾類危險品？

(A)第一類

(B)第四類

(C)第七類

(D)第九類

5.搭機途中遇到TURBULENCE時，因有預先徵兆，除了機長會廣播通知外，領隊最好能及時提醒旅客綁好什麼？

(A) LIFE VEST

(B) BLANKET

(C) SEAT BELT

(D) LIFE RAFT

6.搭機時，機長在廣播中提到Clear Air Turbulence這個專業術語，指的是下列何種狀況？

(A)清潔機艙

(B)高空劫機

(C)晴空亂流

(D)遭遇雷擊

7.旅客於航空器廁所內吸菸，依民用航空法第119條之2規定，最高可處新台幣多少之罰鍰？

(A) 5萬元

(B) 6萬元

(C) 7萬元

(D) 10萬元

8.下列何物品禁止隨身攜帶登機？

(A)相機

(B)手機

(C)隨身聽

(D)噴霧膠水

9.搭乘飛機時，下列哪些人不適合坐在緊急出口旁的座位？

(A)行動不便者

(B)未接受過「心肺復甦術」訓練者

(C)領隊

(D)醫護人員

解答：1. (A)、(D)　2. (D)　3. (C)　4. (D)　5.(C)　6.(C)　7.(A)
8. (D)　9.(A)

第六章　客運航空業務與銷售

1.台北旅行社接獲客人要求幫父母親購買由台北飛往洛杉磯商務艙來回機票，機票款在美國支付，旅客則在台北取票，在航空票務上，此種方式稱爲：

(A) SITI

(B) SITO

(C) SOTI

(D) SOTO

2.旅客機票之購買與開立，均不在出發地完成，此種方式稱爲：

(A) SOTO

(B) SITO

(C) SOTI

(D) SITI

解答：1. (C)　2. (A)

第八章　航空經營管理與服務

1. 旅客搭乘中華航空班機欲需求機上素食餐，最晚須於班機起飛至少幾小時前向航空公司提出申請？

(A) 12小時

(B) 18小時

(C) 24小時

(D) 48小時

2.我國民用航空法規定，航空公司就其託運貨物或登記行李之毀損或滅失所負之賠償責任，在未申報價值之情況下，每公斤最高不得超過新台幣多少元？

(A) 1,000元

(B) 1,500元

(C) 2,000元

(D) 3,000元

3. Property Irregularity Report（PIR）是遭遇何種情形時需填寫之文件？

(A)行李遺失

(B)簽證遺失

(C)金錢損失超過150美金

(D)全團機票遺失

4.班機抵達機場之後，旅客發現行李未到，領團人員應該協助旅客準備行李收據、護照與機票前往所屬航空公司之行李服務櫃檯填寫何種表格？

(A) PIR

(B) CIQ

(C) VAT

(D) PNR

5.按照國際航空運輸協會之條款規定，以經濟艙爲例，如果某甲之行李總重爲20公斤，不幸於航空運送途中遺失，他至多每公斤可以要求理賠多少金額？

(A) 20美元

(B) 18美元

(C) 16美元

(D) 14美元

6.搭機旅客行李遺失，最遲須於多久內，向航空公司提出申訴？

(A) 3週

(B) 4週

(C) 5週

(D) 6週

7.我國民用航空法規定，乘客隨身行李之賠償責任，按實際損害計算，但每一位乘客最高不得超過新台幣多少元？

(A) 5,000元

(B) 10,000元

(C) 20,000元

(D) 30,000元

8.旅客的隨身行李在運送中受到損害，致使該位旅客損失新台幣30,000元，根據我國民用航空法規定，航空公司應負擔多少金額之賠償？

(A)新台幣15,000元

(B)新台幣20,000元

(C)新台幣30,000元

(D)不需賠償隨身行李之損害

9.現今航空公司對於旅客行李賠償責任是依據何種公約處理？

(A)赫爾辛基公約

(B)申根公約

(C)華沙公約

(D)芝加哥公約

10.依據IATA規定，航空公司對於託運行李的處理，下列敘述何者正確？

(A)損壞或遺失的行李應於出關前，由領隊協助旅客填具PNR向該航空公司申請賠償

(B)對於遺失的行李，航空公司最高理賠金額為每公斤400美元

(C)旅客的託運行李以件數論計，其適用地區為TC3區至TC1區之間

(D)遺失行李時，領隊應協助旅客購買必需的盥洗用品，並保留收據，每人每天以60美元為上限

11.旅客搭機入出境台灣桃園國際機場，攜帶超量黃金、外幣、人民幣或新台幣等，應至下列何處辦理申報？

(A)海關服務櫃檯

(B)航空公司服務櫃檯

(C)交通部民用航空局服務櫃檯

(D)內政部入出國及移民署服務櫃檯

12.旅客搭機入境台灣桃園國際機場，提取行李後，如無管制、禁止、限制進口物品者，可選擇下列何種顏色「免申報櫃檯」通關？

(A)綠色

(B)紅色

(C)藍色

(D)黃色

13.在國際機場通關時，下列敘述何者錯誤？

(A)應先注意是否區分為本國國民與外國國民

(B)應在等待區橫線處依序排隊

(C)領隊可協助旅客填寫入境卡與海關申報單並代為簽名

(D)到達檢查關卡應主動出示護照、簽證等文件

14.入境台灣旅客所攜帶之貨物樣品，其完稅價格在新台幣多少元以下者免稅？

(A) 12,000元

(B) 15,000元

(C) 20,000元

(D) 30,000元

15.依中華民國海關現行規定，旅客入境時可攜帶免申報之新台幣現金最高限額爲何？

(A) 40,000元

(B) 60,000元

(C) 80,000元

(D) 100,000元

16.抵達目的地機場時，如發現託運行李沒有出現，應向航空公司有關部門申報，申報時不需準備的文件是：

(A)護照

(B)機票或登機證

(C)簽證

(D)行李託運收據

17.搭機旅客之託運行李超過免費託運額度，應支付超重行李費。此「超重行李」稱爲：

(A) Checked Baggage

(B) Excess Baggage

(C) In Bond Baggage

(D) Unaccompanied Baggage

18.訂妥機位之旅客，因航空公司超賣機位而被拒絕登機，航空公司應支付下列何項補償金？

(A) Cancellation Compensation

(B) Denied Boarding Compensation

(C) Upgrade Compensation

(D) Disembarkation Compensation

19.下列哪一家航空公司，在桃園機場設有Hello Kitty彩繪機專屬自助式報到亭（Kiosk）？

(A)中華航空

(B)長榮航空

(C)華信航空

(D)遠東航空

20.標準型低成本航空公司（LCC）的特性，下列何項錯誤？

(A)以單走道客機爲主

(B)每趟航程時間以6小時以上爲主

(C)使用次級機場爲最多

(D)自有網站售票爲最多

21.標準型低成本航空，在機場通行的標準地面整備時間，下列何項最適宜？

(A) 30分鐘以內爲原則

(B) 30～60分鐘爲原則

(C) 60～90分鐘爲原則

(D) 90～120分鐘爲原則

22.搭機旅遊時，在一地停留超過幾小時起，旅客須再確認續航班機，否則航空公司可取消其訂位？

(A) 12小時

(B) 24小時

(C) 48小時

(D) 72小時

23.未滿2歲的嬰兒隨父母搭機赴美，其免費託運行李的上限規定爲何？

(A)可託運行李一件，尺寸長寬高總和不得超過115公分

(B)可託運行李二件，每件尺寸長寬高總和不得超過115公分

(C)20公斤，含可託運一件折疊式嬰兒車

(D)20公斤，含可託運一件折疊式嬰兒車與搖籃

24.李太太帶一位未滿兩歲的嬰兒，搭乘商務艙班機前往美國，依IATA規定，該嬰兒的免費託運行李，最多可帶幾件？

(A) 3件

(B) 2件

(C) 1件

(D) 0件

25.某位旅客懷孕38週（或距離預產期約2週）到機場辦理報到手續，下列敘述何者正確？

(A)不得搭機，拒絕受理其報到

(B)須提供其主治醫師填具之適航證明，方可受理

(C)須事先通過航空公司醫師診斷，方可受理

(D)須於班機起飛48小時前，告知航空公司並回覆同意，方可受理

解答：1. (C) 2. (A) 3. (A) 4. (A) 5. (A) 6. (A) 7. (C) 8.(B) 9.(C) 10.(C) 11.(A) 12.(A) 13.(C) 14.(A) 15.(D) 16.(C) 17.(B) 18.(B) 19.(B) 20.(B) 21.(A) 22.(D) 23.(A) 24.(C) 25.(A)

第九章 機票價格

1.下列何者不屬於機票票價的種類？

(A) Special Fare

(B) Checking Fare

(C) Normal Fare

(D) Discounted Fare

解答：1. (B)

第十章　各國時差與時間換算

1.假設某航班於星期一22時50分自紐約（-4）直飛台北（+8），於星期三8時抵達目的地，試問飛航總時間爲多少？

(A) 18小時又10分

(B) 19小時又10分

(C) 20小時又10分

(D) 21小時又10分

2.從台北（GMT +8）出發，經16小時飛行可抵達歐洲，若要在同一日下午8點抵達目的地（GMT +2），應選擇下列哪一時段之航班？

(A)上午9點以前出發

(B)上午9至11點

(C)下午1至3點

(D)下午4至6點

3.由台北（+8）15時25分飛往美國洛杉磯（-8）的班機，假設總飛行時間需13小時，則抵達洛杉磯的時間爲：

(A) 12時25分

(B) 13時25分

(C) 14時25分

(D) 15時25分

4.某航空公司由台北飛往紐約班機，台北起飛時間16:30，抵達安克拉治爲09:25。略事停留後續於10:40起飛，抵達紐約爲21:30，其飛行時間爲多少？（TPE/GMT+8，ANC/GMT-8，NYC/GMT-4）

(A) 17時15分

(B) 11時45分

(C) 13時15分

(D) 15時45分

5.從台北（GMT+8）出發經12小時飛行可抵達美西，若要在同一日 6:00 p.m. 抵達目的地（GMT-8），應選擇下列哪一時段之航班？

(A)上午10點以前出發

(B)上午10至12點

(C)下午4至6點

(D)下午8至10點

解答：1. (D)　2. (B)　3. (A)　4. (D)　5. (D)

第十一章　機票內容及使用須知

1.機票號碼（Ticket Number）的意義，下列敘述何項錯誤？

297 4 4 03802195 2

① ②③ ④　　⑤

(A) ①297-航空公司代號

(B) ②4-來源

(C) ③4-機票的格式

(D) ⑤2-機票的序號

2.關於電子機票的敘述，下列何者錯誤？

(A)電子機票從BSP系統開出機票時，已經包含登機證

(B)電子機票是將機票資料儲存在航空公司電腦資料庫，旅客可用紙張列印電子機票收據

(C)電子機票是完全無實體機票作業，合乎環保又可避免機票遺失

(D)旅客至機場出示電子機票收據或告知訂位代號，即可辦理登機手續

3.旅行社於7月4日開一張YEE17的旅遊票給旅客，該旅客於7月10日使用第一航段行程往香港，故該張機票的有效期限至何時？

(A) 7月21日

(B) 7月23日

(C) 7月25日

(D) 7月27日

4.國際機票之限制欄位中，「NON-REROUTABLE」意指：

(A)禁止轉讓其他航空公司

(B)不可辦理退票

(C)禁止搭乘期間

(D)不可更改行程

5.由台北飛往洛杉磯之機票航段上，「時間」（TIME）的欄位上應填記下列哪一項時間？

(A)台北起飛之當地時間

(B)抵達洛杉磯之當地時間

(C)台北起飛時之環球時間

(D)抵達洛杉磯時之環球時間

6.若機票有「使用限制」時，應加註於下列哪個欄位？

(A) ORIGINAL ISSUE

(B) ENDORSEMENTS/RESTRICTIONS

(C) CONJUNCTION TICKET

(D) BOOKING REFERENCE

7.有關航空機票效期延長的規定，下列何項錯誤？

(A)航空公司班機因故取消

(B)航空公司無法提供旅客已訂妥的機位

(C)旅客個人因素轉接不上班機

(D)旅客於旅行途中發生重大意外

8.依IATA規定機票完全未經使用時，自開票日起，有效期限最長爲多久？

(A) 1個月

(B) 3個月

(C) 6個月

(D) 1年

9.下列何項不符合機票效期延長的規定？

(A)航空公司班機取消

(B)旅客於旅行途中發生意外

(C)航空公司無法提供旅客已訂妥的機位

(D)個人因素轉接不上班機

10.若旅客購買的票種代碼（FARE BASIS）爲XLP3M19，其效期最長爲：

(A) 19個月

(B) 109天

(C) 3個月

(D) 19天

11.塡發機票時，旅客姓名欄加註「SP」，請問「SP」代表何意？

(A)指12歲以下的小孩，搭乘飛機時，沒有人陪伴

(B)指沒有護衛陪伴的被遞解出境者

(C)指乘客由於身體某方面之不便，需要協助

(D)指身材過胖的旅客，需額外加座位

12.機票欄內之票種代碼（Fare Basis）顯示「YLAP14」，下列敘述何項錯誤？

(A) Y表示經濟艙

(B) L表示淡季期間

(C) AP表示經由北大西洋之行程

(D)表示出發前14天完成購票

13.下列何種情況不是開立電子機票的好處？

(A)免除機票遺失風險

(B)提升會計作業之工作成效

(C)可以使用世界各地之航空公司貴賓室

(D)全球環境保護

14.旅客持實體機票搭機時，機場報到櫃檯人員會收取機票的哪一聯？

(A) AGENT COUPON

(B) AUDIT COUPON

(C) PASSENGER COUPON

(D) FLIGHT COUPON

15.旅客的機票爲TPE→LAX→TPE，指定搭乘中華航空公司，在機票上註明Non-Endorsable，其代表何意？

(A)不可退票

(B)不可轉讓給其他航空公司

(C)不可更改行程

(D)不可退票和更改行程

16.有關嬰兒機票（Infant Fare）的敘述，下列何者錯誤？

(A)不能占有座位

(B)未滿二歲之嬰兒

(C)旅客於出發前，可申請機上免費提供的尿布和奶粉

(D)每一位旅客最多能購買嬰兒票二張

17.下列有關遺失機票之敘述，何者正確？

(A)應向當地警察單位申報遺失，並請代爲傳眞至原開票之航空公司確認

(B)如全團機票遺失，應取得原開票航空公司之同意，由當地航空公司重新開票

(C)若機票由團員自行保管而遺失，則領隊不需協助處理

(D)應向當地海關申報遺失，並請代爲傳眞至原開票之航空公司確認

18.電子機票收據遺失時，下列敘述何項最爲適當？

(A)向警察機關報案，取得遺失證明文件

(B)重新購買機票，保留收據，返國後再申請退費

(C)向航空公司申報遺失，並請原開票公司同意申請補發

(D)所有機票內容儲存於公司電腦資料庫內，故毋需處理

19.旅外國人如不愼遺失機票時，下列敘述何者錯誤？

(A)向遺失地警局報案，取得報案證明

(B)具體提出航空公司的證據，處理流程會較順暢

(C)航空公司對遺失機票退票，如有收費規定，由退票款扣除

(D)到航空公司塡寫Lost & Found，並簽名，留下聯絡電話與地址

20.遺失機票時，要緊急塡寫一份「遺失機票退費申請書」，其正確的英文是：

(A) Lost Ticket Form

(B) Lost Ticket Application

(C) Lost Ticket Refund Application

(D) Ticket Application

21.旅客帶著一歲八個月大的嬰兒搭機，由我國高雄到美國舊金山，請問下列有關嬰兒票之規定，何者正確？

(A)不託運行李，則免費

(B)兩歲以下完全免費

(C)如果不占位置，則免費

(D)付全票10%的飛機票價

22.關於ELECTRONIC TICKET的理解，下列何者正確？

(A)機票遺失只要花錢就可解決，請旅客付款另開機票

(B)紀錄存在航空公司電腦檔案中，沒有遺失的風險

(C)如全團遺失，應取得原開票航空公司同意，經過授權後重新開票，領隊暫不需付款

(D)如遺失個人機票，則需另購原航空公司之續程機票

23.航空時刻表上，有預定起飛時間及預定到達時間，其英文縮寫分別爲：

(A) TED & TAE

(B) EDT & EAT

(C) ETD & ETA

(D) DTE & ATE

24.下列何者爲班機預定到達時間的縮寫？

(A) EDA

(B) ETA

(C) EDD

(D) ETD

解答：1. (D) 2. (A) 3. (D) 4. (D) 5. (A) 6. (B) 7. (C)
8.(D) 9.(D) 10.(C) 11.(C) 12.(C) 13.(C) 14.(D)
15.(B) 16.(D) 17.(B) 18. (C)、(D) 19.(D) 20.(C)
21.(D) 22.(B) 23.(C) 24.(B)

第十三章　相關憑證與常用專有名詞

1.由TPE搭機前往YVR，其飛機資料顯示AC 6018 Operated by EVA Airways，表示該班機爲：

(A) World in One Service

(B) Code-Share Service

(C) Connecting Service

(D) Inter-Line Service

2.已訂妥機位，卻沒有前往機場報到搭機，此類旅客稱為：

(A) No show passenger

(B) Go show passenger

(C) No record passenger

(D) Trouble passenger

3.機票表示貨幣價值時，均以英文字母為幣值代號，下列何者錯誤？

(A) CAD：加幣

(B) EGP：歐元

(C) NZD：紐元

(D) GBP：英鎊

4.航空公司核發之雜項交換券（MCO），下列何項錯誤？

(A)可當作匯款之目的使用

(B)可支付超重行李費

(C)可支付機票費用之不足

(D)可支付各項機票變更手續費

5. APEX Fare是價格較便宜之機票種類，下列何項敘述錯誤？

(A)出發前提早購票

(B)可購買單程票

(C)中途不可停留

(D)有效期間為3～6個月

6.對於團體F.O.C.機票的敘述，下列何者正確？

(A) F.O.C.機票是免費機票通常不需要支付機場稅與燃油附加費

(B) F.O.C.機票是免費機票通常還是要支付機場稅與燃油附加費

(C) F.O.C.機票不是免費機票通常不需要支付機場稅與燃油附加費

(D) F.O.C.機票不是免費機票通常還是要支付機場稅與燃油附加費

解答：1. (B)　2. (A)　3. (B)　4. (A)　5. (B)　6. (B)

第十四章　電腦訂位系統相關內容之顯示與認識

1.依據附圖，此為下列何種機型的座位表？

AUTH-71

0 - TPE 1 - BKK 2

– LHR NO SMOKING-TPEBKK

	A	C	D	E	F	G	H	K	
20E	*	*					Ÿ	Ÿ	E20
21	Ÿ	Ÿ	Ÿ	Ÿ	Ÿ	Ÿ	Ÿ	Ÿ	21
22	*	*	Ÿ	Ÿ	Ÿ	Ÿ	Ÿ	Ÿ	22
23	/	/	*	*	Ÿ	Ÿ	Ÿ	Ÿ	23
W24	Ÿ	Ÿ	Ÿ	Ÿ	Ÿ	Ÿ	Ÿ	Ÿ	24W
W25	Ÿ	Ÿ	Ÿ	Ÿ	*	*	Ÿ	Ÿ	25W

AVAIL NO SMK: * BLOCK: / LEAST PREF: U BULKHEAD: BHD AVAIL SMKING: - PREMIUM: Q UPPER DECK: J EXIT ROW: E SEAT TAKEN: Ÿ WING: W LAVATORY: LAV GALLEY: GAL BASSINET: B LEGROOM: L UMNR: M REARFACE: @

(A) AIRBUS 330

(B) AIRBUS 321

(C) BOEING 737

(D) BOEING 757

2.根據下面顯示的可售機位表，TPE與VIE兩地之間的時差為多少小時？

22JAN TUE TPE/Z¥8 VIE/-7

1CI 63 J4C4D0Z0Y7B7TPEVIE 2335 0615¥1 343M0 26 DC/E

2BR 61 C4J4Z4Y7K7M7TPEVIE 2340 0930¥1 332M1 246 DC/E

3KE/CI *5692 C0D0I0Z4O4Y0TPEICN 0810 1135 3330 DC/E

4KE 933 P0A0J4D4I4Z0VIE 1345 1720 332LD0 246 DC/E

5CI 160 J4C4D0Z4Y7B7TPEICN 0810 1135 333M0 DC/E

6KE 933 P0A0J4D4I4Z0VIE 1345 1720 332LD0 246 DC/E

7TG 633 C4D4J4Z4Y4B4TPEBKK 1520 1815 330M0 X136 DCA/E

8TG/VO *7202 C4D4J4Z4Y4B4VIE 2355 0525¥1 7720 DCA/E

9TZ 202 Z7C7J7D6I0S7TPENRT 0650 1040 7720 DCA

10OS/VO *52 J9C9D9Z9P9Y9VIE 1215 1610 772MS0 X46 DC/E

11TZ 202 Z7C7J7D6I0S7TPENRT 0650 1040 7720 DCA

12NH/VO *6325 J4C4D4Z4P4Y4VIE 1215 1610 772MS0 X46 DCA/E

(A) 15小時

(B) 8小時

(C) 7小時

(D) 1小時

3.根據下面顯示的可售機位表，搭乘BR61航班預定抵達VIE的時間，下列何項正確？

22JAN TUE TPE/Z¥8 VIE/-7

1CI 63 J4C4D0Z0Y7B7TPEVIE 2335 0615¥1 343M0 26 DC/E

2BR 61 C4J4Z4Y7K7M7TPEVIE2340 0930¥1 332M1 246 DC/E

3KE/CI *5692 C0D0I0Z4O4Y0TPEICN 0810 1135 3330 DC/E

4KE 933 P0A0J4D4I4Z0VIE 1345 1720 332LD0 246 DC/E

5CI 160 J4C4D0Z4Y7B7TPEICN 0810 1135 333M0 DC/E

6KE 933 P0A0J4D4I4Z0VIE 1345 1720 332LD0 246 DC/E

7TG 633 C4D4J4Z4Y4B4TPEBKK 1520 1815 330M0 X136 DCA/E

8TG/VO *7202 C4D4J4Z4Y4B4VIE 2355 0525¥1 7720 DCA/E

9TZ 202 Z7C7J7D6I0S7TPENRT 0650 1040 7720 DCA

10OS/VO * 52 J9C9D9Z9P9Y9VIE 1215 1610 772MS0 X46 DC/E

11TZ 202 Z7C7J7D6I0S7TPENRT 0650 1040 7720 DCA

12NH/VO *6325 J4C4D4Z4P4Y4VIE 1215 1610 772MS0 X46 DCA/E

(A) TPE時間，當天0930

(B) TPE時間，翌日0930

(C) VIE時間，當天0930

(D) VIE時間，翌日0930

4.1.1TUNG/JUILINMR 2.1 TUNG/SUCHINMS 3.1 TUNG/WUNJINMISS*C6

4.I/1 TUNG/GUANYANGMTSR*I6

1 AA 333 Y 1MAY 3 AAABBB*SS3 0810 1150 SPM/DCAA

2 BB 555 Y 3MAY 5 BBBDDD*SS3 1410 1630 SPM/DCBB

3 ARNK

4 DD 666 Y 5MAY 7 DDDAAA*LL3 1530 1915 SPM/DCDD

TKT/TIME LIMIT

TAW N618 26APR 009/0400A/

PHONES

KHH HAPPY TOUR 073597359 EXT 123 MR CHEN-A

PASSENGER DETAIL FIELD EXISTS-USE PD TO DISPLAY

TICKET RECORD-NOT PRICED

GENERAL FACTS

1.SSR CHLD YY NN1/06JUN06 3.1 TUNG/WUNJINMISS

2.SSR INFT YY NN1/TUNG/GUANYANGMSTR/11JUN12 2.1 TUNG/SUCHINMS

3.SSR CHML AA NN1 AAABBB0333Y1MAY

4.SSR CHML BB NN1 BBBDDD0555Y3MAY

5.SSR CHML DD NN1 DDDAAA 0666Y5MAY

RECEIVED FROM-PSGR 0912345678 TUNG MR

N618.N6186ATW 1917/31DEC12

根據上面顯示之PNR，下列旅客何者不占機位？

(A) TUNG/JUILIN

(B) TUNG/SUCHIN

(C) TUNG/WUNJIN

(D) TUNG/GUANYANG

5. 23JAN SUN TPE/Z¥8 HKG/¥0

1CX 463 J9 C9 D9 I9 Y3 B1 H0*TPEHKG 0700 0845 330 B 0 DCA /E

2CX 465 F4 A4 J9 C9 D9 I9 Y9* TPEHKG 0745 0930 343 B 0 1357 DCA /E

3CI 601 C4 D4 Y7 B7 M7 Q7 H7 TPEHKG 0750 0935 744 B 0 DC /E

4KA 489 F4 A4 J9 C9 D4 P5 Y9*TPEHKG 0800 0945 330 B 0 X135 DC

5TG 609 C4 D4 Z4 Y4 B4 M0 H0 TPEHKG 0805 1000 333 M 0 X246 DC

6CI 603 C0 D4 Y7 B7 M7 Q7 H7 TPEHKG 0815 1000 744 B 0 DC /E

*- FOR ADDITIONAL CLASSES ENTER 1*C

根據上面顯示的ABACUS可售機位表，下列航空公司與ABACUS訂位系統之連線密切程度，何者等級最高？

(A) CI

(B) CX

(C) KA

(D) TG

6.依據下方PNR之資訊，該航班的訂位時間爲：

1.1LEE/YUNGYMS 2.1HSU/CHINGMR

1 CI 835Y 02JAN 4 TPEBKK SS2 1355 1645 SPM /DCCI /E

2 TG 431Y 05JAN 7 BKKDPS SS2 0850 1415 SPM /DCTG /E

TKT/TIME LIMIT

1.TAWBX5815DEC009/0400A/

PHONES

1.TPE LION TRVL 82102222 MS LEE-A

PASSENGER DETAIL FIELD EXISTS - USE PD TO DISPLAY

GENERAL FACTS

1.SSR OTHS YY TKNO 297123456789 790

2.SSR MOML CI NN1 TPEBKK0835Y02JAN

3.SSR MOML TG NN1 BKKDPS0431Y05JAN

4.SSR VGML CI NN1 TPEBKK0835Y02JAN

5.SSR VGML TG NN1 BKKDPS0431Y05JAN

RECEIVED FROM - JMT63

BX70.BX70*ABF 0407/23OCT19

(A)12月15日

(B) 12月9日

(C) 10月23日

(D) 10月19日

7. T*CT-TPE

STANDARD D/D D/I I/D I/I

ONLINE .20 1.30 1.30 1.00

OFFLINE .30 1.40 1.40 1.10

根據上面顯示的機場最短轉機時間，旅客搭乘CI從NRT到TPE，接著轉搭SQ 到目的地SIN，則在TPE的最短轉機時間爲：

(A) 1小時整

(B) 1小時10分鐘

(C) 1小時30分鐘

(D) 1小時40分鐘

8.使用ABACUS航空訂位系統，輸入旅客姓名-CHEN/

JENNYMISS*C10，此位旅客的年齡爲：

(A) 10歲

(B) 10個月

(C) 10週

(D) 10天

9.當旅客途中有某一段行程不搭飛機（即有Surface的情況），則該段行程在航空訂位系統中，會顯示下列何項訂位狀況？

(A) ARNK

(B) FAKE

(C) OPEN

(D) VOID

10.下列旅客屬性之代號，何者得向航空公司申請Bassinet的特殊服務？

(A) INF

(B) CHD

(C) CBBG

(D) EXST

11.未滿12歲單獨旅行的兒童，在訂位或開票時，須註明爲下列何項身分代碼？

(A) UM

(B) IN

(C) CG

(D) EM

12.由台北搭機到德國法蘭克福，再轉機抵達終點丹麥哥本哈根，此爲下列哪一種行程？

(A) OW

(B) RT

(C) CT

(D) OJ

13.由台北搭機到日本東京，再自東京搭機返回台北，此爲下列何種行程？

(A) OW

(B) RT

(C) CT

(D) OJ

14.旅客從台北搭機前往美國洛杉磯，接著自行開車沿途旅遊抵達舊金山，最後再由舊金山搭機返回台北，則此行程種類爲：

(A) OW

(B) RT

(C) CT

(D) OJ

15.旅客購買來回機票，從出發地桃園國際機場（TPE）搭機前往目的地KIX，但並未由KIX返國，而是從TYO回到TPE，此種行程在票務稱爲：

(A) OW

(B) RT

(C) CT

(D) OJ

16.遊程安排時，去程目的地與回程的出發地點不同時，開立機票稱之爲：

(A) OW

(B) OJ

(C) OT

(D) RT

17. Open Jaw Trip簡稱爲開口式行程，其意義下列何項不正確？

(A)去程之終點與回程之起點城市不同

(B)去程之起點與回程之終點城市不同

(C)去程之起、終點與回程之起、終點城市皆不同

(D)去程之起、終點與回程之起、終點城市皆相同

18.旅客購買來回票，從TPE（桃園機場）出發地搭機前往目的地KIX，但並未由KIX返國，而是從TYO回到TSA（松山機場），此種行程在票務上稱爲：

(A) OW

(B) RTW

(C) DOJ

(D) SOJ

19.出國團體搭機旅遊，帶團人員如遇Non-stop Flight狀況，應將行李直掛至最後目的地。所謂的Non-stop Flight指的是下列何者？

(A)原機轉機

(B)換機轉機

(C)直飛航班

(D)直達航班

20.下列何者屬於宗教性的特殊餐食？

(A) CHML

(B) MOML

(C) BBML

(D) SFML

21.患有糖尿病之旅客，可向航空公司預訂下列何種餐點？

(A) BBML

(B) CHML

(C) DBML

(D) VGML

22.行程當中若有猶太旅客同行，搭機前應預訂何種餐點才是正確選擇？

(A) CHML

(B) KSML

(C) SFML

(D) BBML

23.旅客SHELLY CHEN爲16歲之未婚女性，其機票上的姓名格式，下列何者正確？

(A) CHEN/SHELLY MS

(B) CHEN/SHELLY MRS

(C) CHEN/SHELLY MISS

(D) I/CHEN/SHELLY MISS

24.下列機票種類，何者持票人年齡最大？

(A) Y/IN90

(B) Y/CD75

(C) Y/CH50

(D) Y/SD25

25.下列機票種類，何項折扣數最爲優惠？

(A) Y/AD90

(B) Y/AD75

(C) Y/AD50

(D) Y/AD25

26.下列機票種類，何項使用效期最長？

(A) Y

(B) YEE30

(C) YEE3M

(D) YEE6M

27.在機票票種欄（FARE BASIS）中，註記「YEE30GV10/CG00」，其機票最高有效效期為幾天？

(A) 7天

(B) 10天

(C) 14天

(D) 30天

28.下列何項不代表機位OK的訂位狀態（Booking Status）？

(A) KK

(B) RR

(C) HK

(D) RQ

29.下列各專有名詞暨其中文註釋之選項，何者正確？①PNR電腦訂位紀錄②RQ機位候補③STAND BY登機手續④OVER BOOKING限空位搭乘

(A)①②③④

(B)僅①②

(C)僅②③

(D)僅③④

30.下列何項為航空公司優待旅行社從業人員之Quarter票？

(A) AD25

(B) AD75

(C) TS25

(D) TS75

31.旅客尚未決定搭機日期之航段，其訂位狀態欄（BOOKING STATUS）的代號為何？

(A) VOID

(B) OPEN

(C) NO BOOKING

(D) NIL

32.航空公司之班機無法讓旅客當天轉機時，而由航空公司負責轉機地之食宿費用，稱之爲：

(A) TWOV

(B) STPC

(C) PWCT

(D) MAAS

33.使用ABACUS訂位系統，輸入123NOVSFOTPE11PYVR，其指定的轉機點爲下列哪個城市？

(A) NOV

(B) SFO

(C) TPE

(D) YVR

解答：1. (A) 2. (C) 3. (D) 4. (D) 5. (A) 6. (C) 7. (B) 8.(A) 9.(A) 10.(A) 11.(A) 12.(A) 13.(B) 14.(D) 15.(D) 16.(B) 17.(D) 18. (C)、(D) 19.(C) 20.(B) 21.(C) 22.(B) 23.(A) 24.(B) 25.(A) 26.(A) 27.(D) 28. (D) 29.(B) 30.(B) 31.(B) 32.(B) 33.(D)

其他類型

1.搭乘本國籍航空公司帶團前往紐西蘭基督城，通常會於下列何城市入境紐西蘭市？

(A) CHC

(B) BNE

(C) AKL

(D) SYD

2.加拿大東部大城多倫多（Toronto）的城市代號（City Code）爲：

(A) YYZ

(B) YOW

(C) YRN

(D) YTO

3.加拿大的首都城市代碼（City Code）爲：

(A) YOW

(B) YYC

(C) YVR

(D) YYZ

4.要從台北飛美國紐約，下列哪一條航線最節省時間？

(A) TPE/ANC/NYC

(B) TPE/SEA/NYC

(C) TPE/LAX/NYC

(D) TPE/TYO/NYC

5.美國大西洋沿岸的大城市有：①WAS ②NYC ③BOS ④PHL，「從北至南」依序排列爲：

(A) ①④②③

(B) ②③①④

(C) ③②④①

(D) ④③②①

6.設計旅遊產品時，下列哪一段航程距離最短？

(A) TPE-TYO-AKL

(B) TPE-HKG-AKL

(C) TPE-BKK-AKL

(D) TPE-SIN-AKL

7.汶萊首都史利巴加旺市（SERI BAGAWAN）的城市代號為何？

(A) BWN

(B) SBW

(C) BNW

(D) SWB

8.下列何項不屬於紐西蘭境內的城市代碼（City Code）？

(A) CHC

(B) BNE

(C) WLG

(D) AKL

9.下列哪個航空站不位於英國倫敦？

(A) LCY

(B) LHR

(C) LGW

(D) LKG

10.航空公司對STPC的處理，均有其規定限制，下列何項錯誤？

(B)不提供旅遊業折扣票的旅客

(C)不提供個人票的旅客

(D)不提供員工優待票的旅客

(E)不提供領隊折扣票的旅客

11.當商務艙與經濟艙旅客使用同一艙門上下飛機時，經濟艙的旅客是以何種原則上下飛機？

(A)先上先下

(B)後上後下

(C)先上後下

(D)後上先下

12.若旅客航空行程為大阪－台北－新加坡－墨爾本，第一段搭乘

JL，第二段搭乘CI，最後一段搭乘SQ，在墨爾本機場提領行李時，發現託運行李遺失，依據IATA規定，建議旅客應向哪一家航空公司提出賠償申請？

(A) JL

(B) CI

(C) SQ

(D) QF

13.搭機旅行時，機艙內的洗手間門上的使用狀態出現OCCUPIED時，代表下列何種狀況？

(A)故障

(B)使用中

(C)無人

(D)清潔中

14.有關搭乘飛機的禮儀，下列何項錯誤？

(A)飛機起飛前，要收好座位前的桌面，以免發生危險

(B)團體座位是以FIRST NAME的英文字首來編排座次

(C)機艙內洗手間的FLUSH鍵，是指如廁後沖水的按鍵

(D)洗手間門顯示OCCUPIED，是指洗手間有人使用

15.假設旅客旅遊行程中，所有航段的總哩程TPM=3,000哩，而MPM=3,300哩，則EMS爲：

(A) M

(B) 5M

(C) 10M

(D) 15M

16.下列何者不是機票哩程計算之基本要素？

(A) TPM

(B) MPM

(C) EMX

(D) EMS

17.航空票務之中性計價單位（NUC），其實質價值等同下列何種貨幣？

(A) EUR

(B) GBP

(C) USD

(D) TWD

18.某客機目前的飛行速度顯示爲500節（knots），經換算後約爲每小時多少公里？

(A) 373公里／小時

(B) 635公里／小時

(C) 805公里／小時

(D) 926公里／小時

19.航空機票的「中性貨幣計價單位」之縮寫爲何？

(A) LCF

(B) NUC

(C) ROE

(D) SOS

解答：1. (C) 2. (D) 3. (A) 4. (A) 5. (C) 6. (B) 7. (A) 8.(B) 9.(D) 10.(B) 11.(B) 12.(C) 13.(B) 14.(B) 15.(A) 16.(C) 17.(C) 18.(D) 19.(B)

附錄三　航空公司代號

要了解航空市場及旅遊資訊，必須先學習航空飛行語言，在旅遊業中含有許多不同的代號、縮寫、標示符號，了解這些術語有助於航空公司的訂位及開立機票。爲了方便起見，根據國際航空運輸協會（IATA），每一家航空公司均有兩個英文字（少數航空公司是一個英文字及一個數字）的代號（另外根據國際民航組織（ICAO），也賦予各航空公司代號（ICAO Airline Designator），爲三個主英文字，要作爲空中交通管理，各國民航當局管理識別之用。中華航空公司的ICAO代號是CAL），用在飛行時刻表上，另外航空公司還有三個數字的代號，通常用在會計作帳上，在機票的票號最前面會加上此三個數字，以方便辨認是由哪一家航空公司開出之機票，如美國航空的代號是AA、中國國際航空的代號是CA、中華航空的代號是CI、立榮航空的代號是B7。

一、國際航空公司及其代號

航空公司代號（air transportation codes）是由國際航空運輸協會所制定，且經常被使用在訂位、時刻表、機票、票價表及機場上。以下所列的是較知名且耳熟能詳的國際線航空公司中、英文名稱及其縮寫。

簡稱	英文全稱	航空公司
AA	American Airlines	美國航空
AC	Air Canada	加拿大航空（楓葉航空）
AE	Mandarin Airlines	華信航空
AF	Air France	法國航空
AI	Air India	印度航空
AK	AirAsia	大馬亞洲航空
AM	Aero Mexico	墨國航空

簡稱	英文全稱	航空公司
AN	Ansett Australia	澳洲安捷航空
AQ	Aloha Airlines	夏威夷阿囉哈航空
AR	Aerolineas Argentinas	阿根廷航空
AS	Alaska Airlines	阿拉斯加航空
AY	Finnair	芬蘭航空
AZ	Alitalia	義大利航空
BA	British Airways	英國航空
BD	British Midland International	英倫航空
BG	Biman Bangladesh Airlines	孟加拉航空
BI	Royal Brunei Airlines	汶萊航空
BL	Pacific Airlines	越南太平洋航空
BR	EVA Airways	長榮航空
B7	UNI AIR	立榮航空
CA	Air China	中國國際航空
CI	China Airlines	中華航空
CO	Continental Airlines	大陸航空（美國）
CP	Canadian Airlines International	加拿大國際航空
CS	Continental Micronesia	密克羅尼西亞航空
CV	Cargolux Airlines (Cargo)	盧森堡航空
CX	Cathay Pacific Airways	國泰航空
DL	Delta Air Lines	達美航空
EF	Far Eastern Air Transport	遠東航空
EG	Japan Asia Airways	日本亞細亞航空
EK	Emirates	阿酋國際航空
EL	All Nippon Airways	全日本空輸（全日空）
FI	Icelandair	冰島航空公司
FJ	Air Pacific	斐濟太平洋
FX	Fedex (Cargo)	聯邦快遞
GA	Garuda Indonesia	印尼航空
GF	Gulf Air	海灣航空
GL	Grandair	大菲航空
HA	Hawaiian Airlines	夏威夷航空

簡稱	英文全稱	航空公司
HP	America West Airlines	美國西方航空
IB	Iberia	西班牙航空
IT	Tigerair Taiwan	台灣虎航
JD	Japan Air System	日本佳速航空
JL	Japan Airlines	日本航空公司
JX	STARLUX Airlines	星宇航空
KA	Dragonair	港龍航空
KE	Korean Air	大韓航空
KL	KLM-Royal Dutch Airlines	荷蘭航空
KU	Kuwait Airways	科威特航空公司
LA	LAN-Chile	智利航空
LH	Lufthansa	德國航空
LO	LOT-Polish Airlines	波蘭航空
LR	LACSA	哥斯大黎加航空
LY	EI AI Israel Airlines	以色列航空
MA	Malév Hungarian Airlines	匈牙利航空
ME	Middle East Airways	中東航空
MF	XIAMEN AIRLINES	廈門航空
MH	Malaysia Airlines	馬來西亞航空
MI	Silk Air	新加坡勝安航空
MK	Air Mauritius	模里西斯航空
MP	Martinair Holland	馬丁航空
MS	Egyptair	埃及航空
MU	China Eastern Airlines	中國東方航空
MX	MEXICANA	墨西哥航空
NG	Lauda Air	維也納航空
NH	All Nippon Airways Co. Ltd.	全日空航空
NW	Northwest Airlines	西北航空
NX	Air Macau	澳門航空
NZ	Air New Zealand	紐西蘭航空
OA	Olympic Airways	奧林匹克航空
ON	Air Nauru	諾魯航空

簡稱	英文全稱	航空公司
OS	Austrian Airlines	奧地利航空
OZ	Asiana Airlines	韓亞航空
PR	Philippine Airlines	菲律賓航空
QF	Qantas Airways	澳洲航空
RG	Varig	巴西航空
RJ	Royal Jordanian	約旦航空
SA	South African Airways	南非航空
SG	Sempati Air	森巴迪航空（印尼）
SK	Scandinavian Airlines System	北歐航空（SAS）
SN	Sn Brussels Airlines	比利時航空
SQ	Singapore Airlines	新加坡航空
SR (LX)	Swiss Air	瑞士航空
SU	Aeroflot	俄羅斯航空
SV	Saudi Arabian Airlines	沙烏地阿拉伯航空
TA	Avianca El Salvador	薩爾瓦多航空
TG	Thai Airways International	泰國國際航空
TK	Turkish Airlines	土耳其航空
TP	TAP Air Portugal	葡萄牙航空
TW	Trans World Airlines	環球航空
UA	United Airlines	美國聯合航空
UB	Myanma Airways	緬甸航空公司
UL	Air Lanka	斯里蘭卡航空
UN	Transaero Airlines	俄羅斯全錄航空
US	US Air	全美航空
VN	Vietnam Airlines	越南航空
VP	Viação Aérea São Paulo	巴西聖保羅航空
VS	Virgin Atlantic	英國維珍航空
WN	Southwest Airlines	西南航空（美國）

附錄四　城市與機場代號（City Codes & Airport Codes）

航空運輸協會將班機抵達的每一個城市均定有由三個英文字母所組成的代號，同名的城市亦各有其代號，如英國的倫敦代號是LON，加拿大的倫敦代號是YXU。在一些國際大城市往往有一個以上的機場，這些機場也都各有英文字母的代號，如英國倫敦有兩個較著名的機場分別是Heathrow機場，代號LHR，Gatwick機場代號LGW，又如美國的紐約市有三個著名的機場，分別是J. F. Kennedy國際機場，代號JFK，Newark國際機場，代號是EWR，La Guardia機場，代號LGA。有些城市與機場代號共用，有些則否，如荷蘭的阿姆斯特丹城市代號是AMS，其重要的Schiphol機場代號也是AMS，至於美國中部大城芝加哥市的城市代號是CHI，其重要的O' Hare機場代號則是ORD。這些代號必須以大寫的英文字母來表示，至於英文代號的設定並沒有一定的原則，只是加拿大地區的城市及機場代號則一律以Y開頭，如渥太華是YOW，蒙特婁是YUL，溫哥華是YVR。熟記城市代號是旅遊從業者必備的基本工作技能，若能知道一個城市內有哪些機場、離市區有多遠，則能提供旅客更好的服務，並避免錯誤的發生。

一、亞洲、中東、澳洲、太平洋地區

國名	機場名（英文）	坐落地點	機場代號
中華民國	Chiayi	嘉義	CYI
中華民國	Hualien	花蓮	HUN
中華民國	Kaohsiung	高雄	KHH
中華民國	Taichung	台中	TXG
中華民國	Tainan	台南	TNN
中華民國	Taipei	台北	TPE
中國大陸	Capital International Central（北京首都機場）	北京	PEK

國名	機場名（英文）	坐落地點	機場代號
中國大陸	Shuangliu	成都	CTU
中國大陸	Chang Le	福州	FOC
中國大陸	Baiyun	廣州	CAN
中國大陸	Liang Jiang	桂林	KWL
中國大陸	Xiaoshan	杭州	HGH
中國大陸	Loukou Airport	南京	NKG
中國大陸	Pudong International Airport	上海	PVG
中國大陸	Bao'an Airport	深圳	SZX
日本	Fukuoka Airport	福岡市	FUK
日本	Narita Airport（成田機場）	東京	NRT
日本	Haneda Airport（羽田機場）	東京	HND
日本	Kansai Airport（關西機場）	大阪	KIX
日本	Chubu Centrair International Airport	名古屋	NGO
日本	Naha Airport	琉球	OKA
日本	New Chitose Airport	札幌市	CTS
韓國	Cheju Airport	濟州島	CJU
韓國	Sinchitose Airport	釜山	PUS
韓國	Kimpo International Airport	漢城	SEL
韓國	Inchon International Airport（仁川機場）	漢城	ICN
香港	Chek Lap Kok International Airport（赤鱲角國際機場）	香港	HKG
澳門	Macau International Airport	澳門	MFM
泰國	Suvarnabhumi Bangkok Intl Airport（蘇凡納布機場）	曼谷	BKK
泰國	Chiang Mai International Airport	清邁	CNX
泰國	Phuket International Airport	普吉島	HKT
越南	Noi-Bai Airport	河內	HAN
越南	Tan Son Nhut Airport	胡志明市	SGN
馬來西亞	Kota Kinabalu International Airport	亞庇	BKI
馬來西亞	Kuala Lumpur International Airport	吉隆坡	KUL
馬來西亞	Penang International Airport	檳城	PEN
新加坡	Changi International Airport（樟宜機場）	新加坡	SIN
菲律賓	Mactan/ Cebu International Airport	宿霧	CEB

國名	機場名（英文）	坐落地點	機場代號
菲律賓	Ninoy Aquino International Airport	馬尼拉	MNL
印尼	Ngurah Rai Bali International Airport	峇里島	DPS
印尼	Soekarno-Hatta International Airport（蘇卡諾哈達機場）	雅加達	CGK
印尼	Juanda International Airport（祝安達機場）	泗水	SUB
汶萊	Bandar Seri Begawan International Airport	斯里巴卡旺	BWN
新喀里多尼亞	Magenta Airport	努米亞	NOU
關島	Guam International Airport	關島	GUM
大溪地	Papeete Airport	帕佩地	PPT
諾魯	Nauru Island International Airport	諾魯	INU
馬爾地夫	Maldives International Airport	馬爾地夫	MLE
帛琉共和國	Babelthuap/ Koror Airport	帛琉	ROR
馬里亞納群島	Saipan International Airport	塞班島	GSN
斯里蘭卡	Bandaranaik International Airport	可倫坡	CMB
印度	Jawaharlal Nehru International Airport	孟買	BOM
印度	Netaji Subhash Chandra Bose International Airport	加爾各答	CCU
印度	Indira Gandhi International Airport	德里	DEL
巴基斯坦	Quaid-e-Azam/ Jinnah International Airport	喀拉蚩	KHI
尼泊爾	Tribhuvan Internationl Airport	加德滿都	KTM
伊朗	Mehrabad International Airport	德黑蘭	THR
伊拉克	Baghdad International Airport	巴格達	SDA
約旦	Queen Alia International Airport	安曼	AMM
以色列	Ben Gurion International Airport	特拉維夫	TLV
科威特	Kuwait International Airport	科威特	KWI
巴林	Bahrain International Airport/ Muharraq	巴林	BAH
阿拉伯聯合大公國	Nadia International Airport	阿布達比	AUH
阿拉伯聯合大公國	Dubai International Airport	杜拜	DXB

國名	機場名（英文）	坐落地點	機場代號
沙烏地阿拉伯	Dharan International Airport/ King Abdul Aziz Mil	達蘭	DHA
沙烏地阿拉伯	King Khalid Airport	利雅德	RUH
埃及	El Nouzha Airport	亞力山卓	ALY
埃及	Cairo International Airport	開羅	CAI
敘利亞	Damascus International Airport	大馬士革	DAM
黎巴嫩	Beirut Rafic Hariri International Airport	貝魯特	BEY
澳洲	Brisbane Airport	布里斯班	BNE
澳洲	Cairns International Airport	凱恩斯	CNS
澳洲	Melbourne International Airport	墨爾本	MEL
澳洲	Perth International Airport	伯斯	PER
澳洲	Kingsford Smith International Airport	雪梨	SYD
紐西蘭	Auckland International Airport	奧克蘭	AKL
紐西蘭	Chrischurch International Airport	基督城	CHC

二、歐洲及非洲地區

國名	機場名（英文）	坐落地點	機場代號
西班牙	Aeropuerto El Prat de Barcelona	巴塞隆納	BCN
西班牙	Madrid Barajas International Airport	馬德里	MAD
葡萄牙	Aeroporto da Portela de Sacavem Airport	里斯本	LIS
丹麥	Kastrup International Airport	哥本哈根	CPH
挪威	Oslo Gardermoen Lufthavn Airport	奧斯陸	OSL
瑞典	Ska-Edeby Airport	斯德哥爾摩	STO
芬蘭	Vantaa Airport	赫爾辛基	HEL
英國	Birmingham International Airport	伯明罕	BHX
英國	Heathrow Airport（希斯洛機場）	倫敦	LHR
英國	Gatwick Airport（蓋特威機場）	倫敦	LGW
英國	Abbotsinch International Airport	格拉斯哥	GLA
英國	John Lennon Airport	利物浦	LPL

國名	機場名（英文）	坐落地點	機場代號
英國	Ringway/ Manchester International Airport	曼徹斯特	MAN
愛爾蘭	Dublin International Airport	都柏林	DUB
匈牙利	Ferihegy International Airport	布達佩斯	BUD
羅馬尼亞	Aeroportul International Henri Coanda Airport	布加勒斯特	OTP
保加利亞	Vrajdebna International Airport	索非亞	SOF
捷克	Ruzyne International Airport	布拉格	PRG
南斯拉夫	Nikola Teslae Airport	貝爾格勒	BEG
烏克蘭	Kiev International Airport	基輔	IEV
俄羅斯	Domodedovo International Airport	莫斯科	MOW
俄羅斯	Pulkovo-2 Airport	聖彼得堡	LED
波蘭	Okecie Airport	華沙	WAW
冰島	Reykjavik Airport	雷克雅維克	REK
土耳其	Ankara International Esenboa Airport	安卡拉	ESB
土耳其	Yesilkov International Airport	伊斯坦堡	IST
希臘	Eleftherios Venizelos/ Athens International Airport	雅典	ATH
義大利	Amerigo Vespucci Airport	佛羅倫斯	FLR
義大利	Malpensa International Airport	米蘭	MXP
義大利	Leonardo da Vinci/ Fiumicino Airport	羅馬	FCO
義大利	Marco Polo International Airport	威尼斯	VCE
奧地利	Vienna International Airport	維也納	VIE
瑞士	Cointrin Airport	日內瓦	GVA
瑞士	Zurich Airport	蘇黎世	ZRH
法國	Roissy Charles-de-Gaulle Airport（戴高樂機場）	巴黎	CDG
法國	ORLY Airport（奧利機場）	巴黎	ORY
法國	Saint-Exupery/ Satolas Airport	里昂	LYS
法國	Marignane-Provence Airport	馬賽	MRS
法國	Orly Airport	奧里機場	ORY
德國	Tegel International Airport	柏林	TXL
德國	Flughafen Konrad Adenauer Airport	科隆	CGN
德國	Frankfurt International Airport	法蘭克福	FRA

三、美洲地區

國名	機場名（英文）	坐落地點	機場代號
美國	Atlanta-Hartsfield-Jackson International Airport	亞特蘭大	ATL
美國	Billings Logan International Airport	畢林斯	BIL
美國	Baltimore/ Washington International Thurgood Marshall Airport	巴爾的摩	BWI
美國	General Edward Lawrence Logan International Airport	波士頓	BOS
美國	Buffalo Niagara International Airport	水牛城	BUF
美國	Chicago-O’Hare International Airport	芝加哥	ORD
美國	Dallas/ Ft. Worth Airport	達拉斯	DFW
美國	Denver International Airport	丹佛	DEN
美國	Detroit Metro Airport	底特律	DTT
美國	George Bush Intercontinental Airport	休斯頓	IAH
美國	McCarran International Airport	拉斯維加斯	LAS
美國	Miami International Airport	邁阿密	MIA
美國	Minneapolis/ St. Paul International Airport	明尼阿波利／聖保羅	MSP
美國	New Orleans International/ Moisant Field Airport	紐奧良	MSY
美國	John F. Kennedy International Airport	紐約市	JFK
美國	Philadelphia International Airport	費城	PHL
美國	Phoenix Sky Harbor International Airport	鳳凰城	PHX
美國	Portland International Airport	波特蘭	PDX
美國	Salt Lake City International Airport	鹽湖城	SLC
美國	San Francisco International Airport	舊金山	SFO
美國	Seattle-Tacoma International Airport	西雅圖	SEA
美國	Lambert-St. Louis International Airport	聖路易	STL
美國	Washington Municipal Airport	華盛頓特區	AWG
加拿大	Pierre Elliott Trudeau International Airport	蒙特婁	YUL

國名	機場名（英文）	坐落地點	機場代號
加拿大	Macdonald-CartierInternational Airport	渥太華	YOW
加拿大	Jean Lesage International Airport	魁北克市	YQB
加拿大	Lester B. Pearson Airport International Airport	多倫多	YYZ
加拿大	Vancouver International Airport	溫哥華	YVR
墨西哥	Benito Juarez International Airport	墨西哥城	MEX
瓜地馬拉	La Aurora Airport	瓜地馬拉	GUA
哥斯大黎加	Juan Santamaria International Airport	聖約瑟	SJO
巴拿馬	General Omar Torrijos Herrera/ Tocumen Airport	巴拿馬市	PTY
委內瑞拉	Simon Bolivar International Airport	卡拉卡斯	CCS
哥倫比亞	El Dorado International Airport	波哥大	BOG
秘魯	Aeropuerto Internacional Jorge Chavez Airport	利馬	LIM
智利	Aerodrome A. M. Benitez International Airport	聖地牙哥	SCL
阿根廷	Ezeiza International Airport l/ Ministro Pistarini	布宜諾斯艾利斯	EZE
巴西	Brasilia International Airport	巴西利亞	BSB
巴西	Antonio Carlos (Tom) Jobim Internacional Airport	里約熱內盧	GIG
巴西	Aeroporto Internacional Guarulhos Airport	聖保羅	GRU
玻利維亞	El Alto Internacional Airport	拉巴斯	LPB
烏拉圭	Carrasco International Airport	蒙特維多	MVD

附錄五　貨幣代號

幣值及其代號在計算票價及機票上經常使用到，計算票價時均以NUC爲計算單位，但最後須轉換成當地貨幣，各國貨幣均有由三個英文字母所組成的代號，塡機票票價時除了須註明NUC的價格外，亦須轉換成購買機票地方的幣值。以下是常用的各國貨幣名稱及代號。

國家	貨幣	代號
Australia	Australian Dollar	AUD
Canada	Canadian Dollar	CAD
China	Ren Min Bi Yuan	CNY
Egypt	Egyptian Pound	EGP
Guam	Dollar	USD
Hong Kong	Dollar	HKD
India	Rupee	INR
Japan	Yen	JPY
Korea Rep.	Won	KRW
Malaysia	Ringgit	MYR
New Zealand	Dollar	NZD
Philippines	Philippine Peso	PHP
Russian Federation	Rouble	RUR
Singapore	Singapore Dollar	SGD
South Africa	Rand	ZAR
Switzerland	Swiss Franc	CHF
Taiwan	New Taiwan Dollar	TWD
Thailand	Baht	THB
United Kingdom	Pound	GBP
U.S.A.	U.S. Dollar	USD
European Union	EURO	EUR

附錄六　航空飛行相關術語與解釋

無論是旅客使用機票搭機，或是航空公司人員在接受旅客訂位、買票、劃位、登機飛行，或者在計算票價時，均會使用到一些相關的名詞，了解這些名詞有助於增進溝通、減少錯誤。

出發城市（Origin City）

指一個飛行旅程的起點城市。例如：東京→大阪→首爾→台北，東京爲出發城市。

目的地城市（Destination City）

指一個飛行旅程的終點。例如：東京→大阪→首爾→台北→東京，東京爲目的地城市。

折返點（Outward Destination）

折返點指一個飛行旅程中，離出發城市最遠的城市。例如：台北→東京→洛杉磯→首爾→台北，洛杉磯爲折返點。

停留城市（Stopover City）及轉機城市（Connecting或Transit City）

在飛行旅程中，停留城市和轉機城市會影響到票價的計算。所謂「停留城市」即爲旅客事先安排，自願要停留下來的城市，在機票上面會明示。在美國國內航線，不論是自願或是轉換班機，只要在一地停留四個小時以上即爲停留，但是停留城市就必須付機票費用。所謂「轉機城市」或「經由城市」，亦即在一飛行旅程中，旅客並未要求停留，但因所搭乘班機飛行航線因素而停留下來之城市。如果行程中是轉機城市，旅客不需額外付費。在國際航線，旅客停留在轉機城市有可能會超過四個小時。

On-line

指該航空公司有提供服務的航線或城市。

Off-line

指該航空公司沒有提供服務的航線或城市。

Interline

指不論在價格、航線、城市均必須使用到兩家以上航空公司的服務。

ETD（Estimated Time of Departure）

預定起飛時間。

ETA（Estimated Time of Arrival）

預定到達時間。

NOSUB（Not Subject to Load）

可以預約訂位。

SUBLO（Subject to Load）

不可預約訂位。

BSP（Billing Settlement Plan）

轉帳計畫。

PNR（Passenger Name Record）

旅客訂位紀錄，含姓名、行程、電話、開票、資料來源及其他。

Bump

旅客有事先訂好機位，可是最後名字被刪除。

Over Booking

超額訂位，航空公司爲預防旅客臨時取消訂位，造成機位剩餘，乃實施超過機位數之訂位。

Reconfirmation

於國際航線，航空公司要求旅客在下一班飛機搭機前七十二小時，須作機位再確認的手續，否則航空公司將取消其已訂妥之機位。

Sticker

更改行程使用之空白貼紙。

No Show

旅客訂好機位後，臨時取消搭機。

Stand-by

使用免費票或高折扣票之旅客，不可預先劃位，須在機場排隊等候空位。

Open

旅客開好機票後，出發時間未定，可在機票上寫「OPEN」，待決定出發日期後，訂好機位再貼上Sticker。

Upgrade

機位升等，因某種因素旅客可由低艙等升格到較高艙等。

Downgrade

機位降等，因某些因素旅客由較高艙等降到較低艙等。

Validation

加蓋鋼印，使之有效。

Minimum Connection Time

飛機於機場最低銜接時間。由於機場設計方式不同，飛機的銜接時間各異，可分為國內線接國內線、國內線接國際線、國際線接國內線，以及國際線接國際線最低轉機時間。航空公司的銜接可分為On-line及Off-line，亦即同一家航空公司互接及不同航空公司互接。旅遊規劃者必須注意飛機至少需要多少的銜接時間，否則會造成旅客趕不上下一班飛機，尤其是國際線接國內線時，必須經過驗關及檢查行李手續，時間較易延誤。

Void

使之失效。在機票上未填之空白處，應打上「VOID」使該空白處失效。

中性機票（標準化機票）

透過BSP製作統一規格、未事先印有航空公司名稱的電腦化機票。

ABC與OAG（Official Airline Guide）

世界性的航空時間表有ABC與OAG兩種，ABC為歐洲版，OAG為美國版，如今ABC與OAG合併，通稱OAG，按城市第一字英文字母排列順序，共分上、下兩本。

Air Tariff及Air Passenger Tariff

航空公司所列印之票價書。

CAB（Civil Aeronautics Board）

美國民用航空局，由五人小組所組成，此五人由總統提名，是一個獨立並向國會負責的單位，主要是負責核定運費、票價及審查航線。此外，對航空公司之盈餘、飛航服務等事項，有調查管理之責。美國民用航空局通常會概略性地公布合理且有彈性的運費原則，再由各家航

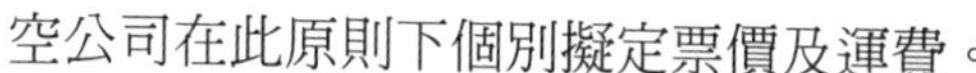

空公司在此原則下個別擬定票價及運費。

FAA（Federal Aviation Administration）

美國聯邦航空署，是美國交通部內的一個部門，主要宗旨是負責全國航空交通的安全。美國聯邦航空署工作項目可包含：

1.負責美國民航業務及貨運的督導。

2.訂定民航機的飛航標準，如民航機之設計、製造等。

3.發行所謂的「機型執照」，每一種機型在問世前必須先通過FAA的審核，並發給飛航性能執照。

4.監督飛航管制台及飛航輔助設施的操作，限制航線之交通量，如每兩架飛行中的飛機必須相互保持4.8公里的距離，以及505公尺以上的高度差。

5.制定合格飛行員的條件及測試其飛航技術。

6.制定飛機維修和檢驗的標準，如使用多少小時後引擎應拆下來維修或換個新引擎。

NUC（Neutral Unit of Construction）

NUC是一種假設貨幣，是一種計算票價的單位，其價值等於1美元。當計算一個行程的票價時，因行程涉及數個位於不同國家的城市，無法單用一國之貨幣來計算，因此在國際票價書上會列出各個城市當地貨幣（Local Currency）及NUC，以NUC相加再根據IATA所列之Rate of Exchange（ROE）轉換成出發城市之貨幣。

觀光旅運系列

國際航空票務實務

作　　者／張瑞奇
出 版 者／揚智文化事業股份有限公司
發 行 人／葉忠賢
總 編 輯／閻富萍
特約執編／鄭美珠
地　　址／新北市深坑區北深路三段 258 號 8 樓
電　　話／(02)8662-6826
傳　　真／(02)2664-7633
網　　址／http://www.ycrc.com.tw
E-mail／service@ycrc.com.tw
ISBN／978-986-298-396-6
初版一刷／2022 年 7 月
定　　價／新台幣 450 元

國家圖書館出版品預行編目（CIP）資料

國 際 航 空 票 務 實 務 = The Practices of International Airlines & Ticketing / 張瑞奇著. -- 初版. -- 新北市：揚智文化事業股份有限公司, 2022.07

面； 公分（觀光旅運系列）

ISBN 978-986-298-396-6（平裝）

1.CST: 航空運輸管理 2.CST: 客運

557.943 111006101